U0686475

湖北省高校省级教学研究项目：《"立德树人"理念下高校体育的育人价值挖掘及路径研究》，项目编号：2022515

湖北休闲体育发展研究中心开放基金课题：《湖北省运动休闲小镇发展路径研究——以荆州浤水运动休闲小镇为例》，项目编号：2022A015

武汉华夏理工学院校级教学改革研究重点项目：《"立德树人"理念下高校体育的育人价值挖掘及路径探究》，项目编号：2208

高校体育教学模式改革创新与科学化训练研究

彭文耀　著

吉林文史出版社

图书在版编目（CIP）数据

高校体育教学模式改革创新与科学化训练研究 / 彭
文耀著 . -- 长春 : 吉林文史出版社，2023.9

ISBN 978-7-5472-9754-4

Ⅰ . ①高… Ⅱ . ①彭… Ⅲ . ①体育教学 - 教学模式 -
研究 - 高等学校②运动训练 - 教学研究 - 高等学校 Ⅳ .
① G807.4 ② G808.1

中国国家版本馆 CIP 数据核字 (2023) 第 187831 号

高校体育教学模式改革创新与科学化训练研究
GAOXIAO TIYU JIAOXUE MOSHI GAIGE CHUANGXIN YU KEXUE HUA
XUNLIAN YANJIU

著　　者：彭文耀
责任编辑：吴　枫
出版发行：吉林文史出版社
电　　话：0431-81629369
地　　址：长春市福祉大路 5788 号
邮　　编：130117
网　　址：www.jlws.com.cn
印　　刷：河北万卷印刷有限公司
开　　本：710mm×1000mm 1/16
印　　张：14.75
字　　数：225 千字
版　　次：2023 年 9 月第 1 版
印　　次：2024 年 1 月第 1 次印刷
书　　号：ISBN 978-7-5472-9754-4
定　　价：88.00 元

前　言

　　体育教育，是一种培养学生健康生活方式和运动习惯，增强其体质和运动能力，同时能提高其心理素质和社会适应能力的教育活动。在我国，高校体育教育始终扮演着重要的角色。然而随着社会的不断进步和科技的快速发展，传统的体育教学模式和训练方式已经无法满足现代高校体育教育的需要。

　　本书正是在这样的背景下，根据我国的实际情况和需要，对高校体育教学模式的改革与创新进行了深入研究，并在此基础上对科学化训练进行了详细探讨。全书共分九章，分别从体育教学模式的概述，对科学化训练的认识，高校体育改革创新的新型教学模式，以及各种体育运动项目的科学化训练等不同角度进行阐述。通过这样的框架，我们希望为读者提供一个全面、系统的视角，以理解和把握高校体育教学模式的改革创新与科学化训练。

　　值得注意的是，在书中我们特别强调了在线教学模式、一体化教学模式和科学化训练的重要性。因为，随着科技的快速发展，网络已经成为我们获取知识的重要工具，体育教学也不例外。与此同时，科学化训练是我们提高教学效果和学生体质的重要手段。因此，我们在书中详细探讨了这些新的教学模式和训练方式，并在最后一章里详细介绍了如何在新的背景下改革和创新高校体育教学模式。

　　在本书的写作过程中，得到了许多专家的支持和同行的帮助，他们的建议和指导对本书的完成起到了关键的推动作用。同时，我们也希望通过本书能够启发更多的人对高校体育教学模式的改革创新与科学化训练有更深入的理解和认识，推动我国高校体育教育的发展。

　　在这个充满变革和创新的时代，让我们共同携手，以更开阔的视野、更深入的理解和更科学的方法，探索和推动高校体育教学模式的改革创新与科学化训练，为我国高校体育教育事业的进步和发展，做出我们应有的贡献。

目 录

第一章 体育教学模式概述

第一节 体育教学模式的基础认知

一、体育教学模式的概念与特征

（一）体育教学模式的概念

1. 教学模式

在体育科学中常常会提到"模式"一词，那么"模式"具体指的是什么呢？如何理解和定义"模式"？《现代汉语词典》中对"模式"（模子或样子）的解释为：某种事物的标准形式或可以按照其进行操作的样式。简单来说，在训练运动员的过程中需要建立训练模式，运动员按照这种模式进行训练。而在英文中"模式"对应的词是"Model"，翻译为"模型"或"模范"，模型就像是一个缩小版的现实世界，能够帮助人们理解和操作复杂的事物；而模范就是一种标杆，是可以学习和模仿的对象，虽然两者表达的含义略有不同，但是都能从某种意义和某种角度反映出模式的核心特点。从西方学术界研究结论来看，模式是一种处于经验和理论之间的特殊的知识系统，它起到了沟通和连接的作用。比尔·沃纳（Bill Warner）是一位美国心理学家和计算机科学家，被认为是模式识别领域的重要先驱者之一。他在 20 世纪 50 年代和 60 年代进行了大量的研究工作，致力于理解人类对图案和形式的感知和认知，提出了一种被称为"沃纳模式"的概念，即将复杂的现实世界简化为更易于理解和操作的形式，认为人们对于图案和形式的感知是通过一系列简化和抽象化的步骤来实现的，这些步骤包括将复杂的信息进行分解、分类和归纳，沃纳模式的思想对于后来的模式识别和认知科学研究产生了深远的影响①。

在教育领域，对于教学模式的定义并没有一个被普遍接受的、明确的标准定义，不同的研究者、教育从业者和学者从不同的角度和需求出发，提出了各种不同的教学模式定义。其中，较有代表性的列举如表 1-1 所示。

表 1-1　教学模式的各种理论解析和代表人物

学　说	代表人物	定　义
策略说	乔伊斯（Bruce Joyce）和玛莎·韦尔（Marsha Weil）	构成课程"长时间的学习课程"，选择教材，指导在教室和其他环境中教学活动的一种范型或计划②
程序说	甄德山	在一定教学思想指导下建立起来的完成所提出教学任务的比较稳定的教学程序及其实施方法的策略体系③
理论说	张武升	在教学实践中形成的一种设计和组织教学的理论，这种教学理论以简化的形式表达出来④
结构说	吴也显	在一定教学思想或教学理论指导下建立起来的各种类型教学活动的基本结构或框架⑤
方法说	叶澜	常规的教学方法俗称小方法，教学模式俗称大方法。它不仅是一种教学手段，而且是从教学原理、教学内容、教学目标和任务、教学过程直至教学组织形式的整体、系统的操作模式，这种操作样式是加以理论化的⑥

① Warner，W.Pattern formation in a homogeneous medium：Part I.The origin of morphogenetic fields in the chick embryo.Journal of Experimental Zoology，137（3）：295—335.

② 布鲁斯·乔伊斯，玛莎·韦尔，艾米莉·卡尔霍恩.教学模式第 8 版 [M].兰英等，译.北京：中国人民大学出版社，2014：211.

③ 甄德山.教学模式及其管理浅议 [J].天津师范大学学报：社会科学版,1984(5)：6.

④ 张升武.教学艺术论.上海：上海教育出版社，1999：15.

⑤ 吴也显.教学论新编 [M].北京：教育科学出版社，1991：161—169.

⑥ 叶澜.教育学原理 [M].北京：人民教育出版社，2007：4—6.

本研究认为教学模式不同于教学方法、教学计划或教学理论，是一个全面而具体的体系。其一，模式不是方法。虽然教学模式可能包括具体的教学方法，如语言法、练习法、比赛法等，但两者并不等同，教学模式更广泛，是一种对教学活动的整体理解和管理的方式。其二，模式不是计划。教学计划是教学模式的一部分，反映了模式的外在表现，但不能充分反映模式内部的教学思想或教学意图。其三，模式不单是理论。尽管教学模式可能基于一定的教学理论，但也包括更具体的程序和目标，这比纯理论的内容要丰富得多。

教学模式以一定的教学理论为指导，通过制定具体的教学活动结构框架和活动程序，使得抽象的理论能在实际的教学活动中得到运用。教学模式还可以根据教学实践的反馈和教师的经验积累进行调整和改进，从而更好地适应教学的实际需要。通过这种方式，教学模式在理论和实践之间构建了一个桥梁，使得理论可以被具体化并在实践中得到验证和改进，实践的经验也可以回馈到理论中，使得理论能更好地反映和指导实际的教学活动。

2. 体育教学模式

在体育教学研究领域中，对体育教学模式的理解确实非常丰富和多样，以下是一些主要的体育教学模式：

杨涛和方建新在《普通高中新课程体育与健康教学指导与案例评析》一书中对体育教学模式的定义突出了指导作用和稳定性，认为体育教学模式是在一定的体育教学思想指导下形成的，反映了体育教学活动的典型形式，是人们可遵循的标准样式和标准结构[①]。毛振明认为体育教学模式是一种特定教学思想的具体表现形式，包括相对稳定的教学结构和相应的教学方法，不仅影响教学活动的总体结构和流程，也影响每一个教学单元和课程的设计和实施[②]。李杰凯将体育教学模式作为体育教学思想和教学实践之间的桥梁，强调了模式在特定环境下为实现特定教学目标的重要性。在他的定义中，体育教学模式是包含特定体育教学思想的有效教学活动结构和框架，是对体育教

---

① 杨涛，方建新.普通高中新课程体育与健康教学指导与案例评析 [M].南昌：江西教育出版社，2012：88—94.

② 毛振明.体育教学论 [M].2 版.北京：高等教育出版社，2011：137—141.

学思想理论和教学组织策略的简化表达①。在樊临虎的研究中，体育教学模式被视为在特定的教学思想或理论指导下，设计和组织体育教学活动的范例或模板，并且强调了在实践中十分注重体育教学模式的稳定性和简化性②。赵立对体育教学模式的理解是：体现某种教学思想、规律和原理的教学单元或教学课的程序。在这个定义中，他强调了教学模式的三个核心组成部分：教学群体、教学过程结构和教学方法体系。"相对稳定的教学群体"指的可能是教学模式应用的特定环境，比如一个班级、一个学校或者一组特定的学生。"独特的教学过程结构"指的是教学模式中的教学活动如何组织和进行，包括课程设计、教学过程和评估方式等。"相应的教学方法体系"是指教学中使用的具体教学方法和技术，这些方法和技术是根据特定的教学思想、规律和原理来选择和使用的③。

通过对各学者观点的总结发现，大部分学者将体育教学模式被视为"体育教学过程模型"，认为体育教学模式尽管在具体应用和形式上可能存在差异，但在内涵上体育教学模式与其他教学模式并无本质性差异，是对教学活动进行设计、组织和实施的方法论体系。该理论体系是在特定教学理念或理论的指导下，为实现特定教学目标而建立的一种稳定的教学活动程序。因此，体育教学模式不仅是教学理论的具体化，也是连接体育教学理论和教学实践的纽带和桥梁，为教师提供了一种理论依据和实践指南，帮助教师更有效地开展体育教学活动，实现教学目标。

（二）体育教学模式的特征

体育教学模式具有多种特征，如理论性、多元性、稳定性、独特性、可操作性、发展性和优效性，这些特征在体育教学中起到重要作用，体育教学模式的特征如图 1-1 所示。

① 李杰凯.体育教学原理与教学模式 [M].沈阳：辽宁教育出版社，1995：77—83.
② 樊临虎.体育教学论 [M].北京：人民体育出版社，2002：232—240.
③ 赵立.体育教学模式问答 [M].北京：人民体育出版社，2003：1—2.

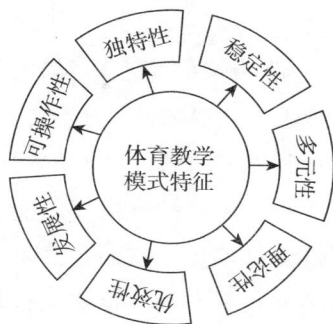

图 1-1　体育教学模式的特征

1. 理论性

在体育教学模式的基础构建中，理论性的重要性不容忽视。其主要体现在两个关键领域：一方面，体育教学理论的实际应用必须依赖特定的载体，而体育教学模式就是具有代表性的载体，当构建体育教学模式时，应当以相关的体育教学思想或理论为指导，如若无法实现这一目标，那么所构建的体育教学模式也将不具备足够的科学性，即无法为体育教师在教学活动中提供有效的帮助，也无法保障体育教学的质量与效率；另一方面，任何一种体育教学模式的背后，都包含了一定的体育教学思想或理论。只有在精确地理解了体育教学模式背后的教学思想或理论，才能对体育教学模式进行准确的理解和合理的应用，进而提升其在实际教学过程中的应用效果。

2. 多元性

由于受到社会历史背景、教学环境等多重因素的影响，体育教学领域的相关理念和理论，并非是僵化不变的概念，而是逐步走向复杂化、多样化，至使这种多元性进一步影响了体育教学模式的构建，使其呈现出多元化特点，但是不同的体育教学模式关注的焦点各有不同，例如，某些模式可能更加重视教学内容的设计与安排，而其他模式则可能更加强调教学程序的制定与执行，这些模式之间的差异性进一步丰富了体育教学的内容和方式，从而提高了教学的有效性和质量。

3. 稳定性

体育教学模式具备稳定性的这一特点，是通过长期的、层层深入的实践逐渐形成的，一旦体育教学模式被确立，其结构方面将趋于固定，无论是在何种背景下，无论服务于哪类学习者，其基本流程和主要环节都会保持一定程度上的一致性，只有这样，体育教学模式才能在实际应用中具有明确的指导性，否则其可操作性将大打折扣。然而，值得强调的是，体育教学模式的稳定性是相对的，并不是绝对不变的。事实上，随着教育思想的演进、教学环境的变化以及学生需求的转变，教学模式自然会发生相应的微调，这种调整通常很微妙，并不影响模式的整体稳定性。一旦体育教学模式在不同时期、不同环境和不同对象的应用中，其主要环节和基本流程出现显著差异，那么就意味着该模式尚未达到成熟与完善的程度，甚至可以推断该模式的成立性都有待商榷。

4. 独特性

体育教学模式的选择并不是一件简单的事情，需要依据明确的教学目标、具体的教学内容、适宜的教学方法以及特定的教学对象等多元因素进行决定，决不能盲目地一律采用同一种模式。体育教学模式的独特性有着多重层次的表现，具体来说主要包括：第一，没有任何一个模式能够适用于所有的情况，因为各种不同的体育教学模式都有其独有的特征，反映出的体育教学思想和理论也各不相同，从而导致其适用的条件、范围、对象等均存在差异性。第二，体育教学模式的选择与应用并不是一件简单的事情，必须兼顾教学目标、教学内容、教学环境、教学对象以及教师自身的条件等因素，这是确保教学质量和效率的关键因素。第三，对于各种体育教学模式的效果评价，应当有明确而具体的标准，这也是其独特性的重要体现，因为不同的体育教学模式在效果评价上，需要的标准可能会有所不同。

5. 可操作性

体育教学理论的抽象性需通过特定的中介才能在实践中被应用，这种中介便是体育教学模式。体育教学模式不仅将深奥的理论知识实体化，更是清晰明了地展示了体育教学的过程，使其具有了实际操作的可能性。换句话说，一个好的体育教学模式必然要有足够的操作性。倘若某一教学模式缺乏操作性，或操作性表现欠佳，那么它将无法在实际教学中得到应用。这就意味着这种教学模式的存在并无实质性价值，注定会被其他具有更强操作性的教学模式所取代。因此，教学模式的可操作性直接影响其在实践中的应用效果，操作性越强，教学效果就会越佳。

6. 发展性

体育教学模式的发展性是其核心的特性之一，这是由历史的进程和社会的发展所推动的。如同生物进化般，体育教学模式在其成长轨迹中，必须面对诸多新的情境，接纳新颖的体育教学思想与理论，进一步进行自我调整和优化。体育教学模式的发展性，主要表现为两个维度：其一，该模式在其演进历程中能够兼容并蓄，逐渐吸纳各类新生的体育教学思想与理论，从而为自身的修正与完善提供持续的动力；其二，在体育教学改革的深入推进过程中，该模式也需进行相应的更新与完善，以适应教学环境的变迁与社会需求的增长。

7. 优效性

优效性是评判教学模式的重要标准之一，体育教学模式不仅要做到教学目标的达成，还需要在各种资源有限的情况下，达到最优的教学效果。一种优效的教学模式应该能够在最短的时间内达到教学目标，使学生能够快速而有效地掌握所学内容。教学模式的优效性不仅取决于学生的学习效率，还取决于学生的学习效果，例如理解程度、运用能力等。在资源有限的情况下，优效的教学模式应该能够最大限度地利用现有资源，实现最低成本的教学。优效的教学模式还应该能够保持长期的效果，使学生能够持续地利用所学知识。因此，体育教师在选择和使用教学模式时，需要根据教学实际情况，不断调整和优化教学模式，以确保所选择的教学模式是最优的。

二、体育教学模式的构成与功能

（一）体育教学模式的构成

体育教学模式是在特定的空间和时间背景下形成的，包括教学理论和思想、教学目标、教师与学生的角色定位和相互关系，以及教学活动的时间安排等各个方面。不同的教学理论、教学目标，对师生的不同安排形成了不同的体育教学模式。整体来看，体育教学模式的结构要素如图 1-2 所示。

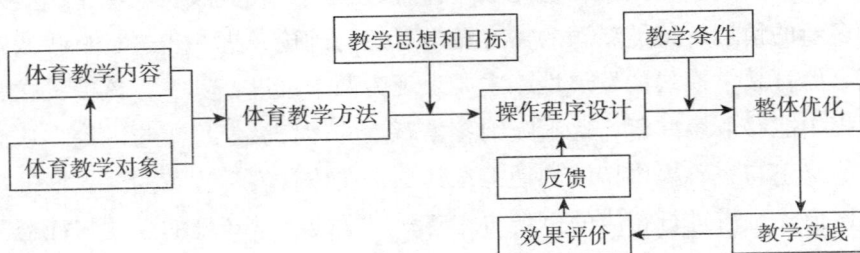

图 1-2　体育教学模式的构成要素

1. 指导思想

在体育教学模式的构建中，指导思想扮演了至关重要的角色，提供了一种基于价值观的立足点。指导思想是形成体育教学模式的多个要素中处于核心位置的一部分，体育教师依托于指导思想，能够实现对各种不同体育教学模式的深入分析，并且能够理解和预测与体育及体育教学相关的指导思想的发展动态。体育教师可以通过深入理解指导思想，更好地掌握和应用体育教学模式，从而更有效地开展体育教学活动，以实现理想的教学效果。所以，在构建任何一种体育教学模式时，都不能忽视指导思想这一基础元素的重要性。

2. 教学目标

在构建体育教学模式时，教学目标的确立具有关键性的作用。一般情况下，只有当教学模式对特定的体育教学目标产生积极影响时，这种模式才能被认为是有效的。这意味着在开发新的体育教学模式时，关键在于确定这种模式能够实现或有可能实现的教学目标。可以说，教学目标是体育教学模式的重要组成部分，在所有组成元素中占据核心地位，对其他元素具有一定的约束性。因此，提高体育教学效果的有效途径之一是在构建教学模式时对教学目标的精确设定与明确表达。

3. 操作程序

体育教学模式的关键要素之一是操作程序，操作程序主要定义了教学的时间序列逻辑和每个阶段的主导方法。每个体育教学模式都在其操作程序上具有独特性，这是对比和区分不同体育教学模式的关键标准。同时，体育教学模式的操作程序也需要一定的稳定性，但这种稳定性是相对的。在实际体育教学应用中，体育教师可以根据教学环境、教学对象和教学条件等实际因素，调整相关的操作程序，这一灵活性是为了确保体育教学模式能适应各种可能的情境，从而提高其教学效果。

4. 实现条件

在体育教学模式的执行和运用中，实现条件的角色显得尤为关键。这些所谓的实现条件，实质上就是推动体育教学模式深入发展的各种因素和因素之间的有机结合。了解并确定体育教学模式的运作所需的具体条件，并评估能否达到这些要求，这是在体育教学中应用特定体育教学模式的前提。若不能满足这些条件，体育教学模式就无法有效地执行其功能，也就无法实现理想的教学效果。

5. 效果评价

在体育教学领域，确证一种教学模式的有益性以及在实际应用中的成效，无疑需要通过一种精准的测量方式。以目前的状况，评估体育教学模式的有用性及其应用效果的重要方式就是实施效果评估，此种策略不仅能确认体育教学模式是否已实现既定教学目标和实现的相对程度，也有助于进一步理解教学模式中的短板、改进所需之处以及优化方法等。需要注意的是，由于体育教学模式的差异，评价的方法和标准也会存在一定的差异。换言之，评价的方法和标准必须有针对性，才能保证评价结果的准确性和合理性。

（二）体育教学模式的功能

1. 简化功能

体育教学过程中的特殊性与复杂性，必须通过图像化的方法去解读各个系统间的运作次序、作用以及相互关系，为参与者塑造出一种对于事件整体性的理解。现代体育教学模式应遵循的教学任务，不仅关注体育知识的传播与学习，也要深度关注体育技术和技能的习得与精进；其关注的焦点不仅在于学生的学习目标上，同时也要将视线投向教师的教案设计上；教学模式的选择不只是反映了所秉持的教学理念，还要将视野延伸到了具体的操作策略的层面，不仅具备可执行性，更有着一整套完备的体系架构和运作机制，比起抽象的理论，更具有实际操作的直观性与简洁性，在某种程度上为体育教师提供了一个基本的、贴近教学实践且容易理解和执行的框架。

2. 中介功能

体育教学模式作为"中介"，精妙地连接了体育教学理论与体育教学实践。对于体育教师来说，体育教学模式提供了一种清晰且实用的操作流程和策略，这使得教师能更为有效地开展体育教学活动。不仅如此，这一模式还有助于体育教学活动的顺利进行，为学生和教师提供了互动、学习和探索的空间。

3. 调节功能

体育教学模式的设定，虽然取决于特定的教学环境和指导原则，然而，其最关键的考量依赖于实际执行效果的评估。如果在应用过程中，某一特定的教学模式未能满足预定的教学目标，则应当详尽地剖析该教学模式执行过程中的每个环节、每个因素，通过深入地探索其优劣势，识别并解析导致结果偏离预期的根本原因，为下一个阶段的教学程序设计和实践行动提供坚实的基础，这一过程充分体现了体育教学模式中不可或缺的调节功能。

三、体育教学模式的选择与运用

在体育教学的广阔领域中，各种教学模式根据适用范围、条件和对象的差异性，展现出独特的价值和效果。在教学过程的设计与实施中，教师需认识到选择适宜的体育教学模式的重要性并精准运用之，以达到最佳的教学效果。细化到体育教学模式具体的选择与运用过程中，有以下几个需要关注的要点。

（一）要依据体育教学思想来选择与运用体育教学模式

在实际教学中，明确体育教学思想并以此为依据选择恰当的教学模式，这对于实现最理想的教学效果至关重要。不同的体育教学思想会导致不同的教学模式的选择与运用。传统体育教学思想注重规范和技能的传授，因此在选择教学模式时可能更倾向于采用示范—练习模式，通过教师的示范引导学生进行反复练习，以达到技能的提高。而现代体育教学思想则更加注重学生的主体地位和综合能力的培养，更倾向于采用探究式学习、协作学习等模式，鼓励学生积极参与和探索，培养其自主学习和解决问题的能力。通过选择合适的体育教学模式，并在教学过程中运用这些模式，教师能够最大限度地发挥教学思想的价值，从而达到最理想的教学效果。

（二）要依据体育教学内容来选择与运用体育教学模式

体育教学内容是体育教学中的核心要素之一，对于选择和运用适当的体育教学模式具有重要意义。体育教学内容的选择应该基于不同体育运动项目的学时分配，同时体育教学内容还影响着体育运动项目的环节安排、重点主次安排和教学顺序安排。在教学环节的安排上，体育教学内容的不同特点需要考虑到不同项目的特点和要求，其中，对于技术性较强的项目，需要将重点环节放在最初的学习阶段，以便学生能够掌握基本的技能和动作要领，而对于战术性较强的项目，则需要在技术基础打好之后，逐渐引入战术要素，让学生能够在实际比赛中运用所学知识。在每个体育运动项目中，都存在着重要和次要的技术和战术要素，重点主次的安排要基于项目本身的特点和学生的实际情况进行合理的分配。对于初学者来说，应该将重点放在掌握基本技能和动作上，而对于进阶学生，则可以适当增加对战术要素的训练和指导。另外，在教学过程中，应该根据不同项目的技术难度和学习难度，合理确定教学顺序，一般来说，应该从简单的技术开始，逐渐过渡到难度较大的技术，确保学生能够有序地进行学习和提高。

（三）要依据体育教学条件来选择与运用体育教学模式

在高校体育教学中，选择合适的体育教学模式是确保取得理想效果的关键，体育教学模式应与学校的体育教学条件相适应，体育教学的硬件设施（如场地、设施、器材）和体育教学的软实力（如特色体育项目和特色化教学手段）。学校的体育硬件条件是支持体育教学的基础。合适的场地、设施和器材可以为学生提供良好的体育环境，有助于他们进行各种体育活动。例如，足球场、篮球场、游泳池和健身房等设施的齐全与否将直接影响学生的体育教学效果。除了体育教学的硬件设施，体育教学的软实力也是体育教学的重要组成部分。特色体育项目是学校所特有的，例如，引入新的教学技术、游戏化教学和多媒体辅助教学等手段，通过将这些项目纳入体育教学中，可以增加学生的兴趣和参与度。

（四）要依据体育教学对象来选择与运用体育教学模式

在进行体育教学活动时，准确地把握体育教学对象的特点至关重要。在体育教学中，教学对象主要包括体育教师和学生，体育教师作为教学活动的主导者，不仅要具备丰富的体育知识和技能，同时，还需要具备良好的教学能力和沟通技巧。相对而言，学生是体育教学活动的接受者和参与者，在体育教学中处于主体地位。体育教师应尊重学生的主体地位，鼓励学生主动参与体育教学活动，培养他们的自主学习能力和团队合作精神。为了确保体育教学模式的合理性和有效性，需要深入理解体育教学对象的地位、作用和特点，根据教学对象的特点和需要，选择并运用适当的体育教学模式。例如，对于初学者或者技能较低的学生，可以采用示范教学模式或者指导教学模式，以帮助学生建立正确的基本动作和技能；对于进阶学生，可以采用探究式教学模式或者合作学习模式，激发其创造力和自主学习能力。

第二节　体育教学模式的分层筛选

一、体育教学模式与体育教学方法的区分

（一）概念上的区别

据统计，我国建成了世界上最大规模的高等教育体系，大学生在校总人数超过 4430 万人，这在一定程度上凸显了体育教学模式和方法对于提升学生体质、塑造健康生活方式以及培养团队协作能力等的重要性，从某种程度上理解两者的区别，能够为制定和实施有效的体育教学政策提供理论支持①。体育教学方法是实现体育教学目标的有效途径，具有强烈的实质性和可操作性特点，是体育教学中不可或缺的重要环节。体育教学方法不单单是一种教学工具或技巧，还是教师对学生进行指导，组织和实施体育教学活动的具体教学手段和教学策略的总和，例如，游戏教学法、直接教学法、探索教学法等。这些方法在中国的体育教学中得到了广泛应用，不仅在学校也在社区和专业体育俱乐部中。作为一个整体性的系统，体育教学模式涵盖了教学思想、单元教学、教学方法体系和教学程序四个主要部分，这些部分共同协作形成一个完整、稳定的教学过程。

但从实际教学过程中来看，体育教学方法和体育教学模式两者之间的关系并不是简单的包含与被包含，而是具有自身特性和功能的独立概念。体育教学方法是体育教学模式的一个重要组成部分，是实现体育教学目标的直接手段和工具；体育教学方法体系是由具体的教学方法组成的抽象概念，是教学方法的总体构成，表现为多样性、层次性和结构性，可以为教师提供灵活多变、适应个体差异的教学策略。体育教学模式是一个复杂的系统，由多种精选的体育教学方法有序地组织而成，通过对教学方法进行有机整合，以实

---

① 张苗.大学生"行为图鉴"趣谈 [J].检察风云，2023（1）：2.

现教学的全面性和高效性。然而，在实际的教学过程中，不能简单地用体育教学方法的名义来命名或描述体育教学模式，因为体育教学模式不仅包括教学方法，还涉及更为复杂的教学设计和组织，以及对教学过程和结果的全面管理。因此，当谈论体育教学模式时，应该更全面、更深入地理解其内涵和功能，而不仅仅是看到其表面的教学方法组成。

（二）实践中灵活选择性的分析

体育教学方法在实践教学过程中不仅需要符合学生的实际情况，也需要根据体育项目的特性进行选择，以满足教学的思想与目标。在运动技术的初步学习阶段，教师应充分利用教师示范法、讲解法、分解法、直观法等方法，引导学生从整体上理解运动技术，然后再通过分解法把复杂的运动技术细化到各个部分，以便学生逐步掌握。当进入改进与提高运动技术阶段，教师可以选用纠正错误动作方法、局部完整练习法、辅助学习法、矫正练习法等教学方法，其中纠正错误动作方法可以帮助学生纠正在技术学习中出现的错误动作，局部完整练习法可以使学生在保持运动技术整体连贯性的同时，针对某个部分进行重点训练，辅助学习法和矫正练习法可以帮助学生在提高运动技术的同时，改正错误的动作习惯。在运动技能巩固与自动化阶段，教师应选用强化练习法、游戏与竞赛法、比赛法等方法，可以使学生在实际运动中得到技能的巩固和提高，也增加了学习的趣味性，提高了学生的学习积极性。

体育教学模式不仅取决于项目单元的阶段，还要考虑到体育教学的思想与目标，以及组成模式的各个环节的特点与要求，这意味着，体育教学方法体系的构建，不仅仅是单一方法的选择和应用，更是多种方法的综合使用和协调，以实现最终的教学目标。具体来说，在运动技术初步学习阶段学生通常对运动技术知之甚少，直观的教学模式最为有效，教师可以采取"示范—解说—模仿—实践"的教学模式，让学生通过观看教师的示范，听教师的解说，自己模仿并进行实践来理解和掌握技术。改进与提高运动技术阶段学生已掌握基本的运动技术，因此可以采用"示范—实践—反馈—纠正"的教学模式，该模式首先是由教师对需要改进的技术进行示范，然后让学生实践，教师在此过程中给出反馈并指导学生进行动作的纠正。在运动技能巩固与自动化这个阶段，学生需要通过大量的实践来巩固和提高技术，使其达到自动化，可以采用"实践—反馈—调整"的教学模式，在该模式中教师角色是监督和提供反馈，帮助学生在实践中找出自己的问题并进行调整。在以上每个阶段，体育教学模式的选择和应用都应当充分考虑学生的个体差异和学习需求，同时，也要适应教学的整体目标和教学环境的实际情况，只有这样才能真正发挥体育教学模式的作用，提高体育教学的效果。

（三）稳定性分析

体育教学模式具有稳定性，无论在何种环境下，学生的学习状况如何，教师都可以根据已有的教学模式进行教学，包括传统的课堂教学、小组活动、独立学习等，这些教学模式的结构和顺序经过多年的试验和改进，已经显示出强大的稳定性。体育教学模式还具有不可变性，教师在开展教学活动时，需要按照设定的模式一步步地进行，直到完成单元目标。换言之，体育教学模式为教师和学生提供了一种清晰、可靠的路径，以确保所有参与者都明确了解教学活动的目标和过程，从而有助于提高教学效果。虽然体育教学模式具有稳定性和不可变性，但如何在实践中运用教学模式却需要具体的体育教学方法，体育教学方法被视为一种抽象的实体，教师可以在各种具体方法中选择，以适应不同的实践状态。例如，一方面，当教师在教授篮球技巧并选择使用演示法时，可以让学生通过观察和模仿来学习正确的技术。另一方面，当教师在教导团队合作技巧时，他可能选择使用合作学习法，让学生通过实践来理解和掌握这种技能。

总的来说，体育教学模式和体育教学方法是体育教学的两个重要方面。体育教学模式提供了教学活动的结构和流程，保证了教学的稳定性和不可变性，而体育教学方法为教师提供了在不同实践状态下进行教学的具体工具。

二、体育教学模式与体育教学目标的关系

（一）《体育与健康》新的课程标准方面分析

在《体育与健康》新的课程标准中，体育教育的目标不仅包括参与运动

的广泛性，更深入到对身、心健康的促进，技能的掌握与社会适应能力的提高这五个重要维度。而体育教学模式是一个特定的体育教学思想，是用以达成体育教学单元目标的相对稳定的教学流程，体育教学模式中融入了四个核心元素，即教学思想、单元教学、教学方法体系以及教学程序。值得注意的是，体育教学思想并非单纯的附属物，而是形成教学目标的基石，在分析新的课程标准时，不能忽视这种教学思想在课程设计和实施中的关键作用。

（二）体育教学模式与体育教学目标紧密相连

体育教学模式与体育教学目标紧密相连，但在概念上存在差异。体育教学目标具有全面性和整体性的特点，旨在实现学生的多方面发展。相反，体育教学模式中的"模式目标"则更具侧重性，其主要关注点与教学模式本身相关。以启发式教学模式为例，其目标主要在于通过激发学生的智力，促进学习运动技能。然而，在发展学生的社会适应能力和促进心理健康方面，该模式的功能相对较弱。因此，本研究认为体育教学模式不应该以教学目标的名称来命名。

三、体育教学模式与体育教学组织形式的区别

体育教学组织形式（简称教学形式）是指教学活动中采用的一定结构方式。根据组织结构的不同，常见的体育教学组织形式包括合班的、全班的、小组的和个别的形式。而根据师生之间的交往方式，体育教学组织形式可分为师生直接交往和间接交往两种形式。

（一）体育教学模式有其一系列的操作程序

在体育教学中，教学模式的操作程序是为了完成各体育课教学目标，进而完成单元教学目标而设计的，涵盖了每节体育课的课堂常规和分组教学等关键要素。体育教学组织形式在这一过程中扮演着不可或缺的角色，为实现体育教学模式的操作程序提供必要的支持和条件。然而，体育教学组织形式本身并不等同于教学模式，不能用体育教学组织形式的名义来代替体育教学模式。

（二）体育教学组织形式是班级教学中的必要因素

虽然班级授课制度存在一些固有的缺陷，不利于满足学生的个别差异和因材施教，但从整体来看，班级授课制度具有许多合理的因素，不仅能够提高教学效率，还有利于促进学生之间的相互学习、感情交流和合作精神的培养，因此，在各国的教育实践中，班级授课制度一直是主要形式。为了克服学生个别差异的问题，许多教育家也开始重视个别化教育，推出了多样化、综合化的教学组织形式，这些形式旨在提供更灵活、个性化的教学环境，促进学生的全面发展。

四、体育教学模式与体育课结构的区别

（一）体育课的结构

体育课的结构具有其独特的内在规律，以学生的生理、心理变化为依据组成了课程的各个环节。传统的体育课的结构通常分为三部分：开始准备部分、基本部分和结束部分，这种三段论式的结构，受到苏式体育教学理论的深厚影响，但也因此遭到许多的批评。随着时代的发展，人们开始思考如何优化体育课的结构以适应新时期的需求，教学改革的东风也为这种变革提供了助力，部分教育工作者提出了二段论、四段论、五段论的体育课结构，有的甚至提出"无段论"，认为体育课的结构应当灵活多变，不一定需要严格按照准备、基本和结束的三段论来组织课程，并且主张体育课可以直接进入体育活动，不一定非要进行准备活动①。然而，体育课相较于其他课程有其不可替代的特性，在上课过程中，学生需要承担较大的运动负荷和生理负荷，用心率来表示，一节体育课需要达到至少 130 次 / 分钟以上的水平，而学生在静止状态下的心率约为 60 次 / 分钟。因此，在课程开始阶段，学生必须经过一段时间的准备和调动过程，即课程的"准备部分"。而在课程结束部分，学生需要把较高的心率恢复到课前的基本水平，这就需要一段时间的调整和

---

① 宋桂忠，王树文.贴近专业训练技能——职校体育课"五段式"教学法 [J].体育教学，1998（4）：1.

放松，这也就是"结束部分"。此外，体育课的基本部分或者说是关键部分是始终存在的，尽管我们可以用不同的名称来称呼它。准备部分和结束部分的时间长度和强度，主要根据教学内容的难易程度和对学生身体造成的负荷来确定。总的来说，虽然在教学改革的推动下，体育课的结构出现了多样化的尝试，但其核心结构——准备部分、基本部分、结束部分，依然是必要且不变的。

（二）体育教学模式的设计

体育教学模式被设计为单元教学，这是为了保证各节体育课能够逻辑连贯，形成一个完整的教学单元。教学单元的目标是完成某一项目的运动技能教学，即从最基础的运动技术学习开始，经过不断地改进和提高，最终达到运动技能的巩固和自动化。单元教学的学时会直接决定体育课的次数，每一节课的时间安排都是按照整个单元的教学目标来制定的，如此一来各节课就能有条不紊地进行，形成了我们所说的体育教学模式。因此，体育课的这个模式的关键不在于每节课的具体内容，而在于所有课程如何被安排和组织，以达到整个教学单元的目标。然而必须明确的是，体育课的结构并不能等同于体育教学模式，虽然每节体育课都有其结构，但只是教学模式中的一小部分，教学模式更注重的是课程的整体设计和管理。只有在明确了体育教学模式的定义之后，才能对其进行筛选和区分，才能明确什么是体育教学模式，什么不是体育教学模式。

第三节　体育教学模式的发展历程

中国体育教学模式的发展历程是多元化的，从早期的军国民教育的`"兵式体操"，到民国时期的"三段教学法"，再到新中国成立后多种教学模式的创立，体育教学模式始终在与时代紧密相连，积极反映并满足了社会的需要，清末至今我国体育教学模式发展如图1-3所示。

图 1-3　清末至今我国体育教学模式发展

一、清末

（一）军国民教育是"兵式体操"的思想基础

清朝末年，随着中西交流的加深，中国开始接受和借鉴西方的教育模式，在这个过程中，产生了《癸卯学制》这样的教育改革措施。《癸卯学制》即《奏定学堂章程》，是清光绪三十年（1904 年）颁布的中国近代的第一部全面的教育法规，在中国教育史上具有重要意义。[1]清光绪二十七年（1901 年），清政府任命张百熙为管学大臣，他负责筹拟学堂章程。在清光绪二十八年（1902 年），张百熙呈上了他所拟定的《钦定学堂章程》，也被称为"壬寅学制"。然而，"壬寅学制"并未得到具体实施，但它却为后来的"癸卯学制"奠定了基础。"癸卯学制"按照学段将学制划分为初等、中等和高等三级，每级分别为四、六、四年，总计十四年，打破了中国传统的"读书人"制度，让更多的人有机会接受教育，提升了社会整体的文化水平。同时，《癸卯学制》还规定了课程设置、教学内容、教学方法等方面的规范，特别是在学科内容上加入了体操课，强调学生的体育锻炼和身体素质的提升，这在传统的中国教育中是前所未有的。

1906 年，中国正处于历史的转折点，传统的中央集权国家正在被西方列强和日本的入侵和影响下逐渐瓦解，面临重重压力。在这样的历史背景下，

---

[1] 张爱玲，余万予，沈丽玲."癸卯学制"与我国学校体育制度确立时间考 [J]. 体育学刊，2007（1）：89—90.

清政府学部提出了五条教育宗旨——"忠君、尊孔、尚公、尚武、尚实。"，以寻求改革和振兴国家的路径，其中，"尚公、尚武、尚实"这三项宗旨，是对传统文化的深入理解和提升。"尚公"指的是推崇公正和公平，"尚武"强调军人素质和职责的培养，"尚实"则是倡导实事求是和务实精神。"尚武"是这五项宗旨中的一个重点，被认为是全国公民应有的素质和职责，这样的观念源于认为全国学校的教育应该隐寓于军律之中，这种军国民教育思想对中国的体育教学产生了深远的影响。清政府学部在《学部奏请宣示教育宗旨折》中表明，所谓尚武者何也？东西各国，全国皆兵：自元首之子以至庶人，皆有当兵之义务……实由全国学校隐寓于军律，童稚之时已养成刚健耐苦之质也……在这个思想的指导下，中国的体育教育形成了以军事训练为基础的教育模式，注重学生的刚健、耐苦和遵纪守法的精神，甚至在一定程度上，体育教育就是军事训练的一种形式，这种教育模式也在一定程度上影响了中国的体育教学，使得在体育教学中出现了"兵式体操"这一模式。

（二）"兵式体操"的实施状况

在中国体育教学的起源上，史学研究者们的分析有一种共同的看法，那就是体育教学在《奏定学堂章程》即《癸卯学制》于1904年的颁布后开始出现。实际上，早在1840年，一些洋务运动者和维新运动者就开始主张引入西方新思想，其中就包括体育教育的概念。自1895年天津西学学堂的创建开始，新式学堂和公立学堂的体育教学活动就开始逐渐展开。1897年，上海的南洋学堂公开设了体操课，这也是中国体育教学史上的一次重要突破。到了1898年，京师大学堂也开始开设体操课，这是体育教育在中国教育系统的进一步推广。1901年，杭州府中学堂也加入了这个行列，同时，中国的官方也开始对体育教育给予关注。1899年，湖广总督张之洞明令把体操列为学堂课程，这标志着体育教育正式成为中国学校教育的一部分。在湖北和广东的美、英教会学堂中，体育教育也是必修课程的一部分。然而，体育教育在这个时期的发展遇到了一些问题，由于当时缺乏专业的体育教师，体育课程的教学质量并不高。此外，由于缺乏系统的教学研究机构，体育教育的教学内容和方法也缺乏科学性和系统性。这些问题在一定程度上阻碍了体育教育的进一步发展。

二、民国时期

（一）军国民教育阻碍了体育教学模式的发展

在民国时期，中国的体育教学并没有实现重大突破，而是继续沿用清末的普通体操和兵式体操的教学模式，这种现象的发生与当时的国内外情况，以及当时的教育总长蔡元培的教育思想紧密相连。1914 年，第一次世界大战爆发，使得全球局势动荡不安。随后在 1915 年，日本对袁世凯提出的"二十一条要求"引发了中国人民的强烈反响，在全国引发了一场大规模的爱国主义运动，教育界的许多具有强烈爱国主义精神的人士纷纷提出加强军国民教育，加强军事训练，加强体育教育，实行全民皆兵，以挽救国家危亡的口号。在这一历史时期，中国民众的军国民教育思想达到了高潮。作为当时教育总长的蔡元培，他的教育思想在这个特殊历史时期有着重要的影响，在文章《对教育方针之意见》中，他将教育分为五个方面："军国民教育、实利主义教育、道德教育、世界观教育、美感教育。"认为体育具有增强体质和培养意志的作用，是学校教育不可缺少的一个方面，因此将体育列入了军国民教育的组成部分，其目的是实现全民皆兵。虽然蔡元培认识到军国民教育与社会主义思想是背道而驰的，但由于中国当时所面对的困难国际环境，他仍然主张采取军国民教育。在蔡元培的教育思想影响下，"全国教育联合会"在 1915 年发表了《军国民教育实施方案》的决议，决议包括了十条内容，如表 1-2 所示。

表 1-2　《军国民教育实施方案》的十条决议内容及目标总结

决议序号	决议内容	决议目标
决议一	小学阶段重视作战游戏。	在小学教育阶段，体育教学要结合游戏化教学，通过模拟作战游戏，提高学生的身体素质，同时训练学生的团队合作和策略思考能力
决议二	引入中国旧有武技到学校体育课程。	中国的传统武术不仅可以锻炼身体，提高身体素质，也能培养学生的品行，增强学生的自我保护能力

续 表

决议序号	决议内容	决议目标
决议三	师范学校及中等学校的体操课程在最后一学年应加入军事学教学。	在高年级阶段，除了普通的体操教学外，还应增加军事教育内容，以此提高学生的身体素质和民族防卫意识
决议四	中等及以上学校在最后一学年应引入兵式操及射击实践。	高中及以上阶段的体育教学应更加实战化，引入兵式操和射击实践，锻炼学生的灵活性和反应能力
决议五	中等及以上学校的体育教学应采取严格的体操锻炼。	体操锻炼是体育教学的重要部分，可以通过严格的体操锻炼提高学生的身体素质和耐力
决议六	学校应定期进行学生体格检查。	为了确保学生的身体健康，同时通过体格检查，学校可以针对学生的身体情况进行有针对性的体育教学
决议七	学校应培养学生艰苦奋斗的习惯，鼓励耐寒耐暑训练以及海水、冷水浴。	提高学生的抗压能力和适应能力，让学生能够适应各种环境
决议八	学校应设立体育会以推广体育活动。	通过设立体育会，学校可以更好地组织体育活动，鼓励学生参与到体育活动中，提高学生的身体素质
决议九	教职员工应引导学生参与各种体育运动和游戏。	鼓励学生积极参与体育活动，提高学生的身体素质，同时能提高学生的团队合作能力
决议十	学校应表彰历代武士的事迹，传播他们的功绩。	通过传播历代武士的英勇事迹，可以激发学生的爱国情怀，让学生学习他们的精神风貌

军国民教育的理念和内容被广泛引入学校的教育和教学中，成为那个时代教育的一种特色和标志，这种军国民教育理念和教学模式，也在一定程度上影响了体育教育的发展。

（二）废除"兵式体操"，建立"三段教学法"体育教学模式

在辛亥革命后，随着"五四"新文化运动的兴起，封建教育和军国民教育思想遭到了冲击，取而代之的是从美国引入的资产阶级实用主义教育理念。这个时期，从美国归来的一批教育工作者和教师，成为推动教育改革的主力。此时，美国的实用主义教育家如杜威于 1919 年来华讲学，紧接着，1921—1923 年，美国学者孟禄、推士、麦柯尔等也陆续来华讲学。在这样的背景

下，教育改革的浪潮在中国逐渐兴起。1921年，11个省在《第七届全国教育联合会》会议上提出了改革学制的提议；1922年11月，教育部发布了《学校系统改革令》（简称《改革令》）；1923年9月，教育部又公布了《中小学课程标准纲要》（简称《纲要》）。《改革令》和《纲要》的发布，标志着我国教育系统开始了一次重大的改革，不仅确定了小学六年、初中三年、高中三年的新学制，也对学校体育教育进行了重大的改革。《壬戌学制》的发布，对学校体育教育的规定进行了重要的更新。其中，"体操课"更名为体育课，并增加了生理和卫生知识的教授，对总课时和学分进行了规定，对教材体系进行了完善，主要包括田径、球类、游戏、体操等内容，并提出了课程目标，更为重要的是，这次改革废除了"兵式体操"的体育教育方式，引入了基于生理学理论的"三段教学法"体育教学模式。在这个新的教学模式中，一节体育课被划分为准备运动、主运动、整理运动三个阶段，自此，体育教学开始了一次新的尝试和摸索阶段，也开启了中国现代化体育教学的新篇章。

三、中华人民共和国成立初期

（一）多种教学模式的创立是体育教学模式的基础

在20世纪50年代，一批苏联教育家和学者致力于开展教学理论的研究。他们对康士坦丁·德米特利耶维奇·乌申斯基和伊凡·安德烈耶维奇·凯洛夫的传统教育思想进行了深入细致的研究，并积极推动教学改革和试验，逐步摒弃了过于依赖于灌输知识的传统教学方式，取而代之的是他们创立了大量新教育模式。这些新教育模式主要分为四大类。第一类是以认知发展为核心的教学模式，包括克拉夫基的"范例教学模式"、列·符·赞科夫的"一般发展教学模式"和戴维·保罗·奥苏贝尔的"有意义接受教学模式"等。第二类是以整体优化为目标的教学模式，如尤里·康斯坦丁夫·巴班斯基的"最优化教学模式"。第三类是以探究式为特点的教学模式，例如杰罗姆·布鲁纳的"发现式教学模式"和兰本达的"探究—研讨教学模式"。第四类则是非理性主义的教学模式，如洛扎诺夫的"暗示教学模式"。这些教学模式既是各个学科的共享财富，又是这些教育家和学者系统教育思想的重要组成部分。1950 年以后，凯洛夫的教育思想体系对我国教育产生了深远的影响，凯洛夫是一位重要的教育思想家，他的教育思想体系深深根植在马克思主义的认识论中，凯洛夫的教育思想体系主张根据人的认知过程进行教学，这个过程被他划分为感知—理解—巩固—应用四个阶段。

1. 感知阶段。该阶段是认知过程的起始阶段，学生通过直接观察和接触实际事物，收集和获得初步的、具体的信息。在这个阶段，教师需要通过创设生动实际的教学情境，引导学生主动观察，积极接触，让他们获取第一手的原始信息。

2. 理解阶段。在感知阶段的基础上，学生需要对收集的信息进行思考和深层次的理解。该阶段是一个内化和转化过程，学生将感知到的具体信息转化为自己的知识，这是一个从外在到内在，从感性到理性的过程。

3. 巩固阶段。对知识的理解需要通过反复的练习和应用来巩固，这就是巩固阶段，在这个阶段教师需要设计丰富的教学活动，引导学生通过实际操作，进行实践性的学习，使学生的知识得以巩固和提升。

4. 应用阶段。应用阶段是认知过程的最后阶段，也是最重要的阶段，学生需要将自己所学的知识应用到实际生活中去，通过解决实际问题，实现知识的内化和应用。

凯洛夫的教育思想体系强调了教学过程的连续性和统一性，认为教学过程是一个完整的、有机的整体，对于指导教学实践，提升教学效果具有重要的理论价值。

新的教育思想、教育理论和教学模式的产生，无疑为新体育教学模式的创立奠定了基础。在我国，教育部于 1953 年和 1958 年分别组织了两次培训班，邀请苏联专家为我国培养了一批专门从事"体育理论"研究的学科人才。这些苏联专家不仅带来了最新的体育教学理论，还传授了一些具有实用价值的体育教学方法，如"重复练习法""间歇练习法""循环练习法""完整练习法""分段练习法""变换练习法""负重练习法"等。几年后，经过实践运用证明，这些体育教学方法效果显著。1961 年，这些体育教学方法被编入了我国出版的第一本《体育理论》教科书中，书中包含各种体育运动的基本理论和技术，例如田径、游泳、篮球、足球等，以及关于体育训练方法和策略的教学，也包含一些关于体育教育在促进身体健康和道德建设方面的理论和讨论，在当时可能被视为最佳实践，以帮助学生更好地理解和掌握体育技能。

（二）体育教学模式研究的兴起

在 20 世纪 60 年代后期，中国开始着重研究教育模式，并在教育领域各个学科中实行，如"系统学习""掌握学习""程序学习""范例学习""发现学习""暗示学习"等，各种教育模式均得到了深入探讨和实践。受到课程改革和学科发展的影响，新的教育观念、教学理念以及教育科研成果不断涌现，合力构建了各种体育教育模式，包括但不限于运动训练、课外活动以及课间操等，这些模式并不是为了一节特定的课程而设立的，而是为了满足特定教育领域的需要，比如"两课、两操、两活动""阳光体育""体教结合""体育俱乐部""大课间活动""体育社团"等。

"四段分组轮换教学法"是一个创新的体育教学模式，该教学法出现之后，引发了多种教学模式并存的新局面，体育教师只有理解并实践这种教学模式，结合理论与实践，才能真正达成体育教学的目标。"四段分组轮换教学法"突出了教师的主导作用，按照体育学科的逻辑系统和学生的身心发展规律，循序渐进地进行教学，帮助学生系统地掌握体育技能和技术，"四段分组轮换教学法"也存在一些缺点，较难激发学生的主动性和创新性，在教学过程中限制了师生之间的互动，影响教学过程的科学性。尽管如此，"四段分组轮换教学法"已在我国学校体育领域中使用了 60 多年，以"常规教学"的形式广为流传，并在传统体育教学中占据主导地位。"四段分组轮换教学法"之所以能够得以长期发展和广泛应用，是因为该模式融入了教育学、心理学、生理学等多学科的理论知识。为了规范"常规体育教学"，一些城市的教育研究部门制定了统一的体育教学备课本，规定了"四段分组轮换教学法"的备课格式和要求。总的来说，"四段分组轮换教学法"在我国体育教育模式的发展历程中，起到了重要的基础性作用。

四、20 世纪 90 年代至今

在新世纪的初步阶段，也就是 20 世纪 90 年代以后，以竞技运动项目为主的苏联体育教学体系开始面临严峻的考验，特别是随着体育教学改革的深入，这个模式开始遭到越来越多人的质疑。在此期间，不少学者对体育教学模式提出了许多新的理念，为体育教学的进一步发展和改革奠定了坚实的基础。

在《体育教学》与《中国学校体育学》两本期刊上，体育教学模式的新理念主要包括了"三基型教学模式""一体化教学模式""并列型教学模式""分层型教学模式""元认知—反馈强化教学模式""一主多选教学模式""辐射教学模式""知识教学模式""情感教学模式""故事化教学模式""游戏教学模式""一主自选教学模式""必修+选修教学模式""合作学练教学模式""中专教学模式""动养之道教学模式""AB 型教学模式""指令式教学模式""尝试错误教学法的基本模式""小社区教学模式""体育课教学模式""专题设计探讨特定目标模式""传授知识技术模式""自主设计、自我练习学习模式""分队训练—提高模式""大课—小班—选择模式""体育课外活动单元化活动模式""三种不同教学过程的三种不同的教学模式""三段式教学模式""五段式教学模式""板块式教学模式""十段式教学模式""体质教学模式""技能教学模式""快乐体育模式""成功体育模式""主体性教学模式""发现式教学模式""小集团学习教学模式""主动学习教学模式"，等等。特别值得一提的是，2001 年的全国基础教育改革引发了对教学研究和探索的热潮，对于体育教学模式的认识也随之发生了很大变化。诸如"分段式""程序式""情景式""探研式""集体式""合作式""启发式""主题式""接受式""综合式"等多种体育教学模式并行不悖，构成了一种多元化并存和发展的趋势。

到了 2023 年，中国的体育教学模式正在经历着从传统模式向现代化、个性化和技术化转变的过程。随着技术的发展，体育教学模式也在发生改变，许多学校开始使用数字工具和在线平台来教授体育课程，新的体育设备和穿戴式设备也在体育教学中发挥着重要的作用，使得体育教学更为精确和个性化。以学生为中心的教学模式也在中国的体育教育中逐渐被接受和采用，该模式强调让学生在教学过程中发挥主动作用，以激发学生的兴趣，增加学生参与度。终身体育教学模式强调让学生理解并实践纵深锻炼的重要性，不仅是在学校期间进行体育活动，而是要将体育活动融入日常生活中，了解各种不同类型的体育活动。从众多新兴的体育教学模式中可以看出，关于体育教学模式理论与实践相结合的高层次研究正逐渐受到更广泛的关注，并且许多学者都意识到理论研究的终极目标应当是指导体育教学实践，也就是说，理论研究与实践研究是不可分割的，这也预示着体育教学模式未来的发展趋势。

第四节　体育教学模式的主要类型

一、以传授体育知识、技术、技能为目标的体育教学模式

（一）系统学习教学模式

系统性的体育教学模式是一种以提高技能和技术掌握程度为核心，通过教师的教导和学生的主动接纳，实现体育知识全面系统掌握的教学活动策略。其理论依据源于系统科学与运动技能学习理论，遵从学生的知识认知规律以及技能形成规律，将教学过程划分为感知、理解、巩固以及运用等阶段。教学目标在于让学生能系统地掌握运动技术，以此提升运动技能的水平，教学程序则包括讲解示范、学生实践、教师指导以及达标评价，在教学方法上主要采用讲解示范法、分解练习法以及完整练习法。

由于该模式更加强调教师的引领和决定作用，因此在教学条件上需要教师具备高水平的运动技能和强大的运动技术指导能力。对于学生来说，需要有一定的身体素质基础，并积极参与运动技术的学习，一般来说，在学习难度较高的运动项目时，更加倾向于采用该教学模式。该模式的优势在于能充分发挥教师的引领作用，遵循运动技术的结构特点进行逐步教学，使得学生能掌握更系统的知识、技术以及技能，但是难以激发学生的主动性和创造性。近年来，国内外的研究者针对学生的发展需求，对系统性的体育教学模式进行了改造，主要是根据学生身体不同的发育阶段和认知水平，除了系统学习运动技术，更重视系统地发展学生的表现能力、思维能力以及创造能力，这样的教学效果也是非常显著的。

（二）程序学习教学模式

程序教学模式作为一种专门针对体育教学活动的策略，是将一项全面的技术拆分为若干个步骤，以适应学生的学习和掌握。程序学习教学模式中学生的学习也是分步骤进行的，在每一步骤中提供及时的反馈，通过强化训练达到预设的学习目标。该教学模式的指导原则以学生成功掌握运动技术为核心，借助及时反馈和强化练习，以实现最短时间内的最优教学效果。教学模式的理论基础源自行为主义理论，行为主义理论是心理学中的一个重要学派，它强调对可观察行为的研究和分析，并认为行为是对刺激的响应，而学习是通过刺激与响应之间的关联建立起来的。基于该理论，程序学习教学模式认为应遵循学生的认知规律和动作技能形成规律来设计教学程序，通过利用教学信息反馈和强化机制，寻找最佳的技术掌握路径。教学模式的目标是让所有学生都能在最短的时间内尽快地掌握运动技术，以完成教学任务。程序教学模式的教学过程可以概括为：教师讲解和示范，学生进行操作和练习，教师提供矫正和反馈，学生继续操作和练习，直到动作自动化，在这个过程中主要使用的教学方法包括讲解示范法、反馈教学法和完整教学法。该教学模式要求教师事先设计好每一个程序的目标、要求和反馈时机，因此教师的工作量比较大，同时，学生需要有一定的身体素质和学习积极性。程序教学模式的优点是能根据运动技术的结构特点，进行分步、有序的教学，让学生及时了解自己所掌握知识、技术和技能的情况，通常在学习难度较大的运动项目以及初级学生进行运动技术学习时，更多地采用此教学模式。不足之处是由于教师的工作量大，可能较难以充分发挥学生的主动性和创造性。

（三）掌握学习教学模式

掌握学习教学模式是一种以教学诊断和评定为出发点的教学方法，旨在通过因材施教，确保所有学生都能掌握并取得优异的学习成绩。指导思想是让教师对全体学生负责，确保每个学生都能够获得优异的学习成绩，理论依据是基于布卢姆的掌握学习理论，通过群体教学、个别指导和强化学习等方法，最大限度地缩小学生之间的学习差距，使所有学生都达到能够学习目标。掌握学习教学模式的教学程序如下：第一，学生明确学习目标和学习过程，并进行诊断性测验，以了解学生的学习水平。根据测验结果，教师根据学生的实际情况进行因材施教，对于差生进行个别辅导，对于优生则引导他们学习新的内容。第二，通过各种措施，如反馈教学、系统教学、程序教学等，教师不断提供学习信息和反馈，以便对学生进行矫正和强化，确保每个学生都能达到掌握学习的水平。第三，进行评定性测验，全体学生完成学习任务，并对学生的学习成果进行评价。在掌握学习教学模式中，教师需要运用多种教学方法，如目标教学法、个别辅导法、反馈教学法、系统教学法、程序教学法等，综合运用这些方法来实施教学。教师在每一步骤中清晰明确地告诉学生学习的目标，确保学生知道他们的努力方向，教师通过诊断性测验了解学生的学习状况，然后针对不同的学生进行因材施教。对于未达到标准的学生，进行强化辅导；对于已经掌握内容的学生，给予新的学习任务，并通过不断的反馈和矫正来加强学生的学习效果。

二、以提高能力、发展身心素质为目标的教学模式

（一）发现学习教学模式

发现学习教学模式是一种以学生为主体，在教师引导下独立发现并组合事物的教学策略，是对传统的"接受学习"的一种补充和发展，强调学生的自愿活动，将学生的自发活动置于教学的中心，以学生的兴趣和自主性为基础。该模式的理论指导主要源于美国杰罗姆·布鲁纳（Jerome Seymour Bruner）的"发现学习"理论，强调人类认知的自主性和发现事物的过程规律，鼓励学生以自己的方式组合获取的知识和技能。在发现学习教学模式中，教师在有计划的安排下，通过提出与教学目标相关且引发学生兴趣的问题，将问题分解为具体的小问题，并引导学生提出解决问题的各种假设，协助学生利用各种资料和教具进行分析，帮助学生发现规律，鼓励学生之间的交流和尝试练习，以完成学习任务为目标。教学过程按照提出疑问、启发诱导、探索发现、尝试练习、判断鉴别、理性归纳和扩展引申等步骤进行，如图1-4所示。

步骤一
提出疑问

步骤二
启发诱导

步骤三
探索发现

步骤四
尝试练习

步骤五
判断鉴别

步骤六
理性归纳

步骤七
扩展引申

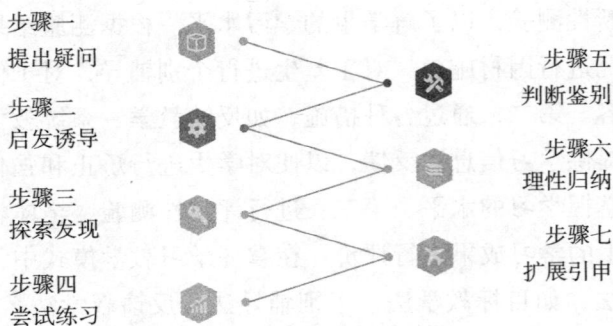

图 1-4　发现学习教学模式的教学过程

1.提出疑问。教师首先提出与教学目标相关且引发学生兴趣的问题，激发学生的思考和好奇心。

2.启发诱导。教师通过多种教学方法和教具，以启发的方式引导学生进行思考和解决问题。教师可以讲解相关概念、示范技能操作，或通过故事、图片、视频等引发学生的思维。

3.探索发现。在教师的指导下，学生开始进行实际操作和探索，他们有机会自主地进行试验、观察、调查等活动，以发现相关规律和现象。

4.尝试练习。学生在发现和理解问题的基础上，通过尝试和练习来巩固所学的知识和技能。

5.判断鉴别。在尝试练习的过程中，学生通过反思和评估自己的学习成果，进行判断和鉴别，可以自我评估，与同伴进行互动交流，接受教师的反馈和指导，以便更好地理解和掌握所学的知识和技能。

6.理性归纳。学生在掌握基础知识和技能的基础上，将自己的发现和经验进行整合和总结，形成系统化的认知结构，并将其应用于更广泛的学习和实践中。

7.扩展引申。学生在归纳的基础上，将所学的内容与其他领域进行联系和扩展，进一步加深对问题的理解和应用。

在教学方法上，将启发式教学法、尝试教学法、学导式教学法、情境教学法和问题教学法等进行综合运用。发现学习教学模式要求教师精心组织和合理引导学习过程，创设适合"发现"的情境体系，清晰地解释教材内容，引导学生再现发现过程，并鼓励学生进行各种尝试，教师需要合理地控制学生的学习活动，使其成为一个由一系列发现行为组成的动态系统。通过发现学习，学生可以体验到成功的快乐，并对所学的知识和技能产生浓厚的兴趣，也激发了学生对新知识和新技能的学习欲望和信心，有利于培养学生科学的学习观念，形成主动进行学习和锻炼的习惯。

（二）问题解决学习教学模式

问题解决学习教学模式是将体育学科的知识转化为具体问题，学生在教师的引导下，通过解决学习性问题和内化练习来独立掌握知识技能过程的教学活动策略。问题解决学习教学模式的教学指导思想强调将学生置于学习的核心地位，将学生的学习需求和兴趣放在教学的中心位置，通过设置问题情境，让学生在具体的问题情境中展开学习，鼓励学生通过主动的探索学习和实践练习来解决问题，激发学生的学习积极性和主动性，使学生成为学习的主体和主人。问题解决学习教学模式的理论依据主要源自教育家杜威的"生活教育"和俄罗斯教育家马赫穆托夫（Махмутов）的"问题解决学习"理论。杜威的"生活教育"理论强调将教育与学生的现实生活相结合，认为学习应该紧密联系学生的生活经验和实际情境，以问题为导向，培养学生的实际应用能力和创造性思维[1]。马赫穆托夫的"问题解决学习"理论强调学生通过解决问题来实现知识和技能的内化和应用，认为学习不应仅仅是接受知识，而是通过解决真实问题来发展学生的认知能力和提升学生解决问题的能力。基于这些理论，问题解决学习教学模式以问题为核心，强调学生在问题情境下的主动参与和独立思考。教师的角色是组织和引导学生的学习活动，创设具有问题性的情境，明确问题的解决思路和假设。学生通过分析问题情境、制定解决方案、实施方案、总结评价等步骤，积极参与问题解决的过程[2]。

问题解决学习教学模式的教学过程是：第一，设置问题情境。教师通过创设具体问题情境，可以是真实的场景、案例或模拟情境，引起学生的兴趣和好奇心，激发学生的思考和学习动机。第二，明确问题。学生需要明确问

---

① 杜威．杜威全集中期著作第 5 卷 1908[M]．魏洪钟，乐小军，杨仁瑛，译．上海：华东师范大学出版社，2012：318.

② 马赫穆托夫．问题教学 [M]．王义高，赵玮，周蕖等，译．南昌：江西教育出版社，1994：263.

题的性质、范围和方向，教师引导学生深入思考问题的本质和相关因素，帮助他们明确解决问题的目标和任务。第三，制定解决方案。学生根据已知条件和未知条件之间的内在关系，制定解决问题的方案，包括对问题进行分析、假设的提出、方案的制定和实施计划的编排等过程，需要充分运用已经学到的体育知识和技能，结合问题情境进行创造性的思考和解决方案的设计。第四，执行方案。按照制定的解决方案进行试验、观察、实践或其他形式的实际操作，通过实际操作不断调整和改进自己的解决方案，不断优化问题的解决过程。第五，总结评价。学生在解决问题后，回顾整个问题解决的过程，分析解决方案的有效性和可行性，总结经验教训，提出改进意见，并对解决问题的结果进行评价。同时，教师也对学生的表现进行评价和反馈，帮助学生进一步提高解决问题的能力。

问题解决学习教学模式的教学过程是思考讨论→探究→验证。学生在教师的引导下，分析问题的因果关系，提出自己的观点和解决方案，展开互动交流，在这个阶段教师起到激发学生思维、引导讨论的作用，鼓励学生积极参与。学生在思考讨论的基础上，可以进行试验、观察、调查等，收集和整理相关数据和信息，以便更深入地了解问题，并找到解决问题的线索和方法。最后学生根据自己的探究和实践结果，对解决问题的方法和策略进行检验，验证其有效性，并评估解决问题的过程和结果。

解决问题学习教学模式是专门为学生设计的系统化的教学模式，旨在培养他们独立掌握知识和技能的能力。在这种教学模式中，教师和学生各自的活动都有自己独立的功能结构，在解决学习性问题的过程中，需要相互协作，共同完成其教学目标。教师在这种教学模式中担任引导者的角色，主要职责是创设问题情境体系，明确提出问题解决的假设，清晰地解释教材，以及合理地控制学生的活动，需要运用多种教学方法，如启发探讨法、情境教学法、研究讨论法和问题程序法等，这是一个由问题性目的和原则建立的方法体系。

与此同时，学生在这个过程中需要独立地去分析问题情境，运用逻辑或直觉去寻找解决问题的方法和途径，通过操作和实践，来检验自己解决问题的方法和途径是否正确，从而掌握知识和技能。

（三）目标学习教学模式

目标学习的教学模式主要由教师设计目标情境，然后学生根据自己的能力自行选择学习目标，该模式的教学理念是通过学习让学生掌握达到目标的方法，从而提高他们的思考和判断能力，以及掌握体育运动知识、技术和技能的能力。

目标学习教学模式的理论基础主要建立在布鲁姆的教育分类学说和目标期望（激励）原理之上。艾伦·布鲁姆（Allan Bloom）的教育分类学说强调了学习目标的层次性和阶段性，他提出的认知、情感和动作技能三个领域的教育目标，进一步细化为知识、理解、应用、分析、评价和创造六个层次，这为目标学习教学模式提供了目标设置和实现的指导。在这个模式中，教师会首先设定具体、清晰的学习目标，然后根据布鲁姆的教育分类学说进行适当的层次划分，让学生在不同层次中逐步达成目标，在学生达成一个层次的目标后，再逐渐挑战更高层次的目标，这种阶梯式的进步不仅有助于学生更好地理解和掌握知识，也能提高他们的自主学习能力和创新能力。教学流程则包括设定目标、认定目标、探索达到目标的方法、操作练习、矫正、深化、完成目标以及挑战新的目标，教学方法的体系主要包括小组学习法、个别指导法、分解练习法和完整练习法。从教学条件方面来看，教师需要对教学目标进行深入的分类研究，主要关注目标的全面性和正确性，同时运用目标激励机制，以提高学生的学习积极性和主动性。学生需要善于独立思考，明确学习目标和途径，并根据自己的实际情况选择目标，掌握学习过程和达到目标的方法，从而实际掌握运动技能，不断提高自身的运动能力、创造力和自主学习能力。以投掷教学为例，教师可以根据学生的实际情况设计几组不同远度和大小的投掷目标，学生可以根据自己的实际能力选择目标进行练习，同时探索达到目标的途径和方法，掌握投掷的基本技术，完成一个目标后再挑战下一个目标，发展学生的思考和判断力，提高他们掌握体育运动知识、技术和技能的能力。

目标学习教学模式旨在使学生在教师设计的目标情境下，根据自身学习能力自主选择目标进行学习，从而提高学生的思考和判断力，掌握体育运动知识、技术和技能的能力。该模式的理论基础主要是布鲁姆的教育分类学说和目标期望（激励）原理，教学过程分为几个阶段，包括设定和认定目标、探索达到目标的方法、操作练习、修正和深化，直到完成目标并挑战新的目标。

三、以培养学生体育态度、兴趣，发展情感为目标的教学模式

（一）自主学习教学模式

自主学习教学模式是一种与传统的"教师中心"和"强制式"教学不同的教育方式，倡导学生在教师的引导下，积极参与到教学过程中来，主动选择学习的目标和实现目标的途径，也提倡学生自由组合学习小组，自我实施练习，自我反馈评价，实行以学生发展为中心的教育。此种方法的目标是充分激发学生的内在动力，引导学生主动投身到教学过程中，展示他们的主动性、积极性和创造性，提升学生的发展性认知、心理以及体育实践能力，并形成主动获取体育知识和技能的意识和态度，满足他们对体育运动的心理需求。

自主学习教学模式的理论依据主要来自几个重要的教育思想，包括终身教育和终身体育思想。终身教育的核心观点是学习不仅仅限于学校教育阶段，而是贯穿于人的一生，该理念强调教育的连续性和个体的自主性，认为学习是一种持续不断、自我驱动的过程。在自主学习教学模式中，这一理念体现在鼓励学生根据自己的兴趣和需求，自主选择和参与学习，从而建立起持续学习的习惯和能力。终身体育是终身教育理念在体育领域的具体应用，强调体育运动不仅仅是一种技能，更是一种健康生活的方式和态度，应当贯穿于人的一生，这一思想体现在将体育技能学习与情感、价值观、社会交往等综合素质的培养相结合，鼓励学生主动参与体育活动，体验运动的乐趣，养成良好的体育习惯，进而形成健康的生活方式。

自主学习教学模式在体育专业的实施，应当以一个细致且结构化的教学程序为基础。一是设立明确的学习目标。涉及技能和知识的传授，更包含着提高学生的体育实践能力以及发展性认知能力和心理能力，明确的学习目标不仅能引导学生知道他们需要达成什么目标，也会促使他们理解这些目标的

意义,并内化为自我目标。二是创设符合目标的学习情境。这个过程需鼓励学生运用自主选择的学习途径和手段,有利于吸引学生主动参与,从而达到更好的学习效果。三是自主组合学习小组。通过合作与互动,帮助彼此克服困难、勇于挑战,共同实现学习目标。四是总结学习规律。学生通过观察、实践和反思,理解并把握学习过程中的规律,提升学习的效率和效果。五是自我评价与师生评价。自我评价鼓励学生反思自我学习的过程和结果,而师生评价则提供了教师以及同伴对学生学习的反馈和建议。六是体验学习成功的喜悦。这不仅鼓励学生享受学习过程,也激励他们为达成下一步学习目标而努力。

体育专业中的自主学习教学模式,有多种教学方法,它们相互配合,以提升学生的学习效果。主要有:发现法、小组讨论法、尝试练习法、问题解决法、反馈法等教学方法的综合运用。

这种教学模式强调要从学生的立场出发,尊重学生的学习动机,引导这种动机向学生自我目标的建立。因此,教师需要对教材进行结构化、情境化、程序化和多样化的处理,建立一个将运动技能形成、学习问题解决和情感体验相结合的教学过程。在自主学习过程中,学生的地位主要表现为主动的学习者,行动的学习者,学生需要明确为什么学、学什么、怎么学、如何运用所学知识,这是自主学习教学模式的核心理念,旨在将学生的学习目标与教学目标统一起来,同时,也强调教师在学生的学习过程中的指导作用。

(二)小群体学习教学模式

小群体学习教学模式是在教师指导下,由学生自发组织形成的一个具有共同性和特殊性联系的学习团队,该教学模式的核心指导思想是小群体的社会学特性,在小群体内,学生各司其职,通过体力、智力、情感的互动和交流,能够树立科学的体育价值观、正确的体育行为规范和良好的群体意识。

小群体学习教学模式的理论基础源自社会学,社会由各类群体构成,群体之间遵循一定的社会规定,按照社会规范交互行为,分工合作地进行各种社会活动。在这一过程中,学生之间的互动是他们学习、锻炼、发展和社会化的基础,学生按照体育教育的行为规范进行互动练习和情感交流,从而产生对群体的归属感、道德感、群体感、自由感、求知感和成功感。小群体活动通过竞争和合作，激发学生的兴趣、好胜心和集体荣誉感，开发学生的潜能，形成健康的人格，满足学生的心理需求，促进人际关系的和谐发展，推动个体的社会化进程。实施小群体学习教学模式的关键环节包括合理分组，分组的依据应该包括学生的体能、兴趣爱好、技术特长和组织能力，这样可以确保每个小组都有均衡的能力分布，更有利于群体间的互动和协作。同时，结合固定组合和自由组合的方式，既可以让学生有稳定的学习伙伴，又能拓宽学生的交际圈子，鼓励他们主动承担责任，培养他们的团队协作和领导能力。小教员是指在小组中具有一定专业知识和能力的学生，在小组学习中可以扮演教师的角色，引导和帮助其他学生；教师不仅是教学的指导者，还应该是活动的积极参与者，在参与学生活动的过程中，既能了解学生的学习情况，又能直接影响和引导学生的行为。教师应该鼓励学生参与到教学活动的设计和组织中来，提高学生的主体地位，充分发挥学生的积极性和创造性。有效地反馈是促进学习的重要手段，教师应该及时给学生反馈他们的学习情况，指出优点和需要改进的地方，同时，鼓励学生之间进行互评，既可以增强他们的评价能力和自我评价能力，又能加深他们对学习内容的理解和记忆。教师可以通过设计一些竞争性的学习任务或者活动，激发学生的竞争欲望，让他们在竞争和合作中，共同学习、共同进步。该模式的教学程序主要为创建学习情境激发兴趣，合理分组制订计划，自主选择互动交流，竞争协作练习，满足和发展心理需求。在教学方法上，主要有讨论教学法、情境教学法、自主学习教学法、目标教学法、反馈教学法、合作教学法等方法的综合运用，在实施小群体学习教学模式时，需要注重创设学习情境，激发学生的学习热情，提供条件让学生自我选择学习目标。教师的角色并不是将预设的知识灌输给学生，而是在与学生的活动中相互交流，相互探讨，共同体验，共同感受。在互敬、互信、互动、互助、互争的气氛中，学生能够学习体育知识技能，陶冶性情，养成良好的个性品质。

第二章　认识科学化训练

第一节　科学化训练的基本常识

一、科学化训练范围

　　科学化训练是在理论和实践相结合的基础上，通过对运动员身心状态、运动技术、体能水平等多方面因素的全面掌握，以达到提高运动员运动表现效果的一种训练模式。科学化训练的范围广泛，包括运动员的身心全面发展，具体的技术和战术训练，以及健康保养和伤病预防等。科学化训练的范围在于它超越了传统的肌肉力量和耐力训练，通过应用生理学、心理学、生物力学、营养学、医学等多学科知识，全面关注运动员的发展，包括运动员的生理和心理状态的优化，运动技术的提升，战术理解和应用的提高，以及运动员的营养和体能恢复方面的知识和技能的提升。科学化训练所包含的范围，表明了体育训练不仅仅是简单的身体锻炼，而是一个涉及生理、心理、社会等多个层面的复杂过程。运动员不仅要具有良好的身体素质，还需要有高超的技术技能，出色的战术理解和应用能力，健全的心理素质，以及有效的健康保养和伤病预防能力，这些都需要在科学化训练中得到充分的体现和发展。

　　在高校体育科学化训练中，对科学化训练的范围有着广泛的应用和深入的研究，许多高校对科学化训练都进行了深入的实践和探索，以求在训练中达到最佳的效果。北京体育大学作为中国的一所顶级体育高等教育机构，在科学化训练方面的应用和实践具有很强的代表性，学校运用科学化训练方法，提供了一种全方位、多层次、精细化的训练模式，以提升学生和运动员的综合体育技能和素质。以北京体育大学田径队为例，首先在训练中利用生物力学和运动生理学的知识，来精确地测量和分析运动员的运动表现，包括力量输出、速度、耐力等。其次，会根据每个运动员的具体情况，制订出个性化的训练计划，这些训练计划包括了力量训练、耐力训练、速度训练等各种训练，以期最大化地提高运动员的运动表现，还会对运动员进行心理训练，以增强他们的精神力量和比赛心理。北京体育大学还与一些科研机构和企业合作，引入了一些最新的科研成果和高科技设备，以支持他们的科学化训练。例如，他们使用生理监测设备来实时监控运动员的心率、血压等生理参数，以便更精确地控制训练强度，还使用视频分析软件来分析运动员的运动技术和策略，以期找到改进的空间。北京体育大学的科学化训练方法，不仅提高了运动员的训练效果，也为中国其他高校提供了很好的参考和借鉴。

二、科学化训练目标

训练是运动员为了达到最佳竞技状态的准备过程。通过制定系统的训练计划，可使教师的训练工作更有效率，而训练计划的设计和实施是一项需要跨学科知识结合的复杂任务，涉及解剖学、生物学、生物力学、统计学、测量与实验、运动医学、心理学、动作学、教育学、营养学、历史学、社会学等多个领域，如图 2-1 所示。

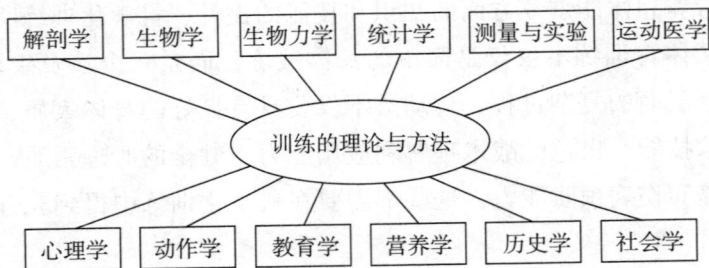

图 2-1 支持学科

训练过程以深化和优化运动员各项专业特征为核心，密切关联着多个训练任务的成功实施。这些任务包罗万象，涵盖了全面身体发展、专项身体发展、技术能力、战术能力、心理因素、健康管理、伤病预防以及理论知识。

（一）全面身体发展

全面身体发展作为科学化训练目标的首要之处在于提升学生的体质，改善身体各项机能，以期让学生拥有良好的身体素质和体能基础。全面身体发展不仅限于传统的体能训练，如力量、耐力、速度、灵敏度和柔韧度的训练，更包括康复训练、核心力量训练和功能性训练等，激发学生的潜力，在面临各种身体挑战时能够表现出卓越的适应性。全面身体发展不仅包括对学生身体机能的培养，还包括了对健康的长期规划，为学生提供了一个了解当前身体状况和健康水平的重要途径，以防止慢性疾病的发生，如心脏病、糖尿病等。全面身体发展的目标实现，需要依据科学的训练方法和原理，在每一个训练环节都应当注重个体差异性，根据每个学生的实际体质和身体状况来制订个性化的训练计划，避免单一或过度的训练从而导致身体机能失衡，帮助学生实现各项身体素质的均衡发展。此外，全面身体发展也包括对学生心肺功能、骨骼肌肉系统以及神经系统等全身各系统的综合训练，通过科学有效的训练方法，可以帮助学生提升身体各系统的协调性，以满足高强度训练和比赛的需求。

（二）专项身体发展

不同于全面身体发展的大局观念，专项身体发展更加注重特定运动技能和体能因素的培养，以适应特定的运动项目，具体包括力量、技能、耐力、速度和柔韧性。力量是运动表现的基础因素，对运动员的运动技能发挥起着关键作用，在科学化训练中教师需要根据运动员的专项需求，开展有针对性的力量训练，例如举重运动员可能需要大量的爆发力训练，而长跑运动员则需要更多的肌肉耐力训练。技能是运动员在特定运动项目中表现出的专业技术，比如在足球比赛中的传球和射门技巧、在篮球比赛中的投篮和控球技巧等，技能的训练需要运动员反复练习，直至技能熟练、可以自如地应用于比赛中。耐力是运动员在长时间运动中抵抗疲劳、保持运动表现的能力，对于长距离跑步、游泳、自行车等项目的运动员来说，耐力训练是他们训练计划中不可或缺的一部分。速度是运动员快速完成运动技能或者在最短时间内达到最高运动强度的能力，短跑、游泳和自行车等运动项目的运动员需要进行大量的速度训练，以便在比赛中达到最佳表现。柔韧性则是运动员身体关节活动范围的广度，对于体操、舞蹈和武术等项目的运动员来说，柔韧性训练是必不可少的，通过深度拉伸和柔韧性训练，运动员可以提高身体的灵活度，以满足比赛的需求。

（三）技术能力

技术能力是指学生在特定体育项目或运动中掌握并运用相关技术的能力，是体育竞技中取得优异表现的重要基础，也是学生综合素质提升的核心内容之一。在发展技术能力的过程中，为身体全面发展提供了基础。例如，在体操中完成十字支撑动作需要力量因素的支撑，因此学生的力量素质是限制其完成该动作的关键因素之一。同时，发展技术能力的训练旨在完善技术动作和优化专项运动技能，通过反复的专项技术训练和技术动作的细化，学生可以逐渐掌握和精进技术要领，提高技术动作的准确性、流畅性和效果。此外，学生在实际比赛中可能面临不同的环境条件，如天气、噪声等，这些因素可能对技术能力产生一定的影响，因此，科学化训练需要在模拟实际比赛环境下进行，让学生在各种条件下适应和应对，并提高其在特殊状况下的技术能力。

（四）战术能力

在科学化训练中培养战术能力的关键在于教学方法的选择和设计，教师应根据不同项目的特点和要求，结合学生的实际情况，设计出符合科学原理的战术训练课程。在战术能力的培养过程中，需要注重对学生的战术意识的培养。战术意识是指学生在比赛中能够敏锐地观察、分析和判断比赛形势，以及根据形势变化做出正确的战术选择。针对性的训练和比赛模拟，可以帮助学生提高他们的感知能力、决策能力和反应能力，从而更好地适应和应对比赛中的各种战术局面。另一个重要的方面是战术技能的培养，包括个人技术和集体技术两个层面。个人技术是指学生在比赛中所需要的基本技能，如传球、射门、盘带等；集体技术则涉及团队协作和配合，如团队进攻、防守战术等。

（五）心理素质

心理素质指的是个体在体育训练和比赛过程中所表现出的心理状态和能力，包括但不限于自信心、注意力集中、心理稳定性、压力应对能力、意志力和团队合作精神等方面的素质。自信心能够增强学生对自身能力的信任，提高他们在训练和比赛中的投入和努力程度。集中注意力可以帮助学生更好地感知和处理训练和比赛中的信息，提高反应速度和决策准确性。心理稳定性使学生能够在面对挫折和困难时保持冷静，调整心态并迅速恢复到最佳状态。压力应对能力是学生应对高强度训练和比赛压力的关键，有效的压力管理可以提高学生的适应能力和应变能力。良好的意志力可以帮助学生坚持训练计划，克服困难和外界诱惑，保持良好的训练效果。团队合作精神是在团体项目中必不可少的基本素质，涉及学生与队友的沟通、协作和信任，对于团队的凝聚力和战斗力具有重要的影响。

（六）健康保养

健康是学生全面发展的基础和保证，只有保持良好的身体健康状况，学生才能更好地参与体育训练和比赛，充分发挥自身潜能。通过合理的热身、放松训练以及适当地休息和恢复，有助于降低运动时损伤的风险，提高学生的身体适应性和抵抗力，健康保养对于学生的心理健康也具有积极的影响，合理的锻炼和身体保健措施可以缓解学生的压力和焦虑，增强他们的心理韧性和抗挫折能力。

（七）伤病预防

伤病对于体育运动员和学生来说，不仅会影响身体健康和运动能力，还可能对其整个运动生涯产生长期的负面影响。为了实现伤病预防的目标，科学化训练需要综合考虑合理的运动负荷安排、正确的运动技术和姿势的培养、注重休息和康复的安排、定期的身体检查和评估等多个因素。科学化训练要根据运动员或学生的年龄、性别、身体素质等个体差异，以及训练周期和目标来制定合理的运动负荷计划，避免突然的过大负荷对身体的损伤。正确的技术和姿势可以减少运动过程中对于关节、肌肉和骨骼的不良冲击，降低受伤风险。适当的休息可以帮助身体恢复，减轻训练的疲劳和压力，提高身体的抵抗力和适应能力。康复训练则是针对运动伤病的治疗和康复，通过科学的康复方案和方法，帮助运动员或学生尽快康复，并避免再次受伤。科学化训练需要建立健全的体检机制，通过定期的身体检查和评估，及时发现和解决潜在的身体问题和风险因素，以减少运动伤病的发生。

（八）理论知识

在科学化训练过程中，充实学生有关训练、计划、营养和能量再生等方面的生理学和心理学知识，对于实现科学化训练目标是至关重要的。教师可以与学生进行讨论或组织座谈会议，与学生直接交流，教师可以解释训练活动的意义、效果和目标，并引导学生思考训练的重要性，激发学生的学习兴趣，使他们更加关注和重视训练过程；教师可以推荐适合学生的书籍、科学研究论文、教育视频等资料，帮助学生深入了解训练的理论知识，并将其应用到实际训练中；教师还可以组织专门的培训课程或讲座，邀请专家学者或相关领域的成功人士来分享关于训练的理论和实践经验。

三、科学化训练适应

训练是一种有组织的过程，通过提供各种不同负荷和强度的刺激，使身体和心理不断适应。运动员的适应能力和调整能力至关重要，若无法适应变化中的训练负荷和比赛刺激，运动员将面临疲劳、过量训练甚至过度训练的风险，这将妨碍他们实现设定的训练目标。高水平竞技能力是经过多年精心策划、系统性且具有挑战性的训练所形成的。在此过程中，运动员不断调整生理机能以适应专项运动的特殊要求。运动员对训练过程的适应程度越高，越能更好地发挥他们的运动潜力。因此，任何有组织的训练计划的目标都是为了促进适应、提高运动成绩。只有运动员遵循以下顺序，才有可能提高运动成绩：

增加刺激（负荷）$\Rightarrow$ 适应 $\Rightarrow$ 训练成绩提高

如果负荷总是处于同一个水平，那么适应在训练的早期就会出现，随之而来的是一个再没有任何进步的高原期（停滞期）如图 2-2 所示。

刺激不足 $\Rightarrow$ 稳定平台 $\Rightarrow$ 训练效果提高不明显，如果刺激过度或刺激过于繁杂，运动员将无法适应，发生适应不良现象：过度刺激 $\Rightarrow$ 不适应 $\Rightarrow$ 运动成绩降低。

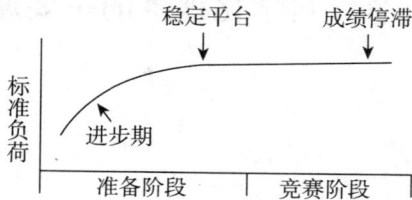

图2-2　训练计划早期的标准负荷

因此，训练的目标是逐步地、系统地增加训练刺激（训练强度、训练负荷量和训练频率）以得到较高的适应，从而提高运动成绩。这些训练刺激的变化是指训练要素的改变，以使运动员对训练计划的适应最大化，如图2-3所示。

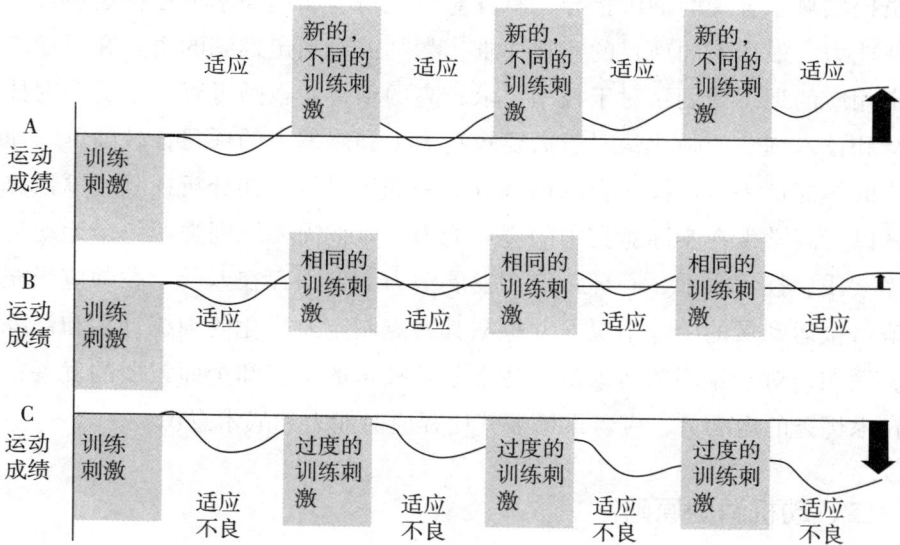

图2-3　训练刺激和适应

注：

A——增加刺激（负荷）$\Rightarrow$ 适应 $\Rightarrow$ 训练成绩提高

B——刺激不足 $\Rightarrow$ 稳定平台 $\Rightarrow$ 训练效果提高不明显

C——过度刺激 $\Rightarrow$ 不适应 $\Rightarrow$ 运动成绩降低

第二节 科学化训练的主要原则

一、竞技需要原则

在高校体育科学化训练中，需要根据具体项目的竞技要求制定相应的训练计划和训练方法，注重培养和提高学生的竞技能力和技术水平。不同项目对技术、战术、体能和心理素质等方面的要求各不相同，教师需要准确地把握项目的特点和要求，了解竞技规则、技术动作和战术策略等内容，为运动员提供科学合理的训练指导，有针对性地培养和提高学生在特定项目中的竞技能力。根据不同项目的竞技要求，教师需要确定训练的重点和目标，并制定相应的训练计划：对于技术要求较高的项目，教师可以安排更多的技术训练和技术细节的强化；对于需要较高耐力和爆发力的项目，教师可以加强相应的体能训练，选择适合的训练方法和训练手段，如分析视频、模拟比赛等，以提高学生在实际竞技中的应对能力。竞技需要原则强调每个运动员在身体素质、技术水平、心理特点和发展潜力等方面存在差异，教师应当充分了解每位运动员的个体情况，并根据其特点制定差异化的训练计划和训练方案。例如，对于年轻的运动员，注重基础技术的培养和全面素质的发展；对于技术优秀的运动员，应着重增强其比赛应对能力和战术意识。

二、动机激励原则

一般情况下，有效的动机激励可以增强学生的投入程度和训练效果，促使学生克服困难、挑战自我，以更好地发展和提高竞技能力。每个学生都有独特的动机驱动因素，可能包括成就欲望、认可需求、自主性、归属感和乐趣等，教师应倾听学生的意见和想法，与其建立密切的沟通和互动，以了解学生的动机需求和目标。在运动训练中，常用的动机激励手段和方法包括以下几种。第一，明确的目标。教师应与学生一起制定具体、可量化和具有挑战性的目标，并确保目标与学生的个人愿望和发展需求相契合，目标的达成可以为学生带来成就感和满足感，进而增强其动力。第二，及时地反馈。教师应对学生的表现给予积极和建设性的反馈，包括肯定其努力和进步，指出需要改进的方面，并提供具体的建议和指导。正向的反馈可以增强学生的自信心和动机，帮助学生更好地应对挑战和困难。第三，创设有趣和具有挑战性的训练环境。教师可以通过创新的训练方法、多样化的训练内容和有趣的训练活动来增加训练的吸引力，也可以适时地提供适应性和增量性的挑战，使学生能够感受到成长和进步的快乐。第四，强调自主性和责任感。教师应鼓励学生在训练过程中做出自主决策和选择，并让学生参与制定训练计划和目标，增强学生的责任感和归属感，使其更加投入和专注于训练。

三、适宜负荷原则

　　适宜负荷原则的核心思想是保证训练负荷的量和质都能与学生的身体能力相匹配，以此避免过度训练或训练不足的情况出现。适宜负荷原则的实施需要考虑许多因素，一般来说决定负荷适宜与否的因素包括学生的年龄、性别、身体条件、技能水平、身体素质以及心理状态等，这些因素决定了每个学生能够承受的训练强度和量。其中，年龄和性别是决定负荷适宜的重要因素，随着年龄的增长，学生的身体素质和技能水平都会提高，因此可以承受更高的训练负荷；性别也会影响学生的身体素质和技能水平，一般男生的力量和耐力优于女生，因此在设计训练计划时，教师需要考虑这一差异，以确保训练负荷的适宜。适宜负荷原则也要求训练的强度和频率能够随着学生身体条件的改变而做出适当的调整，如果学生身体不适或受伤，应该减少训练的强度和频率，以避免对学生身体造成进一步的伤害。适宜负荷原则的实施需要对学生的训练进度进行持续监测，包括观察学生的表现，记录训练数据以及定期进行体能测试等，这些信息可以帮助教师了解学生的训练状态，从而做出相应的调整。适宜负荷原则的核心是实现训练与恢复的平衡，如果训练负荷过大，可能会导致学生过度疲劳，甚至可能引发伤病；如果训练负荷过小，可能会导致学生的技能水平无法提高，甚至可能出现退步的现象，因此，适宜负荷原则的实施需要教师具有丰富的经验和专业知识，以确保训练的效果和技能水平的提高。

四、周期安排原则

周期安排原则体现在体育训练的长期规划与短期规划中，体育教学周期主要包括宏观周期、中观周期和微观周期。宏观周期通常是针对一个学年或一学期的长期规划，以期达成一项主要的训练目标，如提高某项技能或能力；中观周期则是在宏观周期的基础上，将其细分为几个阶段，每个阶段具有特定的训练目标；微观周期是针对每个星期甚至每一天的训练安排，侧重于日常训练任务的执行。周期安排原则需要综合考虑学生的身体状况、学习任务、学生的学习与生活节奏等因素，其中，对于身体状况方面需要考虑学生的体能、技能水平、身体素质等因素；对于学习任务需要关注学生的学习进度、学习难度、学习压力等问题；对于学生的生活节奏需要注意学生的作息时间、休闲活动、饮食习惯等方面。同时，周期安排原则强调在训练中实施周期性的负荷变化（循环负荷），帮助学生有效地适应训练强度，提高体能，有效地防止因过度训练而导致的疲劳、伤病等问题。在具体操作中，周期安排原则强调应结合各个周期的特点进行训练内容和方法的选择。在宏观周期中，教师应制定总体的训练目标和计划，明确一学年或一学期的训练重点；在中观周期中，教师需要针对每个阶段的训练目标，进行详细的训练内容和方法的选择和设计；在微观周期中，教师应注重每日训练任务的执行，监控学生的训练情况，及时调整训练计划。

第三节　科学化训练的基本要素

一、训练量

（一）训练量的定义

训练量是指运动员在一定时间内所进行的所有训练的总和，包括训练的强度、持续时间和频率等各个方面。训练量的概念最初源自体育训练学，其主要目的是量化和衡量运动员的训练负荷，以便更好地进行训练计划的设计和训练效果的评估。训练量包括训练的强度、持续时间和频率等各个方面。训练强度是指训练的难度或强度，可以通过运动员在训练中的心率、氧耗量、荷载重量等指标来衡量；训练持续时间是指运动员进行训练的总时间，通过记录运动员的训练时间来衡量；训练频率是指运动员在一定时间内进行训练的次数，通过记录运动员的训练次数来衡量。

近年来对于训练量的研究已经十分丰富和深入了。一些研究发现适当增加训练量可以提高运动员的运动表现，但过度的训练量则可能导致过度训练，从而对运动员的健康和运动表现产生负面影响[1]。还有研究发现不同的运动项目、不同的运动员个体、不同的训练阶段等因素都可能影响到训练量的设定和效果[2]。中国对于运动训练量的研究在过去几十年里已经进行了大量的工作。许多学者和科研机构都在这个领域做出了重要贡献，例如，北京体育大学、上海体育学院、广州体育学院等都有相关研究。曹青军的《运动训练理论与实践》系统地阐述了运动训练理论，包括对训练量和强度的讨论[3]；刘峰教授是我国运动训练领域的知名专家，他的研究集中在运动训练量和强度的控制方法上；卢聚贤在这方面的研究主要是从实证研究的角度，在《中长跑运动员赛前训练负荷量与强度生理监控研究》中，主要研究运动员在训练过程中的训练量与强度的变化对运动表现的影响[4]。

（二）训练量的要素

训练量不仅包括了训练的持续时间，还包含了其他的一些重要元素，具体包括以下几个方面：

① 刘洋.对平衡训练提高短道速滑运动员运动表现的研究 [J].冰雪体育创新研究，2020，（18）：11—12.

② 雷芗生，柳华明.不同运动项目训练对运动员肩、肘、腕关节本体感觉能力的影响 [J].上海体育学院学报，1995（1）：1.

③ 曹青军.运动训练理论与实践 [M].北京：北京理工大学出版社，2010：22—27.

④ 卢聚贤.中长跑运动员赛前训练负荷量与强度生理监控研究 [J].江西教育学院学报，2011（3）：86—89.

1. 训练时间

这是训练量中最直观也是最容易理解的部分，即运动员进行训练的总时长，包括单次训练的时长，每日的训练时长，每周、每月、每年的累计训练时长等。单次训练的时长是指一次训练会话的长度，包括热身、主要训练部分和冷却阶段，单次训练时间的长度会根据运动员的运动能力、训练阶段、训练目标等因素而变化。例如，一个初级运动员可能会需要更长的时间进行技能训练和恢复，而一名经验丰富的运动员可能会在更短的时间内完成高强度训练。每日训练时间是指一天内所有训练会话的总和，对于专业运动员来说，每日训练时间可能会达到几个小时，但对于业余运动员或健身爱好者来说，每日训练的时间可能只有几十分钟，理想的每日训练时间应根据运动员的训练目标、身体条件、恢复能力等因素进行适当调整。每周、每月、每年累计训练时间是在指一段时间内所有训练会话的总和，对于长期训练计划来说，考虑每周、每月或每年的累计训练时间是非常重要的，因为这有助于运动员和教师跟踪和评估训练进度，也有助于预防过度训练和运动伤害。

2. 训练负荷

训练负荷是衡量训练量的另一个重要因素，也是运动训练中的关键要素，可以根据运动类型的不同，通过不同的方式来衡量和计算。

（1）阻力训练的训练负荷

对于阻力训练，如举重、健身训练等，训练负荷常常通过"组数 × 重复次数 × 重量"这个公式来计算。例如，如果一个运动员做了 3 组深蹲，每组 10 次，每次举重 60 公斤，那么总的训练负荷就是 3（组）× 10（次/组）× 60（公斤/次）=1800 公斤。这个公式为我们提供了一个量化的方法来衡量和比较不同训练会话或不同运动员的训练负荷。

（2）有氧运动的训练负荷

对于有氧运动，如长跑、游泳等，训练负荷通常是通过运动员移动的总距离来计算的。例如，如果一个长跑运动员跑了 10 公里，那么他的训练负荷就可以被理解为 10 公里。有时为了更准确地衡量训练负荷还会考虑运动员的运动强度，如心率、速度等。例如，一个以较快速度完成 10 公里跑的运动员，其训练负荷将高于以较慢速度完成同样距离的运动员。

在实践中，训练负荷应根据运动员的训练阶段、个体差异、训练目标等进行适当调整。过低的训练负荷可能会导致训练效果不佳，而过高的训练负荷则可能会导致过度训练或运动伤害。为了精确地衡量和控制训练负荷，许多现代运动训练理论和技术，如心率训练、阻力训练的一重最大量（1RM）测试、训练强度分布（TID）等，都可以在实践中得到应用，可以更准确地理解和控制训练负荷，从而更有效地实现训练目标。

3. 训练强度

训练强度通常是根据训练的目标、训练的类型、运动员的个体差异以及运动员的当前健康状况来确定的，力量和耐力训练强度通常是以运动员可以做的最大重复次数的百分比来表示的，有氧训练强度通常是以运动员最大心率的百分比来表示的。训练强度的大小直接影响到训练的效果，高强度的训练可以更快地提高运动员的力量、速度和爆发力，但同时需要更长的恢复时间，并且风险也就会更高，低强度的训练虽然提高运动能力的速度较慢，但它更加安全，恢复时间也就更短，因此对于初级运动员或者是在恢复期的运动员来说更加合适。训练强度和训练量是两个相互关联的概念，训练强度高，训练量可能会相对较小；反之，训练强度低，训练量可能会相对较大，合理的训练应该在强度和质量之间找到一个很好的平衡。

（三）训练量的计算

在体育训练中，有许多公式可以用来计算和评估训练量。其中有两个常用的公式是训练量的计算公式和训练负荷的计算公式。

1. 训练量的计算公式

训练量（V）= 训练次数（N）× 每次训练的持续时间（T）× 训练强度（I）

在这个公式中，训练次数指的是在一定时间周期（例如一周或一个月）内进行训练的次数；训练的持续时间是每次训练的实际时长，通常以分钟或小时为单位；训练强度是对训练难度的量化，可以根据不同的运动项目和训练方式有不同的计算方法，例如心率、速度、重量等。

2. 训练负荷的计算公式

训练负荷（L）＝训练量（V）× 训练密度（D）

在这个公式中，训练密度是指在一定时间内进行训练的频率。比如，在一个小时的训练中，如果学生在 50% 的时间内进行高强度训练，那么训练密度就是 0.5。训练密度是一个无量纲的数值，范围通常在 0 ～ 1。

这两个公式可以为教师和学生提供一个科学的、量化的方法来计划和评估训练计划。通过调整训练次数、训练时间、训练强度和训练密度，教师可以根据学生的体质状况、运动项目的特点和训练阶段的需求，科学地制定和调整训练计划。同时，这两个公式也可以帮助教师和学生更好地理解和控制训练量，避免训练过量和训练不足。

二、训练强度

（一）训练强度的定义

在体育训练中，训练强度是指在给定的训练时段内，运动员所付出的努力或工作量的大小，反映了运动员完成训练任务的难度和对身体的复合程度。帕沃·V. 科米（Paavo V. Komi）是一位著名的芬兰生理学家，他的研究主要集中在运动生理学和生物力学领域，特别是在运动和力量训练的生理和生物力学机制方面有深入的研究，他将训练强度理解为与功率输出（能量消耗或单位时间做的功）、对抗力量或发展速度有关的训练要素[①]。简单地说，运动员在单位时间内做的功越多，所需消耗的能量也就越多，反抗的力量也就越大，或者发展的速度越快，其训练强度就越大，这种强度通常与神经肌肉的激活程度有关，训练强度越大，需要激活的神经肌肉就越多，然而，神经肌肉激活是一个复杂的过程，涉及许多相互关联的要素。主要包括外部负荷、运动速度、疲劳程度、训练类型、心理紧张程度。外部负荷是指运动员在训练或比赛中需要克服的阻力，包括重力、阻力等，外部负荷的大小直接影响到神经肌肉的激活程度，因为需要更多的肌肉参与以克服更大的阻力。

---

① 帕沃·V. 科米. 体育运动中的力量与快速力量 [M]. 马铁，高东明，译审. 北京：人民体育出版社，2004：119—121.

在某些运动中，如跑步或游泳，运动速度对神经肌肉激活有很大影响，较高的运动速度需要更快速的肌肉收缩，这就需要更高程度的神经肌肉激活。随着运动的进行，肌肉会逐渐疲劳，这就需要更多的神经元来维持相同水平的肌肉力量和运动性能，因此，神经肌肉的激活程度会随着疲劳的增加而提高。不同类型的训练，比如力量训练、耐力训练或速度训练，会对神经肌肉激活产生不同的影响。例如，力量训练可能需要更多的肌肉纤维参与，而耐力训练则可能需要更高的神经肌肉同步性。心理因素，如压力或焦虑，也能影响神经肌肉激活。这些心理因素可能会导致肌肉紧张，进而影响运动表现。

柏开祥对训练强度进行了界定，他提出了两个基本概念：负荷量和负荷强度[①]。其根据在于人民体育出版社出版的体育院校函授教材中的定义，负荷强度指的是运动员在单位时间或单个（单组）动作中承受的负荷刺激。而负荷量则是指在连续、连贯的身体活动期间，运动员在承受一定外部刺激总量时所表现出的内部应答反应程度。负荷强度主要反映了某一练习、某一单个动作或单位时间内的刺激量，而负荷量则是多次强度刺激量的总和。因此，从这个角度来理解，负荷强度应包含在负荷量之中，负荷量实际上是负荷强度在时间上的累积。可以用公式表示为负荷量 = 负荷强度 × 时间[②]。

在人体运动过程中，运动的强度与人体内能量消耗成正比关系，可以用数学表达式 $\sum I = K \times E$ 表示，其中 K 是比例系数。人体能量消耗的增加必然会引起人体内各器官系统的工作指标发生变化。因此，只要找到生理学指标与运动训练强度之间的关系，就可以计算出对应的运动强度值。此外，根据物理学中能量与功的转化关系，我们知道它们具有相同的量纲，即能的变化等于功。可以用数学表达式 $E = F \times S$ 来表示这一关系。据此推导可得：$\sum I = K \times E = K \times F \times S$。也就是说，负荷量应等于 $K \times F \times S$，平均负荷强度应为 $K \times F \times S / t（K \times F \times V）$。在物理学中，$F \times V$ 是功率的概念。通过以上推导，最终得出以下结论：（1）负荷量实际上就是功，而负荷强度就是功率；（2）负荷量是运动全过程的总强度，而负荷强度则表示运动过程中的瞬时强度。

① 柏开祥 . 运动训练强度的界定与计算 [J]. 体育函授通讯，2001（3）：13—15.

② 全国体育学院教材委员会审定 . 运动训练学 [M]. 北京：人民体育出版社，1990：33.

在数量上，负荷量等于负荷强度对时间的积分。

（二）训练强度的量化

训练强度的量化方式根据训练类型和运动项目而定。速度训练通常用米/秒、次/分或功率输出（瓦特）来进行量化评定。在抗阻训练中，训练强度一般以公斤为单位、克服重力每米举起的重量（千克/米）或功率输出（瓦特）来量化。在团队项目中，训练强度通常用平均心率、无氧心率或最大心率的百分比来进行量化评定。

不同的训练类型需要侧重于不同的身体能力和运动技能，因此使用的量化指标也会有所不同。以下是一些常见的训练类型和相关的训练强度量化方式。

1. 耐力训练

对于跑步、自行车、游泳等耐力训练，常常以心率、配速（如每公里用时）或者功率（在自行车训练中特别常用）来量化训练强度。例如，运动员可以通过监测自己的心率，保持在某一特定的心率区间（如最大心率的70%到80%），从而达到预定的训练强度。

2. 速度和爆发力训练

这类训练常常关注短时间内的最大输出，所以训练强度的量化可以通过完成某项动作或距离所用的时间，或者达到的最大速度来衡量。例如，在短距离冲刺训练中，运动员可能以达到的最大速度或完成特定距离的时间来量化训练强度。

3. 力量训练

在力量训练中，训练强度常常以重量（如举起的重量）、重复次数以及组数来量化。例如，运动员可以通过记录自己在某一特定动作（如卧推、深蹲等）上能够举起的最大重量（一次最大重量，或1 RM），来量化训练强度，也可以通过控制每组的重复次数和总的组数，来进一步调整训练强度。

4. 灵活性和平衡训练

这类训练的强度可能较难以量化，但通常可以通过动作的难易程度、保持某一姿势的时间，或者完成某一动作序列的次数来相对量化训练强度。

5. 抗阻训练

在抗阻训练中，训练强度常被量化为所使用的重量、完成的重复次数以及进行的组数。训练强度常常直接以运动员能够举起的重量来表示。例如，如果一个运动员能够在卧推中举起 100 公斤，那么这个重量就可以被用来量化他的训练强度。在一次最大重量（1RM）的测试中，运动员会尽其所能地举起最大重量，以此来测量他的最大力量水平，可以根据这个 1RM 的百分比来设计训练计划。例如，如果一个运动员的 1RM 为 100 公斤，那么他在训练中就可能会使用 70% 的 1RM，即 70 公斤，进行训练。训练强度还可以通过运动员在单组中所完成的重复次数来量化，通常情况下，如果重复的次数较少（例如 1～5 次），表明训练的重点在于力量或力量耐力；如果重复的次数较多（例如 8～15 次），表明训练的重点在于肌肉的体积和耐力。训练强度还可以通过运动员完成的组数来进行量化，进行更多的组数意味着更高的训练强度。例如，完成 5 组卧推的训练强度将会高于完成 3 组的训练强度。训练体积是一个综合指标，通常为训练的重量、重复次数和组数的乘积。例如，一个运动员在卧推中，举起了 80 公斤的重量，做了 5 次重复，共完成了 5 组，那么他的训练体积就是 2000 公斤，这个数值可以作为一个总体的训练强度的量化指标。此外，在许多项目中，运动员的最佳成绩常常被用作确定训练强度的基础，例如运动员以 10.2 米 / 秒的速度跑完一段距离，这就是超过了他的最佳成绩，因此他的训练强度超过了 100%。抗组训练的强度等级如表 2-1 所示。

表 2-1 抗组训练的强度等级

训练强度等级	最大运动能力百分比	强度
6	> 100	超大
5	91～100	最大
4	81～90	大
3	71～80	中等
2	50～70	低
1	< 50	非常低

表 2-1 是用来对速度力量练习的训练强度进行划分的。训练强度是相对于运动员的最大运动能力来判断的，使用的是最大运动能力的百分比。表格中提供了六个不同等级的强度，每个等级都对应一个最大运动能力的百分比范围。

超大强度（6）：当训练强度超过运动员的最大运动能力（百分比大于100%），那么这个训练强度就会被定义为超大，这种训练强度非常之高，对运动员的身体和心理挑战性也非常大。

最大强度（5）：当训练强度在 91% 到 100% 的最大运动能力之间，训练强度就被定义为最大，在这个强度训练下，运动员必须全力以赴，这样的训练会对身体有非常大的压力。

大强度（4）：当训练强度在 81% 到 90% 的最大运动能力之间，训练强度达到大的标准，这是一个相对较高的训练强度，适合在有针对性的训练中使用。

中等强度（3）：当训练强度在 71% 到 80% 的最大运动能力之间，训练强度为中等，适用于各种训练阶段的平衡强度。

低强度（2）：当训练强度在 50% 到 70% 的最大运动能力之间，训练强度为低，对身体的压力相对较小，常常用于恢复期和初级训练阶段。

非常低强度（1）：当训练强度低于 50% 的最大运动能力，训练强度非常低，通常适合于恢复期或是对某种技能初步进行学习和练习。

（三）训练强度的类型

训练强度可划分为两种类型：一种是绝对训练强度，指在训练中达到的最大努力程度，常以运动员的最大力量、最大速度或最大心率的百分比来衡量。比如，在力量训练中，一种是绝对训练强度可能会以运动员一次性能举起的最大重量（一次最大重量，或 1RM）的百分比来表示。另一种是相对训练强度，主要关注在一段时间内，如一节训练课或一个小周期（microcycle）内，运动员完成的总训练量及其相对于最大能力的百分比。相对训练强度不仅考虑单次的最大输出，而且关注整个训练过程中的平均输出，能够在一定程度上帮助教师和运动员更好地规划和调整训练负荷，从而优化训练效果并避免过度训练。通过综合运用绝对训练强度和相对训练强度，教师和运动员可以根据特定的训练目标和运动员的具体情况，制定出科学合理的训练计划。

三、训练密度

（一）训练密度的概念

训练密度是指在单位时间内运动员接受训练课的频率，反映了运动员在一定时间内所进行的训练课数量和总体的训练量，训练密度的合理安排对于运动员的训练效果和进步速度至关重要。国内外的学者对训练密度进行了广泛的研究和讨论，运动训练学者杜泽·邦帕（Tudor Bompa）在他的著作中指出，训练密度是指在单位时间内进行的训练次数和训练量，他认为适当的训练密度可以增加训练效果和提高运动员的竞技水平，但过高的训练密度可能导致过度训练和过度疲劳[①]。弗拉基米尔·伊苏林（Vladimir Issurin）提出了"训练负荷密度"的概念，将训练密度与训练负荷相结合，认为训练密度应根据运动员的训练目标和个体差异来进行调整，他的研究表明适当的训练密度可以促进适应性反应，提高运动员的竞技水平[②]。澳大利亚运动科学研究员Heazlewood等人的研究表明，高训练密度的训练计划可以提高运动员的心肺功能、力量和耐力，指出训练密度的增加可能会引起疲劳累积，因此需要合理安排恢复时间。

在中国国内，也有一些学者对训练密度进行了研究和探讨。例如，张春华在训练密度方面有着较深入的研究，提出了"持续性训练密度"的概念，该概念结合了训练密度和持续时间的概念，以衡量运动员的训练负荷和适应水平，她的研究表明适当的训练密度可以提高运动员的心肺功能和耐力水平[③]。陆耀飞在训练密度领域有较为深入的研究，研究重点包括训练密度对于

---

① 杜泽·邦帕，加迈克尔·卡雷拉.青少年运动员体能训练 [M].上海：上海文化出版社，2019：134—137.

② 弗拉基米尔·伊苏林.板块周期运动训练的创新突破 [M].北京：北京体育大学出版社，2011：86-88.

③ 张春华.运动与健康 [M].上海：复旦大学出版社，2011：20.

运动员训练效果的影响以及如何合理调节训练密度，从而提高训练效果，其研究成果为运动训练提供了重要的理论指导[①]。白震等人的研究领域包括运动训练的定量化和优化，在训练密度的研究中注重运动员个体差异和训练目标的考虑，提出了个性化的训练密度模型，并探索了不同训练密度对于运动员适应性的影响[②]。除了上述学者，中国国内还有许多其他研究机构和学者也在积极探索训练密度的研究，他们通过对不同运动项目和不同运动员群体的研究，探讨了合理的训练密度安排对于运动员的训练效果和竞技水平的影响。

（二）训练密度的类型

1. 心率密度

心率密度是指在单位时间内心率的变化频率，通过监测运动员的心率变化，并将其与训练课程的持续时间进行比较，即可以计算出心率密度。一项研究对 21 名训练有素的长跑运动员进行了观察，发现他们在高密度训练期间表现出更高的心率变异性，与更好的心血管适应性相关[③]。另一项研究是对 40 名年轻的足球运动员进行了观察，发现在高密度训练期间，心率密度显著增加，与运动员的有氧能力提高相关。例如一个训练课程持续时间为 60 分钟，那么在这段时间内，运动员的心率在每分钟平均就变化了 10 次，则心率密度就是 10 次 / 分钟，如果同一个训练课程持续时间变为 30 分钟，而心率的变化次数保持不变，那么心率密度将增加到 20 次 / 分钟。适当的心率密度训练可以促进心血管的适应性，提高运动员的有氧能力和耐力水平，然而，过高的心率密度可能导致过度训练和心血管负担过大，因此需要合理安排训练负荷和适应期。

① 陆耀飞 . 运动生理学 [M]. 北京：北京体育大学出版社，2007：238.

② 白震，李德玉，史国轻 . 大学体育与户外运动 [M]. 长春：吉林人民出版社，2021：17.

③ Seiler, S., Haugen, O., Kuffel, E., &Autonomic Heart Rate Regulation during Exercise：An Overview of Autonomic Regulation of Heart Rate during Exercise（2009）. Journal of Applied Physiology，108（5），1196—1207.

2. 有氧密度

有氧密度是指在单位时间内完成的有氧运动量，通常通过测量运动员在有氧训练期间消耗的能量来进行评估。在有氧训练中，有氧密度的计算基于运动员的心率、氧气摄取量或热量消耗量等指标，较高的有氧密度意味着在相同时间内完成了更多的有氧运动量，表明训练强度和训练负荷更高。通过追踪有氧密度的变化，教师可以了解运动员的训练进展和适应性水平，较高的有氧密度通常与较好的有氧耐力和心肺适应性相关，这对于长时间持续运动项目的运动员来说尤为重要。在训练计划设计中，过低的有氧密度可能导致训练效果不显著，而过高的有氧密度可能会导致过度疲劳和过度训练的风险，根据运动员的个体差异、训练目标和阶段性需求，制定合理的有氧密度目标是，这至关重要的。

3. 系统密度

系统密度是指在单位时间内完成的训练课的数量，是训练计划中的一个重要参数。系统密度的计算基于训练课程的数量和训练周期的时间，较高的系统密度表示在相同时间段内完成了更多的训练课，即训练的频率更高。合理安排系统密度需要考虑以下因素。

（1）训练目标和阶段

不同的训练目标和阶段对系统密度的要求不同，在准备阶段，系统密度可能较低，侧重于基础技术和力量的发展，而在竞赛阶段，系统密度可能会增加，以提高运动员的竞技状态和适应比赛的要求。

（2）运动员的恢复能力

不同的运动员具有不同的恢复能力，因此其对系统密度的适应性也不同。一些运动员可能能够承受更高的系统密度，而另一些运动员可能需要更多的恢复时间。教师需要根据运动员的个体差异和反馈来调整系统密度，以确保适当的训练刺激和充分的恢复。

（3）训练课程的性质和强度

不同类型的训练课程和不同的强度水平对于系统密度的安排也会产生影响。例如，高强度的力量训练可能需要更多的恢复时间，而低强度的灵活性训练可能需要较短的恢复时间，教师需要综合考虑训练课程的性质和强度，以合理安排系统密度。

（4）运动员的时间和日程安排

运动员的时间和日程安排是制定适当的系统密度的关键因素，教师需要了解每个运动员的可用时间和限制，并根据实际情况制定可行的训练计划，包括确定训练的频率和持续时间，以确保在可用时间内获得最大的训练效果。

第三章　在线教学模式助推高校体育改革创新

第一节　翻转课堂教学模式

一、翻转课堂教学模式的起源与发展

（一）翻转课堂教学模式的起源

翻转课堂教学模式的起源可以追溯到美国的可汗学院创立的初期，2004年，孟加拉裔美国人萨尔曼·可汗创建了可汗学院，最初是为帮助他远在家乡孟加拉国的远亲们解决数学问题而创建的，萨尔曼·可汗将自己制作的数学教学视频上传到 YouTube 上，这些视频通过简洁而易于理解的方式解释了数学概念和解题方法，迅速受到了广大学生和教师的欢迎，引起了教育界的关注。萨尔曼·可汗的教学方法和视频课程的受欢迎程度鼓舞了他继续扩展可汗学院的内容和范围，他开始录制各种学科的教学视频，并为每个视频制作了配套的练习题和测验，学生可以根据自己的节奏自主学习，并通过在线平台跟踪自己的学习进度和成绩，可汗学院逐渐成为一个全面的在线学习平台，并涵盖了数学、科学、历史、编程等多个学科。

随着可汗学院的创立并开始提供在线教育资源，美国科罗拉多州科林斯堡市的两位高中化学老师乔纳森·伯格曼和亚伦·萨姆斯意识到将课堂内容和学习资料置于网络上的潜力，他们开始探索利用这种方式来翻转课堂的教

学过程，并在 2007 年首次提出了"翻转课堂"这一术语，他们撰写了相关书籍、发表了论文，通过博客、演讲和研讨会等方式向其他教师分享翻转课堂的理念和实践经验。当时，他们面临着许多学生在课堂上无法跟上和理解所学内容的问题，为了解决这个问题，他们开始尝试将课堂讲授的内容与作业的顺序颠倒，即将讲授内容作为作业，在课堂上进行深入讨论和实践。伯格曼和萨姆斯将讲授内容制作成录像课程，并将其上传到网络平台上，供学生在课后观看学习，学生在课后通过观看录像课程，获得对知识点的基本理解，而在课堂上，他们花费更多的时间进行问题解答、讨论和实践活动，让学生在课堂上更深入地参与学习，与教师和同学互动，解决疑惑，探索知识。

（二）翻转课堂教学模式的发展

1. 翻转课堂教学模式在国外的发展

（1）理论基础与模式设计

国外学者在翻转课堂教学模式的理论基础和模式设计方面做出了重要的贡献。乔纳森·伯格曼和亚伦·萨姆斯是该模式的先驱者，他们在著作《翻转课堂革命》中提出了翻转课堂的概念和实践方法。他们认为，将课堂时间用于互动和实践活动，将讲授内容放到课后进行自主学习，可以提高学生的学习效果和参与度。在理论基础方面，学者们提出了许多关于翻转课堂教学模式的理论框架和模型。例如，学者朱利奥·马尔蒂诺等人在研究中提出了基于学习理论的翻转课堂模型，强调学生的主动参与、自主学习和合作学习的重要性。学者罗伯特·塔尔则提出了反转教学环节模型，强调将课堂时间用于问题解决和实践活动，以促进学生的深度学习和批判思考能力。

（2）教学效果与学习成果

国外学者对翻转课堂教学模式的教学效果和学习成果进行了广泛的研究。许多研究表明，翻转课堂教学模式可以提高学生的学习成绩、学习兴趣和学习动机。例如，学者罗伯特·比夫尔等人在物理学教学中应用翻转课堂模式的研究中发现，学生的成绩提高了，对物理学的兴趣也增加了。此外，一些研究关注翻转课堂对学生的学习动机和自主学习能力的影响。学者乔纳森·贝恩斯等人的研究结果发现，翻转课堂模式可以提高学生的学习动机和学习自主性，培养学生的自主学习能力和批判思维能力。

（3）学生参与度与互动

翻转课堂教学模式强调学生的参与度和互动，国外学者对此进行了深入研究。学者马修·桑德斯等人的研究表明，在翻转课堂中，学生参与度显著提高，他们更积极地参与课堂讨论、互动和解决问题。

此外，一些学者还研究了翻转课堂对学生互助学习和合作学习具有很大的促进作用。学者艾米丽·费伊等人的研究表明，在翻转课堂中，学生更倾向于与同学合作学习，分享思考和解决问题的策略。

（4）教师角色与教学策略

国外学者还关注了教师在翻转课堂教学模式中的角色和教学策略。学者约翰·贝尔等人的研究指出，教师在翻转课堂中不仅扮演着知识传授者的角色，而且更重要的是能够成为学生学习的指导者和引导者。教师需要设计和组织适合翻转课堂的学习任务和活动，引导学生深入思考，培养学生的批判性思维。此外，学者迈克尔·格拉汉姆等人的研究表明，在翻转课堂中，教师需要灵活运用教学策略，如小组讨论、问题解决和案例分析等，以促进学生学习的主动和互动。

2. 翻转课堂教学模式在国内的发展

在国内，翻转课堂教学模式得到了迅速的发展和广泛的应用，教育界和学者们对于翻转课堂模式的研究和实践已经取得了一系列的成果。

（1）高校领域的发展

在国内的高校中，翻转课堂教学模式已经成为教学改革的重要方向，许多高校教师开始尝试应用翻转课堂模式，以提高学生的学习效果和参与度。一项由中国科学技术大学的李书红等人（2016）进行的研究中，其探讨了翻转课堂在大学化学教学中的应用效果，研究结果表明采用翻转课堂模式的教学可以提高学生的学习兴趣和参与度，加强学生对于知识的理解和应用能力，翻转课堂模式能够激发学生的学习兴趣，增强学习动力，并提高学生的自主学习能力。此外，山东大学的张明春等人（2017）对翻转课堂模式在高校计算机课程中的应用进行了研究，研究结果发现采用翻转课堂模式的教学可以提高学生的学习成绩和学习满意度。

（2）中小学领域的发展

翻转课堂教学模式在中小学领域也得到了广泛的应用，北京师范大学的刘东（2016）对于翻转课堂在中小学数学教学中的应用进行了深入的研究，认为采用翻转课堂模式的教学可以激发学生的学习兴趣和学习动力，提高学生的学习效果和自主学习能力，学生在观看教学视频后，能够更好地理解数学概念和解题方法，并在课堂上进行问题解答和实践操作。南京师范大学的赵清（2017）对翻转课堂模式在中小学英语教学中的应用进行了研究，认为学生通过观看教学视频，能够更好地掌握课文内容和语音语调，并在课堂上进行口语练习和交流。

（3）教育科技的支持

国内的教育科技也为翻转课堂教学模式的发展提供了支持。许多在线教育平台和教育科技公司提供了丰富的教学资源和工具，帮助教师实施翻转课堂教学。

除了在线教育平台，还有一些教育科技公司开发了专门的翻转课堂工具和平台。例如，百度教育推出了"百度文库"和"百度云课堂"，教师可以在这些平台上上传和分享教学资料和课程视频；华图教育推出了"翻转课堂"软件，教师可以通过该软件制作和管理教学视频、课程表和学习任务。此外，政府也在积极推动翻转课堂教学模式的发展，教育部发布了《关于深化教育信息化改革促进教育均衡发展的意见》，提出了发展翻转课堂教学模式和推广教育信息化的要求，一些地方教育部门也出台了相关政策和措施，支持学校开展翻转课堂教学实践。

二、翻转课堂教学模式与传统教学模式的对比

（一）在教师教学内容开发方面的对比

在传统教学模式中，教师在教学内容开发中扮演着主导者的角色，决定学生应该学习的内容和学习的进度，教师教学内容的开发通常是按照教学大纲所制定的教材进行的。教学大纲是教育部门或学校制定的教学计划和指

导方针，包含了学科的核心概念、重要知识点和学习目标，教材则是根据教学大纲编写的教学资料，是学生学习的主要参考书。教师在教学内容的开发中，会参考教学大纲和教材的内容和结构，根据学科的特点和教学要求进行教学内容的选择和组织，将教材中的章节、主题和案例作为教学的基础，结合自己的教学经验和专业知识进行教学内容的解读和讲解。教师还可能会根据学生的学习特点和需求进行教学内容的调整和个性化定制。

而在翻转课堂模式中，教师的教学内容开发更加注重学生的学习需求和个性化学习。教师通过录制教学视频、准备在线教材、设计学习任务等方式，提供学生自主学习的资源和指导，将更多的精力放在如何创造有效的学习资源和学习环境上，以满足学生的学习需求，教师在教学内容开发中更注重培养学生的学习能力和学习兴趣，鼓励学生通过自主学习获得知识和理解知识。在翻转课堂模式中，教师可以通过多种方式开发教学内容。首先，教师可以录制教学视频，将自己的讲解和示范过程录制下来，结合图表、动画等多媒体元素来提高学习效果，作为学生课前学习的资源，让学生按照自己的节奏合理安排时间观看，帮助学生理解和消化知识。其次，教师可以准备在线教材和学习资料，通过网络平台向学生提供学习材料和学习指导，包括文本、图片、练习题等，帮助学生进行自主学习和巩固知识。此外，教师还可以设计学习任务和项目，引导学生进行深入的学习和实践活动，培养学生的研究和解决问题的能力。

（二）在教师组织教学活动方面的对比

在翻转课堂教学模式中，教师的角色发生了转变，从传统的知识传授者转变为学生学习活动的指导者。传统教学模式中教师通常是课堂的主体，他们制定课程计划、编写教案、安排学习活动和讲授知识，教师通过讲解、演示、讲授例题等方式向学生传授知识，并通过提问和回答学生的问题来检验学生的学习情况，在这种模式下，学生的角色相对被动，只是接受教师的指导和教育，缺乏主动参与和探索的机会。

而在翻转课堂教学模式中，教师的角色发生了显著的变化，教师不再是课堂的唯一主导者，而是学生学习活动的指导者和引导者。在课前，教师通过录制教学视频、提供学习材料和资源等方式，为学生提供基础知识和概念的学习，学生可以在课前根据自己的学习进度和需求自主学习。在课堂上，教师的角色是引导学生进行讨论、解答问题和实践活动，教师通过提出问题、激发学生的思考，引导学生进行深入的思考和探索，教师还可以组织小组活动、案例分析和实践操作等形式的学习活动，促进学生之间的合作和互动。在翻转课堂教学模式中教师可以根据学生的需求和学习进度，设计不同的学习任务和活动，提供不同的学习资源和材料，利用技术工具和在线平台，与学生进行交流和互动，及时给予指导和反馈，观察学生的学习情况和表现，针对学生的学习需求调整教学策略和内容，也鼓励学生提出问题、分享观点和经验，促进学生之间的学习交流和合作。

（三）在师生关系方面的对比

在传统的教学模式中，教学流程的显著特征是教师先教，学生后学，毕竟教师是教学内容的先行、先知者。但此教学模式的弊端在于师生间的关系过于严肃紧张，因而在教学过程中也会滋生出许多问题，学生对于老师唯命是从、唯命是听，在很长一段时间里，此现象也未曾好转。但翻转课堂教学模式的出现使得这一问题发生转机。首先学生获取知识和掌握技能不单单局限于教师在课堂上传授知识这一单一渠道，这点是毋庸置疑的。现今社会飞速发展，单一的讲授式教学模式已不再适应当前教育环境，教师不但要考虑需要传递和讲解哪些知识，更需要注重知识和技能传递的方式方法。在翻转课堂教学模式中，在课中环节以交流答疑的方式作为教学过程的主要方式，教师通过引导、组织教学活动的方式同学生每时每刻进行着交流。此类教学模式的出现，使师生之间的交流频率增多了，相互了解程度随之大大加深。一方面能使学生轻松愉快地掌握知识，另一方面能够大幅提升学生的语言表达能力和思维能力。教学过程从单向的教授收听学习，变成了多元化的、多角度的互动交流方式，在提升学生学习趣味性的同时促进了师生关系的融洽。

在传统教学模式中，教师扮演着知识传授者的角色，学生则被动接受教师的教导，这种严肃而紧张的师生关系常常导致教学过程中的问题和障碍。然而，翻转课堂教学模式的出现为这一现状带来了转机，翻转课堂模式突破了单一的教师讲授模式，使学生获得知识和技能的渠道更加多元化了。在翻转课堂教学模式中，学生不再仅仅依赖教师的传授，而是通过多种途径获取知识，师生之间的关系更加平等和开放。随着社会的飞速发展，单一的讲授式教学已无法满足当今教育环境的需求，教师需要思考如何传递知识和技能的方式与方法，在翻转课堂教学模式中，课堂时间主要用于交流和答疑，教师通过引导和组织教学活动，不断地与学生进行交流，增加了师生之间的交流频率，并加深了彼此的了解，学生在轻松愉快的学习氛围中掌握知识，同时，也提高了他们的语言表达和思维能力。教学过程从单一的教师授课转变为多元化的互动交流方式，不仅提升了学生的学习兴趣，还促进了师生之间的和谐关系。翻转课堂教学模式的师生关系更加平等和开放，教师不再是学生唯一的知识源泉，而是学习活动的指导者和引导者，教师鼓励学生表达观点、提出问题，激发学生的思考和创造力，通过课堂上的互动和合作，师生之间建立了更加融洽的关系，提升了教师的教学效果，也培养了学生的自主学习能力和合作精神。

（四）在学生自主学习方面的对比

在传统的教育环境中，学生的学习过程基本上是被老师主导的，例如，教师负责制定教学计划，调节学习速度，并在课下为学生分配家庭作业，使得学生只是按照教师的指示进行学习，这大大降低了学习的自主性和思考的深度。

然而，翻转课堂教学模式则颠覆了这一传统模式，它强调学生的主动参与，提升学生的自主学习能力，鼓励他们的主观能动性，在这种教学模式下，学生在课前、课中和课后的各个学习阶段都能自主安排学习进度和学习深度，例如，在课上阶段，学生可以根据自己的兴趣和实际情况自由选择课程主题，按照主题内容独立进行相关研讨或实验。翻转课堂教学模式更注重学生的主观动机，这种模式的核心是改变传统的教师灌输式教学方式，在课前阶段，学生自主学习相关知识，课中阶段则自由选择主题进行相关活动，增加了学生的课堂参与度和展示度，从而提高了他们的主观能动性和学习兴趣。此外，翻转课堂教学模式还能增强和提升学生的自我约束能力，学生能自主管理学习时间、设定学习目标、调整学习状态和选择学习方式等。在时间管理方面，学生可以自由安排自己的学习时间，控制学习进度；在目标设定方面，学生可以根据自己的实际情况，结合自己的理解能力和知识掌握程度，合理选择每个阶段的学习目标；在心态调整方面，学生可以根据自己的情绪状态来调整学习速度，不受其他学生接受内容快慢的影响，以最佳的精神和心理状态进行学习；在学习方式选择方面，学生可以根据自己的喜好，通过阅读文档、听音频资料或观看视频资料等方式选择最适合自己的学习方式，这些都显示了翻转课堂教学模式对提升学生自我约束能力的显著效果。

三、翻转课堂教学模式实施的理论基础

（一）建构主义学习理论支撑

建构主义学习理论是由瑞士心理学家让·皮亚杰（Jean Piaget）在 20 世纪中叶提出的，他认为知识不是被动地从教师那里接受，而是由学生在与环境互动的过程中主动建构的。皮亚杰的建构主义学习理论包括几个核心概念，一是认知发展的阶段性。皮亚杰提出了四个认知发展的阶段，即感官运动阶段（出生至 2 岁）、前操作阶段（2 岁至 7 岁）、具体操作阶段（7 岁至 11 岁）和形式操作阶段（11 岁以上至成年），每个阶段都具有独特的认知能力和特点。二是顺应和调整。学习是一个动态过程，涉及对新信息的顺应（assimilation）和对已有认知结构的调整（accommodation）。顺应是指把新的经验纳入已有的认知结构中；调整则是在遇到不符合现有认知结构的新信息时，改变已有的认知结构以适应新的信息。三是平衡。皮亚杰认为，人的认知发展是为了达到顺应和调整之间的平衡（equilibration），当学生遇到不符合已有认知结构的新信息时，会产生认知失衡，从而促使他们调整自己的认知结构，以恢复平衡①。建构主义学习理论着重强调学习者的主导作用，明确指出知识的建构是由学习者自我推动的过程，与其说学习者是知识的接受者，不如说他们是知识的创造者，是学习过程中的主角。此理论视知识的建构为一种社会性的过程，即学习者通过与他人及其环境的互动，逐步形成和发展自己的认知结构。因此，注重鼓励学生之间的互动，以及与更广泛的

---

① 让·皮亚杰. 认识论 [M]. 长春：吉林大学出版社，吉林音像出版社，2004：12—18.

社会环境的联结。不同于以结果为导向的学习观，建构主义学习理论关注的是学习的过程，学习者通过实践和体验，不断在原有认知结构的基础上建构和重塑新的知识。建构主义学习理论认识到，由于每个人的经验和观点的差异，对知识的理解和构建也会存在个体间的差异。

建构主义强调学习者在学习过程中的主体性，认为知识是学习者主动建构出来的。在翻转课堂中，学生需要在课前自行预习，这就要求他们主动参与到知识的建构中去，而非被动接受知识。同时，建构主义认为学习不仅是知识的积累，更是对知识的理解、消化和应用，翻转课堂的课堂时间主要用于深度讨论和实践，鼓励学生深入思考，深层次地理解和掌握知识。建构主义提出，教师应该从知识的传授者转变为学习的引导者。在翻转课堂中教师不再是单纯的讲授者，而是成为学生学习过程中的引导者、协助者和反馈者。

（二）掌握学习理论

掌握学习理论是在 20 世纪 70 年代诞生于美国的教学理论，其最主要的推动者是美国著名心理学家和教育学家本杰明·布卢姆（Benjamin Bloom）。布卢姆反对一种普遍的教学预期观念，即"三分之一的学生会学得很好，三分之一的学生学得一般，最后三分之一的学生学得不好"。布卢姆认为这种预期限制了教师和学生的教学、学习目标，削弱了学生学习的积极性，也降低了教师参与教学的主创性，他相信所有学生在给定恰当的教学方法和足够的时间条件下，都可以达到学习目标，掌握知识[①]。掌握学习理论的核心观点是，只要能够为学生提供学习新知识所需要的各种学习条件，那么所有的学生都可以掌握所学的知识。在这种理论指导下，教师的角色变为引导和支持，当学生在学习中遇到困难时，他们能够及时地为学生提供帮助。为了实现这一目标，布卢姆提出了"诊断性评价、形成性评价和总结性评价"三种教学评价方式。在翻转课堂教学模式中，很好地掌握学习理论，可以起到了重要的推动作用。首先，掌握学习理论鼓励教师通过提供恰当的学习环境和充足的时间，帮助所有学生掌握知识，这与翻转课堂的教学目标相符合。其

---

① 本杰明·布卢姆. 成才之路发展青少年的天赋 [M]. 刘菁译. 北京：北京出版社，2021：113—117.

次，掌握学习理论的评价方式也适用于翻转课堂，教师可以通过诊断性评价和形成性评价来了解学生的学习进度和难点，然后在课堂上进行重点讲解和辅导。最后，在翻转课堂模式下，学生可以在课前通过自主学习掌握课程知识，然后在课堂上与教师和同学进行深度的交流和讨论，这样的教学模式也正是掌握学习理论所提倡的。

（三）混合学习理论

混合学习理论是在 21 世纪初，伴随着网络技术和在线学习资源的快速发展而逐渐提出的，这一理论试图将传统的面对面教学与在线学习有效地结合起来，充分发挥两者的优势，以提高教学效果和学习效率。混合学习是一种教学方式，它将传统的面对面课堂教学和在线学习有效地融合，使学生可以在面对面的课堂上与教师和同学进行交流和互动，也可以通过网络自主学习，利用多媒体和网络资源获取知识和信息。混合学习的目标是为学生提供更加个性化和灵活的学习环境，使他们能够根据自己的学习风格和节奏来学习。

混合学习理论的组成要素相当丰富，其主要包括以下几个方面：

1. 线上线下教学融合。混合学习理论首要的组成要素就是线上与线下教学的有效结合。这并非简单的课堂教学和在线学习的堆砌，而是要求二者紧密融合，相互补充，共同提升教学效果。传统的面对面课堂教学，侧重于教师引导，学生互动和即时反馈方面；在线学习则能够提供丰富的学习资源，强调自主学习，便于个性化和灵活性学习。

2. 个性化学习路径。混合学习理论强调个性化教学，每个学生可以根据自己的学习方式、兴趣和进度，制定个性化的学习路径。这对于满足学生多样化的学习需求，提高学习的积极性和效果具有重要意义。

3. 学习管理系统。在混合学习环境中，学习管理系统（LMS）是非常重要的一个组成要素。LMS 不仅提供了课程内容、学习资源的管理和发布，还能够跟踪学生的学习进度，进行学习评估，甚至支持教师和学生之间，学生与学生之间的在线互动。

混合学习理论对翻转课堂有着重要的影响，首先，混合学习理论提供了翻转课堂的理论支持，它强调将面对面教学与在线学习有效结合，这正是翻转课堂的核心思想。其次，混合学习理论鼓励个性化和自主学习，这与翻转课堂的目标相符。在翻转课堂中，学生可以在课前通过在线学习掌握课程知识，然后在课堂上与教师和同学进行深度的交流和讨论。最后，混合学习理论提供了一种有效的学习管理工具，可以帮助教师跟踪和评估学生的学习进度，及时调整教学策略，提高教学效果。

四、翻转课堂教学模式的创新应用助推高校体育改革

（一）课前阶段

在高校体育教学环境中，翻转课堂的课前阶段在整个学习过程中扮演着至关重要的角色，课前阶段的主要任务是让学生在教师的引导下自主预习和学习，在这一过程中教师可以通过网络在线平台，如学校的网络教学系统，发布关于体育运动的理论知识和实践技巧的学习材料，包括但不限于教学视频、学习指南、讨论问题等，学生不仅可以在自己适合的时间和地点进行学习，而且还可以根据自己的学习速度和风格来安排学习计划，提高学生的学习灵活性和自主性。在学生的自主学习过程中，教师的角色也非常重要，教师不仅需要为学生提供高质量的学习资源，还需要通过在线讨论、问答等方式来监督和引导学生的学习，例如，教师可以设立在线讨论区，鼓励学生提出问题，分享学习心得，甚至就学习材料中的问题进行讨论，帮助教师及时了解学生的学习进度和学习中的难点，为课堂教学做好准备工作。在传统的教学模式下，教师通常在课堂上进行教学，而学生主要通过听讲和记笔记来学习，然而，在翻转课堂模式下，学生需要主动去学习和理解课前的学习材料，这不仅要求学生有良好的自主学习能力，也要求他们对自己的学习负责。虽然教师对学生的学习进度和难点可以通过在线互动得到一定的了解，但更系统的评价和反馈机制是必要的，教师可以通过在线测试、作业提交等方式来评估学生的学习效果，然后根据评估结果进行反馈和指导，对学习资源和教学策略的定期评估和更新，也是提高课前阶段学习效果的重要措施。

（二）课堂阶段

在体育课堂中，学生可以将课前所学习的理论知识和基本技能在实践中

加以运用，教师在一旁提供指导，帮助学生改正错误，提高技术水平。在进行实践活动时，学生可以通过小组形式进行比赛和挑战，这就为学生提供了一个在相对真实的环境下运用和锻炼技能的机会。例如，一个足球课程的学生可能已经在课前看过和学习了如何传球和射门的技术，但是将这些技术在比赛中实际运用，是一个全新的挑战，需要学会如何在对方防守者的压迫下做出正确的决定，如何在有限的时间和空间内找到最佳的传球或射门路线。在团队运动中一个人的力量是有限的，团队合作才是取胜的关键，学生需要学会如何与队友进行有效的沟通，如何协调个人和团队的利益，如何在有压力的情况下保持冷静和理智，例如，在篮球比赛中，队员们需要不断地传球、移动和配合，才能找到得分的机会。通过比赛学生可以了解自己的优点和存在的不足，提高自我认知和自我调节能力，挑战也可以鼓励学生勇于尝试，勇于接受挑战，培养他们的积极心态和乐观精神。例如，跳高比赛中，每次提高横杆的高度，都是对学生的一个新挑战。

交流环节是通过互动与分享，帮助学生进一步理解和掌握体育技能和策略的关键步骤。在体育课程中，学生之间的交流能够帮助他们深入理解运动技巧、运动策略、运动规则等，从而帮助他们在实际运动中运用这些技巧和策略，通过小组讨论、案例分析等形式的交流，学生可以将自己的观点与他人进行碰撞，通过观察、模仿、互助等方式，学生可以从他人身上学习到新的技巧和策略，也可以通过教导他人，巩固和提升自己的技能。

综上，实践和交流是翻转课堂中体育课堂的核心环节，使学生有更多的机会进行运动技能的实践和深度交流，从而加深对知识和技能的理解，提高学习效果。

（三）课后阶段

在高校体育课程中，课后阶段的学习是课前与课堂学习的深化和延续，其中，学生的自我练习、反思、互动评价与教师的反馈指导都是必不可少的环节。

1.自我练习与反思

自我练习顾名思义是指学生独立进行的练习活动，在体育学习中，很多技能需要通过大量反复的实践来掌握，这就要求学生在课外花费时间进行自我练习，培养学生的自我学习能力和自律精神。自我练习的形式可以多样，包括复制模拟教师演示的动作，采用教师提供的训练方法进行训练，或是按照自己的理解进行探索式学习，旨在提供学生在真实环境中应用技能，以获得更深入的理解和更熟练的技巧。自我反思主要涉及对自己的学习过程、效果、策略和问题进行深入思考的过程，通过自我反思学生可以找出自己的优点和不足，从而指导未来的学习。自我反思包括以下三个方面：一是对自己的表现进行评价。学生应该学会对自己的学习成果进行客观的评价，这对于掌握技能是非常重要的。二是分析自己的学习过程。学生需要学会分析自己的学习过程，包括使用的学习策略、遇到的问题以及解决问题的方法等。三是设定学习目标。在自我反思的过程中，学生可以根据自己的情况设定新的学习目标，以提高自我驱动的学习。

2. 互动评价

互动评价能帮助学生理解并改善自己的学习效果，也可以促进学生之间的交流与合作，在教学中，互动评价通常包括同伴评价和自我评价两个方面。同伴评价是指学生对同伴的学习效果进行评价，激励学生参与和投入学习的有效方式，也能够提高学生的批判性思维能力。在这个过程中学生需要观察并评估同伴的学习表现，给出具体的、建设性的反馈，不仅可以帮助被评价的学生了解自己的优点和不足，还可以让评价者从他人的学习中获取新的认知和视角。自我评价是指学生对自己的学习过程和结果进行反思和评估，通过自我评价，学生可以了解自己在学习中的优点和问题，了解自己对学习内容的理解程度，从而调整学习策略，提高学习效果。

3. 教师反馈指导

在高校体育课翻转课堂模式中，为教师反馈指导提供了一个桥梁，让教师和学生之间的教与学能更加紧密地结合在一起。在翻转课堂模式下，教师的角色转变为学习的导引者和协调者，而反馈就成为一种关键的工具。具体来说，教师可以通过观察和检查学生的课后作业，以了解他们的学习进度，找出他们在学习过程中遇到的困难和问题，然后针对这些问题给出具体的反馈和指导。教师反馈指导不仅可以提供解答，解决学生在学习过程中遇到的具体问题，更可以帮助他们建立正确的学习方法和思维模式，良好的反馈应当具备一定的针对性，依托于对学生学习状态的深入了解，是在学生的个体差异上给予反馈，而不是一概而论。在给出反馈时，教师应注重反馈的正面性，强调学生的努力和进步，以鼓励他们继续前进。但也不能不指出学生的问题和不足，因为只有面对问题，学生才能找到解决问题的办法，从而达到更高的学习效果。

第二节　混合教学模式

一、混合教学模式的概念界定

混合教学的起源可以追溯到 20 世纪 90 年代，信息技术逐步应用于教学环境中，尤其是随着互联网的快速发展和广泛应用，开启了混合教学的序幕。网络在线学习在教育领域逐渐发展，然而，在实践中网络在线学习的效果并没有达到预期，这主要是由于网络在线学习缺乏面对面的互动和及时的反馈，于是教育工作者开始思考如何在传统的面授教学和网络在线学习之间寻找一种新的教学方式，以便更好地适应社会发展的需要和学生学习的需求，混合教学应运而生。混合教学模式由不同的研究者和学者给出了不同的定义，但基本的思想和理念却是相同的。

加拿大阿萨巴斯卡大学的混合学习研究所给出了一个具有广泛认可度的定义，认为混合学习是一种教育方式，以学生学习的效率、效果和满足程度为中心，将在线与面对面的教学活动优化地结合在一起。根据 2006 年格雷厄姆（Graham）的研究，混合教学模式被定义为"混合在线与传统面对面的课堂学习，有组织的学习活动是在线进行，而学习时间、空间、节奏由学生自我控制，尽可能减少在校园中的面对面上课时间"。另一个观点是卡努卡（Kanuka）在 2004 年的研究中提出的，他们认为混合学习是"为了优化独立和协作学习的时间和空间，以及现场和远程访问的机会，而设计的一种教育改革策略"。2007 年辛格（Singh）提出混合学习是"一种教学模式，其设计将面对面教学、同步（实时）和异步（非实时）的网络学习相结合，创建一个完整的教学和学习体验"。

　　我国也有一些学者给出了他们对于混合教学模式的认识，邹璇、车诒槐和张敏这三位学者在他们的研究中都聚焦在混合教学模式如何应用于高校体育课程的问题，他们认识到在"互联网＋教育"大背景下，体育教学也需要进行创新和改革，以适应新的教育环境和学生需求。邹璇在《高校体育课混合式教学模式的探索》中，以"互联网＋教育"大平台为基础，研究高校体育课"线上＋线下"相结合的混合式教学模式，将体育课混合式教学模式定义为一种整合了传统体育课堂教学和在线学习资源的教学方式[1]。车诒槐在《高校体育课程线上线下混合式教学模式的模型构建》中，探讨了如何构建一种适用于高校体育课程的混合教学模型，认为这种模型需要兼顾教师的教学指导和学生的自主学习，同时有效利用线上和线下的教学资源[2]。张敏在《大学体育课混合式教学模式的构建与实施效果》中，研究了大学体育课混合教学模式的构建和实施效果，认为混合教学模式可以提升体育课的教学效果，并增强学生的体育技能和健康意识。通过构建以学生为中心的混合教学模式，可以激发学生的学习兴趣，提高学生的学习动机，同时可以调动学生的自主学习能力[3]。

　　虽然这些定义可能在具体的内容和侧重点上有所不同，但它们的核心都是以学生为中心，本研究认为混合教学模式是一种把传统的面授教学方式与网络在线学习方式相结合，既可以让学生在教室里进行面对面的交流和讨论，又可以让学生在课外自主通过网络进行学习的教学方式，此种模式的主要优点是可以在提高学习效率和学习质量的同时，满足学生个体化、自主化学习的需求，更好地调动学生的学习积极性，实现教育教学的个性化和差异化。

　　在混合教学中，面授教学和在线学习的结合方式并没有固定的模式，可以根据教学内容的特性，教师的教学风格和学生的学习需求灵活调整，有的

---

① 邹璇，黄国喆.高校体育课混合式教学模式的探索 [J].运动－休闲：大众体育，2021（6）：1—2.

② 车诒槐.高校体育课程线上线下混合式教学模式的模型构建 [J].当代体育，2021（26）：1.

③ 张敏，廖燕萍.大学体育课混合式教学模式的构建与实施效果 [J].教书育人（高教论坛），2021（9）：108—109.

课程可能面授教学的时间较多，有的课程可能网络在线学习的时间较多，不同的课程和不同的教学环境可能需要不同的混合方式。混合教学模式的实施需要教师具备一定的信息技术技能，了解网络在线学习的优点和局限性，同时需要学生具备基本的信息素养，能够熟练地使用各种学习工具，而且混合教学模式对教育管理者也提出了新的要求，需要对教学设施进行更新改造，提供合适的学习环境和服务，以便教师和学生能够更好地进行混合教学。混合教学模式的实施还需要解决一些实际问题，例如，如何保证网络在线学习的质量，如何评估混合教学的效果，如何对混合教学进行有效的管理等。

二、混合教学模式的特征分析

（一）网络空间智能化

云、网、端一体化的数字化、智能化信息基础设施使得学习空间的时空限制得到突破，打造出了物理空间与虚拟空间无缝对接、正式学习与非正式学习深度融合的智能学习网络。这个网络以学生学习活动的特征和偏好数据为基础，进行深度计算和分析，实现对学习资源的智能推送。这样的智能化推送不仅满足了所有学生的共性需求，而且能针对性地回应每个学生的个性化学习需求。这种智能学习网络不仅注重效率，即资源与每个人的能力进行匹配，也重视公平，即资源能被所有人共享。这对于解决传统课堂教学中大规模学习与因材施教的矛盾，具有超越性的意义。

（二）学习内容时序化

传统的教学方式中，所有的教学活动都是在同一时间进行，这就意味着，当教师停止教学时，所有的教学活动也会随之结束，在课后学生们只能通过回忆课堂场景或查阅笔记来复习。然而，混合教学模式改变了这一现状，混合教学通过录播的方式，可以确保教学行为永久保存，课后，学生可以根据需要随时调取和重温。此外，所有的教学内容、辅助资料以及课堂作业，都可以保存在云端，通过如手机、电脑等设备，随时随地可以调取，这种历时性的特点明显。

（三）学习体验无缝化

传统教学模式的时空限制在高等教育中被打破，学生被赋予了在任何时间、任何地点学习的连续性环境，这种无缝学习环境是通过线上数字化课程与传统线下课程物理空间的有机结合实现的，从而构建出一个混合式学习领域。在线学习让学生能够根据自己的时间安排灵活学习，也能根据自己的学习特性调整学习节奏和控制学习进度。通过类似翻转课堂的教学模式，可以利用在线学习平台（如学习通、对分易、雨课堂等）进行课堂讲授，线下则进行交流互动和课程练习。同时，通过线上线下双向度融合，进行高等教育教学内容的一贯化设计，实现了课下文献阅读、常规课堂报告、在线学习、移动学习等多种学习情境和方式之间的自由切换，学生可以将正式和非正式的学习情景、个人学习和社群学习、现实世界的学习和虚拟网络的学习等各种学习形式进行无缝衔接和整合，实现教师教育过程和学生学习体验的超时空连续性，突破传统教学模式的时空限制。

三、高校体育混合教学模式的设计步骤

混合教学模式的高校教学过程可以按照课前、课中、课后三个步骤开展，如图 3-1 所示。

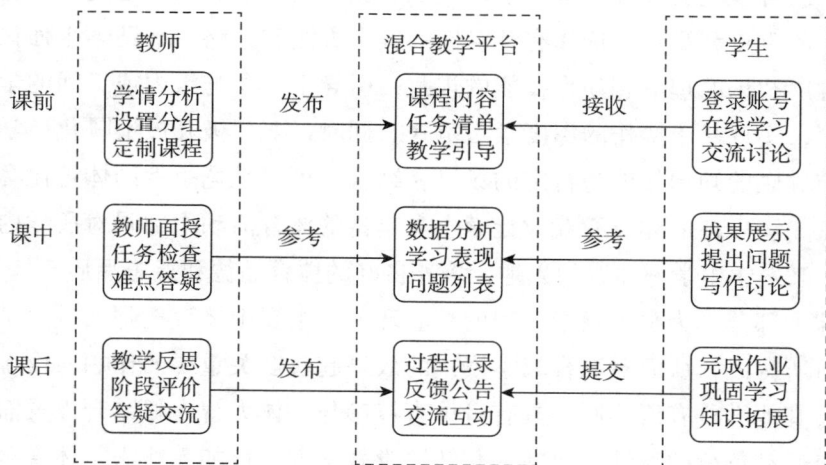

图 3-1　混合教学模式的设计步骤

（一）课前部分

在课前部分，主要由体育教师主导并以学生自学为主。首先，体育教师需要对学生的学情进行细致的分析，根据学生的年龄、性别以及身体素养水平，将他们分为数个小组，形成一个学习共同体。每个学习小组的规模应保持在 10～15 人，以便进行有效的管理和引导。接下来，教师会根据各个小组的不同特点，通过混合教学平台发布与其对应的教学资源，主要包括体育与健康的基本理论、知识以及动作技术教学的相关内容，这些内容将通过 PPT、讲义、图片、微视频等多种形式进行呈现。随后教师会发布一份详细的学习任务清单，旨在引导学生自我学习并积极发现问题，学生可以使用自己的账号登录平台进行在线学习，在线交流区为学生提供了一个互动讨论的空间。

（二）课中部分

以体育教师面授、学生协作学习为主。课中的线下实体课堂是整个教学过程的中心环节，是决定混合教学模式成效的关键所在。因体育与其他学科相比具有身体直接参与、体力与智力相结合以及需要承受一定运动负荷等教学的特点，单纯的翻转课堂教学无法达到预期的教学目标。在这个阶段体育教师要结合学生的任务成果展示以及混合教学平台汇总的问题列表，梳理体育教学的重点和难点，选择有针对性的教学方法和策略，帮助学生强化对体育与健康知识的理解和动作技能的规范，引导学生参与组内或组间的学习研究讨论，实现基于协作的深度学习范式。同时，要积极开展情景化教学，将体育与健康的知识技能与特定的场景相结合，可以是竞争性的体育比赛，也可以是充满乐趣的体育游戏，让学生在丰富的体育活动中加强对所学内容的理解，激发学生学习体育的兴趣，培养良好的体育品德和意志品质。

课中部分作为整个教学过程的核心环节，主要由体育教师面授和学生协作学习所构成，从而对混合教学模式的效果起着至关重要的作用。由于体育教学与其他学科有所不同，具有身体直接参与、体力智力相结合以及需要承受一定运动负荷的特性，单纯的翻转课堂教学方法可能无法满足体育教学的特殊需求，体育教师需要基于学生的任务成果展示和混合教学平台汇总的问题列表，对体育教学的重点和难点进行梳理，选择适合的教学方法和策略，帮助学生深化对体育与健康知识的理解，规范动作技能的掌握，引导学生参与到组内或组间的学习研究讨论中去，实现基于协作的深度学习模式。教师也需要积极采用情境化教学方法，将体育与健康知识和技能与实际场景相结合，这些场景可以是竞争性的体育比赛，也可以是富有趣味性的体育游戏，旨在通过这些丰富的体育活动，加深学生对所学内容的理解，激发他们的学习兴趣，也培养他们良好的体育品德和意志品质。

（三）课后部分

在混合教学模式的教学过程中，课后部分主要以体育教师推动学习进程和学生加强学习为主。在这个阶段，教师的主要任务是推动学习，即通过对课前和课中教学效果的反馈，激励学生更好地理解和巩固所学的知识和技能。首先，体育教师需要反思和总结之前的教学活动，进行阶段性的教学评估，以帮助学生更深入地理解和巩固技术动作及理论知识，这一过程需要教师细致地观察和深入地反思，以便为学生提供更具指导性的建议和更有效的学习策略。其次，教师应引导学生将所学的知识和技能应用到课外的体育锻炼和日常生活中，从而实现基于实践知识的再情境化，促进理论和实践的结合，使学生的学习更具有实际意义，更能理解和掌握知识。此外，这个阶段也标志着当前课程的结束和下一个课程的开始，教师需要引导学生做好课后和课前的衔接工作，完成学习内容的过渡和迁移，有助于学生的持续学习，为下一个阶段的学习打下坚实的基础。

四、高校体育混合教学模式的实践路径

（一）融入数据驱动决策思维，构建智慧体育课堂

高校体育混合教学模式的实践路径之一是融入数据驱动决策思维，构建智慧体育课堂，这一实践路径旨在通过数据的收集、分析和应用，为教师和学生提供更准确、个性化的教学和学习支持，从而提高教学效果和学生学习成果。

1.建立全面的数据机制是构建智慧体育课堂的关键

教育机构和教师应该利用多种渠道收集学生的学习数据，包括在线学习平台、学生作业和测验、课堂互动工具等，获取全面的学习信息，包括学生的学习行为、学习进度、学习成绩等。除了多渠道外，数据收集应该涵盖多个维度，如，学生的学习行为数据（如学习时间、学习资源的使用情况）、学习成绩数据、学习偏好数据、学习进度数据等，进而为教师提供更全面的了解学生学习情况的基础，制定个性化的教学策略。利用在线学习平台和教学工具，可以自动记录学生的学习行为，如学习时间、学习资源的点击率和观看情况等，在减轻教师的工作负担的同时，为教师提供及时和准确的数据支持。为了更好地理解和利用学生学习数据，教育机构和教师可以借助数据可视化和分析工具，将复杂的学习数据转化为直观、易于理解的图表和报告，帮助教师对学生的学习情况进行全面的分析和评估。

2.运用数据分析技术进行深入挖掘和洞察

建立全面的数据收集机制，包括学生的学习行为数据、学习成绩数据、体能测试数据等，并对数据进行整理和归类，以便后续的分析和应用。选用适当的数据分析工具和方法，如数据挖掘、统计分析、机器学习等，对收集到的数据进行深入的挖掘和洞察，为教学决策提供有力支持。基于数据分析的结果，分析学生的学习表现和学习偏好，教师可以根据学生不同的特点和需求，提供有针对性的学习资源和活动，满足他们的学习需求，促进个性化学习。利用数据分析技术，分析学生的学习成绩、学习进度和学习行为，教师可以评估教学的效果，发现教学中存在的问题和改进的空间，并及时调整教学策略和方法，提高教学效果。通过对学生学习数据的分析，教师可以预测学生在学习中可能遇到的困难和挑战，并及时进行干预和支持，帮助学生克服困难，提高学习成绩。

（二）坚守以人为本理念，加强师资教育培训

1.设计个性化培训计划

根据教师的不同需求和特点，通过教师的自我评估和需求调查来了解他们在混合教学方面的知识和技能差距，并根据评估结果为每位教师设计量身

定制的培训计划。在设计个性化培训计划之前，可以通过问卷调查、面谈或观察等方式收集教师的反馈和意见，了解他们在混合教学方面的知识和技能差距以及需要提升的重点领域。在设计培训计划时，需要设定明确的培训目标，培训目标应具体、可量化，并与教师的需求和学校的教学目标相一致。例如，培训目标可以涉及混合教学平台的使用技能、教学设计的能力、在线互动和评估的方法等。为了满足教师的学习需求和增强培训效果，可以将培训内容分为多个模块，每个模块可以涵盖一个特定的知识领域或教学技能，以便教师逐步掌握并将其应用于实际教学中。

2. 提供多样化的培训形式

为了满足不同教师的学习需求，除了传统的面对面培训，还可以采用在线学习、研讨会、工作坊等形式进行，以便教师根据自己的时间和地点灵活参与培训。此外，还可以邀请专家、学者举办讲座和指导，与教师进行深入的学术交流，拓宽教师的思路和视野。在线学习平台为教师提供了灵活的学习时间和地点，这种形式的培训可以帮助教师深入了解混合教学的理论知识和最佳实践，学习教育技术的应用和教学设计的策略。研讨会和工作坊是教师互动交流、分享经验和探讨问题的重要场所，教育机构可以组织定期的研讨会和工作坊，邀请专家、学者和有经验的教师分享混合教学的实践案例和教学策略，有助于激发教师的创新思维和教学热情，提升他们的教学能力和教育理念。教学观摩是教师相互学习和借鉴的有效途径，通过参观其他教师的课堂，观摩其教学方法和教学效果，并与其进行交流和反思。合作研究则是教师之间共同研究教育问题和解决方案的合作形式。

3. 鼓励教师教学创新

教学创新可以促使教师从传统的教学方式中解放出来，拓宽教学思路，积极探索适应混合教学环境的新方法和策略。为教师提供所需的教学资源和支持，例如先进的教学设备、技术工具和教学材料，建立教学创新基金，用于支持教师开展创新项目和实践活动，还可以组织专题研讨会和培训活动，邀请教学创新领域的专家分享经验和最佳实践。创建一个鼓励教师团队合作和跨学科合作的环境，教师可以在团队中相互交流和分享教学经验，共同探索创新的教学方法和策略。为教师提供教学实验室和示范学校的机会，让他们在真实的教学环境中实践，促进教学创新的推广和应用。

（三）建立预警机制，做好教学规范保障

1. 教师教学质量预警机制

教师教学质量预警机制旨在监测和提升教师的教学质量，以保证教学活动的规范性和有效性。在实践中，可以采取以下策略：第一，监测教师教学数据。通过收集和分析教师的教学数据，包括教学评价、学生反馈、学习成绩等，来了解教师的教学效果和存在的问题。第二，提供个性化反馈和支持。基于教学数据的分析结果，向教师提供个性化的反馈和支持，帮助他们认识到自身的教学问题，并提供改进教学的指导和资源。第三，专业发展培训。为教师提供专业发展培训，包括教学方法、教育技术和评估策略等方面的培训，以提升他们的教学能力和水平。第四，教师交流和合作。鼓励教师之间进行交流和合作，分享教学经验和成功案例，促进彼此之间的成长和学习。通过建立教师教学质量预警机制，可以及时发现教学中存在的问题，为教师提供支持和指导，以提高教学质量和效果。

2. 学生学习预警机制

学生学习预警机制旨在监测学生的学习情况，并提供支持和指导，帮助他们克服学习中所遇到的困难，提高学习效果。以下是一些采取的实施策略：一是学习数据监测。利用在线学习平台和学生学习记录，收集学生的学习数据，包括学习行为、学习进展和学习成绩。二是学习预警标志。根据学习数据的分析，确定学习预警标志和指标，以便及早发现学习中存在的困难和风险。例如，学习进展缓慢、低成绩、不参与课堂互动等都可以作为学习预警的标志。三是学习支持和指导。对于出现学习预警的学生，提供个性化的学习支持和指导，包括为学生提供额外的学习资源、组织学习辅导和小组讨论等活动，以帮助他们克服学习困难和提高学习效果。通过建立教师教学质量预警机制和学生学习预警机制，可以有效地发现教学中存在的问题和学习中的困难，并采取相应的措施来解决和改进，提高教学质量、加快促进学生成长，并推动高校体育混合教学模式的有效实施。

第三节　OBE 教学模式

一、OBE 教学模式的理论范式

斯派迪（William G. Spady）是一位著名的美国教育学者，被誉为现代产出导向教育（Outcome-based education）的奠基人之一。斯派迪的教育背景和经历使他对教育改革产生了浓厚的兴趣和热情，他拥有教育学博士学位，并曾在加州大学伯克利分校和斯坦福大学担任教职，在他的教育实践和研究中，斯派迪深刻认识到传统教育模式存在的问题，如强调记忆和应试，忽视学生的个性差异和学习需求等，因此他致力于寻求一种更具前瞻性和学生导向的教育模式，即产出导向教育。产出导向教育的起源可以追溯到 20 世纪70 年代，当时美国教育界开始反思传统教育的效果和目标。斯派迪在这一背景下提出了 OBE 教育理念，并在 1981 年的一次研讨会上首次向公众介绍了这一概念。他强调教育应该以学生的学习产出为导向，即通过预设学习产出或结果来反向设计教学目标。斯派迪认为教育的目标应该是培养学生具备必要的知识、技能和素养，以应对未来的挑战和需求。20 世纪八九十年代，美国和澳大利亚等国家的教育系统开始推行产出导向教育，并进行了一系列的改革实践。斯派迪通过演讲、写作和咨询等形式，积极推广和推动 OBE 教育的发展，提出了"预设—实现—评估—使用"预期学习产出的闭环模式，为OBE 教育的实施提供了指导和框架。

预设（Defining）是 OBE 教学模式的起点。在这一步骤中，教育者制定明确的学习目标和产出要求，目标的制定应基于学生需要、社会需求和学科标准等方面的考量，确保目标具有可衡量性和可达性。实现（Realizing）阶段，这一阶段关注的是教学活动的设计和实施。教育者根据预设的学习目标，制定教学计划和教学策略，以支持学生的学习，教学活动应与学习目标紧密结合，促进学生的主动参与和深入学习，教育者可以运用多种教学方法和资源，如案例研究、小组合作学习和实践体验等，以激发学生的学习兴趣和能动性。评估（Assessing）是 OBE 教学模式中的关键环节。在这一阶段，教育者使用多种评估方法和工具，对学生的学习产出进行评估和反馈，评估应涵盖学习过程和学习结果两个方面，以全面了解学生的学习情况，教育者可以运用自评、同伴评价和教师评价等方式，以及学术性和实践性的评估工具，如作业、项目、实验和口头演示等，来获取学生的学习数据和反馈。使用（Using）阶段，将评估结果应用于教学改进和决策制定。教育者根据评估结果，反思教学活动的有效性和学生学习的成效，进而调整教学策略和资源配置。评估结果还可以为教育政策和决策提供参考，以推动教育改革和优化教学质量。

二、OBE 教学模式于高校体育教学的价值意义

（一）教师传统教学观念转变的需要

随着教育理念的不断发展和学生的学习需求的变化，教师的传统教学观念也需要转变，以适应现代高校体育教学的要求。

教师应从"传授者"转变为"引导者"。在传统教学模式中，教师通常扮演着知识的传授者的角色，一方面将知识灌输给学生，另一方面评判学生对知识的掌握程度。然而，现代高校体育教学更加注重学生的主体性和对学生自主学习能力的培养，教师应该转变观念，成为学生学习的引导者，激发学生的学习兴趣和动机，引导他们自主地探索和发现知识；教师应从"知识传授"转变为"能力培养"。传统教学模式注重知识的传授和掌握，而现代高校体育教学更加关注学生的能力培养和实践能力的培养，教师需要转变观念，不仅注重知识的传递，更要注重培养学生的运动技能、协作能力、创新思维和问题解决能力等综合素质，通过设计适合学生发展的学习任务和活动，引导学生在实践中培养和发展各项能力；教师应从"单向传授"转变为"互动合作"。在传统教学模式中，教师往往是信息的提供者，学生只是被动的接受者。然而，现代高校体育教学更加注重学生的主动参与和互动合作，所以教师应转变观念，将学生视为学习的主体，鼓励他们主动参与课堂互动、合作探究和小组讨论；教师应从"评判成绩"转变为"促进发展"。传

统教学模式注重评判学生的成绩和绩效，而现代高校体育教学则更加关注学生的个体差异和全面发展，教师需要转变观念，从单纯的评判学生的成绩转向关注学生的学习过程和发展轨迹，采用多种评估手段，包括观察记录、学习日志、综合评价等，为学生提供具体的反馈和指导意见，促进他们的个体进步和发展。

（二）高等教育高质量发展的需要

传统的教学模式注重教师对知识的传授和学生对知识的被动接受，而OBE教学模式强调学生能力的培养和实际应用能力的发展，通过设定明确的学习成果和评估标准，OBE教学模式能够帮助学生主动参与学习、自主探究和反思，培养学生的学习能力和自主学习的意识，有助于学生的全面发展和创新思维能力的培养，更好地满足社会对高层次人才的需求。OBE教学模式强调以学习成果为导向，通过设定明确的学习目标和评估标准，能够更好地反映出学生的学习效果和能力发展，采用OBE教学模式，教师能够更有针对性地设计教学活动和评估方式，激发学生的学习兴趣和积极性。同时，OBE教学模式注重学生的参与和互动，有利于提高学生的学习效果和学习动力，更好地评估学生的学习成果和能力发展，并为学生提供个性化的学习支持和指导。当今社会变化快速，知识更新迅猛，OBE教学模式注重学生的能力培养和实际应用能力的发展，强调学生的综合素质和实践能力，设定明确的学习成果和评估标准，OBE教学模式能够帮助学生掌握知识和技能，并能够将所学应用于实际情境中解决问题，培养具备创新思维和实践能力的高层次人才，以适应社会的发展需求和挑战。

（三）高校体育教学改革的需要

高校体育教学改革是为了满足教育质量提升和培养具备综合素质的人才的需求。传统的体育教学模式注重技能传授和知识灌输，缺乏对学生能力和素质的全面培养，在这一背景下，OBE教学模式的应用为高校体育教学改革提供了新的思路和方法。OBE教学模式注重学生的实际应用能力和综合素质的培养，通过设定明确的学习成果和评估标准，OBE教学模式鼓励学生在学习过程中发展自主学习能力、解决问题的能力和创新思维，培养学生的实践能力和综合素质，提高学生的学习动机和学习效果，增强学生的学习参与度和学习满意度。高校体育教学改革需要与时俱进，OBE 教学模式注重学生的参与和互动，通过项目驱动和任务导向的学习方式，激发学生的学习兴趣和积极性，促使学生在实践中探索和应用知识，培养创新精神和解决问题的能力。高校体育教学改革需要加强学生的自主学习能力和学习方法的培养，而OBE 教学模式鼓励学生积极参与学习过程，通过设定明确的学习目标和评估标准，帮助学生规划学习路径和制定学习策略，学生在自主学习的过程中，不仅可以提升自身的学习能力，还可以培养自我管理和自我评价的能力。

三、基于 OBE 教学模式的高校体育教学设计

（一）教学目标的设定

教学目标是教学设计的"灵魂"，它支配和引领着教学设计的其他环节，是促进高校体育教育相关政策落地的关键因素和有效抓手。基于 OBE 理念高校体育教学目标的设定应采用"反向设计，正向实施"的方法，课程设计指向顶峰成果，确定所有迈向顶峰成果的教学适切性，并体现出强烈的前瞻性与导向性。据此，高校体育教学目标的设定应考虑以下几个方面的内容。

首先，目标设定要"以生为本"，应以《全国普通高等学校体育课程教学指导纲要》为基本核心，制定体育教学目标（赵金祥，2019）；其次，应以"满足社会对应用型人才的需求"为目标（陈晓虎 2021）；再次，应以不同专业的发展需要和峰值成果为出发点，满足不同学科的发展需要；最后，应结合不同的教学项目和教学内容，体现体育这一学科的特点，充分发挥高校体育教育在促进学生体质健康、知识掌握、能力培养、价值塑造中的作用。

基于 OBE 教学模式的高校体育教学设计中，教学目标应具有明确性、可操作性和导向性，旨在培养学生的能力和综合素质。具体而言，教学目标应明确阐述所要培养的学生能力和素质，旨在促进学生全面发展和综合素质的提升。体育教学目标可以要求学生掌握体育科学的基本理论知识，包括运动生理学、运动心理学、运动训练学等方面的知识，学生还应能够理解体育运动的规则和战术，掌握相关的运动技能和动作要领。学生提高身体素质，包

括力量、耐力、速度、柔韧性等方面的发展，通过体育教学，学生能够积极参与各种体育活动，增强体能和身体素质，教学目标还应注重培养学生的健康意识，使其形成健康的生活方式和良好的健康习惯。在制定体育教学目标时，可以以《全国普通高等学校体育课程教学指导纲要》为基本核心，通过参考这个纲要，教师可以确保目标的科学性和合理性，使之符合教育部门的要求和学校的实际情况[①]。教学目标的设定还应以"满足社会对应用型人才的需求"为目标，高校体育教育的目标不仅仅只是传授理论知识和技能，更重要的是培养学生运用所学知识和技能解决实际问题的能力，因此，教学目标应设定为培养学生在各种体育活动和运动场景中能够灵活运用所学知识和技能，并具备创新和解决问题的能力。随着社会的不断进步与发展，对应用型人才的需求越来越强调创新能力，高校体育教育应通过教学目标的设定，培养学生的创新思维和创新能力，鼓励学生在体育领域中提出新的观点、方法和方案，推动体育教育的创新和发展。社会的变化和发展使得未来的工作环境充满了不确定性和挑战性，教学目标应设定为培养学生具备适应新环境、应对挑战和解决问题的能力，使他们能够在不同的情境下灵活运用所学知识和技能。最后，教学目标应结合不同的教学项目和教学内容，同时体现体育学科的特点，充分发挥高校体育教育在促进学生体质健康、知识掌握、能力培养和价值塑造方面所起的作用。体育课程作为促进学生身体素质发展的重要环节，教学目标应设定体能训练、身体素质提高等方面的目标，例如，教学目标可以包括提高学生的肌肉力量、心肺耐力、灵活性和协调性，以及培养良好的运动习惯和健康的生活方式。体育教育不仅仅是锻炼身体，还涉及体育科学、规则和技能等方面的知识，教学目标可以包括学生对体育理论知识的掌握和理解，了解不同体育项目的规则和技术要领，以及运用这些知识进行实际运动表现和参与竞技活动。体育教育具有塑造学生品格和价值观的独特作用，教学目标可以要求学生在体育活动中培养团队精神以及公平竞争、合作共赢的价值观，培养学生对身体健康和体育运动的积极态度和价值认同。

---

① 吕凤军，赵金祥."订单式"人才培养模式的研究与实践[J].科技资讯，2008（4）：2.

（二）教学内容的优化

基于 OBE 教学模式的高校体育教学设计要优化教学内容，以满足学生的需求和教学目标。在教学内容的优化过程中，教师需要注意以下几个方面：

首先，教学内容的优化需要以了解学生为基础。通过调查问卷、个别谈话或小组讨论等方式，教师可以获取关于学生的信息，例如他们感兴趣的运动项目、已经具备的技能水平以及他们想要在体育学习中达到的目标。教学内容可以涵盖运动技能、战术应用、健康知识以及体育理论等方面，将教学内容与学生的实际经验相联系，教师可以帮助学生更好地理解和应用所学知识。体育领域的知识和技能不断更新和发展，教师应密切关注最新的研究成果和实践经验，将前沿动态融入教学内容中，使学生了解最新的发展趋势，并培养他们的创新意识和适应能力。其次，教师要规范课堂教学，加强课堂管理，提高教学效果和学生的人文素养。通过明确的纪律要求和行为规范，教师能够创造一个秩序井然的学习环境，提高教学效果和学生的学习体验，教师还应对学生的学习情况进行跟踪和记录，及时发现和解决学生在学习中遇到的问题，确保教学进度和学生的学习质量。教师应充分准备教学材料和教学工具，确保课堂所需的资源和设备齐全，并合理安排课堂活动的顺序和时间分配，注重课堂氛围的营造，创造积极、活跃和互动的学习环境，激发学生的学习兴趣和参与度。教师应精心设计教学活动和教学方法，引导学生积极参与课堂讨论、合作学习和问题解决，培养学生的批判思维和创新能力。此外，及时将运动项目的前沿动态补充到教学内容中去，以使课程内容体现时代性和先进性。通过将运动项目的前沿动态，如，新兴的训练方法、战术策略、科学理论以及运动员的最新成果等融入教学内容，能够确保教学内容与时俱进，紧跟运动领域的最新发展。为了将运动项目的前沿动态能够有效地融入到教学内容中，教师可以运用多种策略和不同的教学手段。例如，教师可以利用多媒体技术呈现最新的研究成果和运动员的表现，组织学生参与讨论和研究活动，鼓励学生进行独立思考和创新实践，教师还可以引导学生参与实践项目和进行课题研究，以培养学生的实践能力和科研素养。

（三）教学方法的选择

高校体育教育的高质量发展需要根据 OBE 教学模式，教师可以采用多种策略来提升教学效果和学生的学习体验。通过使用多媒体技术，教师可以为学生呈现丰富的教学资源，包括图像、视频、音频等，使学生能够直观地理解和掌握体育知识和技能，激发学生的学习兴趣，增强学生的参与度，提高教学效果。教师应从学生实际和课程特点出发，充分利用网络和多媒体技术，搭建网络教学平台，使学生通过网络教学平台可以自主学习、在线讨论和分享学习资源，与教师和同学进行交流互动；设计在线学习任务，引导学生进行探究式学习，培养学生的自主学习能力和信息素养。教师还可以创新使用多种教学方法，优化整体的教学方式，例如，教师可以大胆地尝试自主、合作、探究的教学法。自主学习是指学生主动参与学习过程，根据个人的学习需求和兴趣，选择学习内容和学习方式。合作学习则是通过组织学生进行小组活动和团队项目，培养学生的协作能力和团队精神。探究学习注重培养学生的问题解决能力和批判思维能力，通过实践、观察和实验等方式，激发学生的学习兴趣和创新能力。

第四节　MOOC 教学模式

一、MOOC（慕课）教学模式概念辨析及其发展

（一）MOOC（慕课）的概念

MOOC，即 Massive Open Online Course，翻译"大规模开放在线课程"或者简称为"慕课"。这种教学模式起源于网络教学的发展和互联网技术的改进，其核心特点就是"大规模""开放""在线"。这三个关键词充分概括了 MOOC 的基本性质，并且揭示了它在教育领域的革新性。

"大规模"意味着 MOOC 能够覆盖广大的学习者群体，在讨论"大规模"

的含义时，无法不提及网络技术的飞速发展，互联网使得信息传递的速度和范围大大增加，使得 MOOC 可以承载极其庞大的学习者数量，没有网络技术的支持，无论教育资源有多么丰富，都无法达到真正的大规模，因此，"大规模"的实现，离不开现代网络技术的支持。从另一个角度来看，"大规模"也代表了 MOOC 的开放性和包容性。在 MOOC 中，没有学历、地域、年龄等门槛，只要有网络，有学习的渴望，就可以参与。因此，"大规模"不仅是数量的扩展，也是教育机会的扩展，它开放了教育的可能性，使得更多的人可以接触到高质量的教育资源。

"开放"是指 MOOC 允许任何有兴趣的人参与进来，不仅是大学生，而且包括自学者、职业人士和终身学习者。在 MOOC 的语境下，"开放"具有双重含义。其一，在门槛方面的开放性，意味着所有愿意学习的人，无论身处何处，无论年龄、性别、种族、社会经济地位如何，都有机会参与。不设立任何先决条件，无论是正规教育体系内的在校学生，还是对某个学科感兴趣的业余爱好者，都可以随时随地进行学习，突破了传统教育中的空间、时间、经济和身份等限制，实现了对学习者的广泛包容。其二，在教育资源方面的开放性，意味着 MOOC 提供的所有学习资源，如讲座录像、阅读材料、作业和考试等，都可以通过网络免费获取，无论他们身处偏远地区还是资源丰富的城市，都可以在平等的条件下，享受到由世界顶级教育机构和专业教师提供的世界级教育资源。

"在线"体现了 MOOC 的便利性和灵活性。在传统的教室学习中，学习者必须按照固定的时间、地点去上课，而网络环境的出现打破了这种固有的教育模式，任何有网络连接的设备，无论是电脑、平板还是手机，都可能成为学习的工具，无论在家中、图书馆、咖啡厅或者是公园，只要能接入网络的地方，都可能变成学习者的课堂。同时，在传统的课堂学习中，学生们往往只能与教师和同班同学进行有限的互动和交流。而在 MOOC 环境下，学习者可以与全球的其他学习者和教师进行交流，扩大了学习者的交流圈子，论坛、小组讨论、实时在线问答等丰富的在线交互形式，使得学习者可以深度参与到课程中，对课程内容有更深刻的理解和掌握。

（二）MOOC（慕课）教学模式的起源与发展

MOOC（慕课）的起源可以追溯到 2008 年，当时加拿大的爱德华兹·尤特和乔治·西蒙斯首次使用了"MOOC"这个词，为在线教育的发展注入了新的活力。然而，真正让 MOOC 进入公众视野的，还是 2011 年美国的斯坦福大学开设的三门公开在线课程，这三门课程吸引了数十万人的报名，显示了 MOOC 巨大的潜力和影响力。在随后的几年里，MOOC 经历了飞速的跨桥式的发展。2012 年被誉为"MOOC 元年"，因为在这一年，美国的顶级大学如哈佛、麻省理工等纷纷推出了自己的 MOOC 平台，如 edX、Coursera 等。全球各地的高等教育机构也纷纷跟进，推出各自的 MOOC 课程，MOOC 的参与者数量在这一年达到了百万级别。MOOC 的发展不仅改变了传统的教育模式，也引发了教育的一场革命。一方面，MOOC 打破了空间和时间的限制，使得全球的学习者都能接触到优质的教育资源，实现了教育的公平和普及。另一方面，MOOC 也改变了传统的教学方式，使得学习变得更加自主和灵活，提高了教育的效率和效果。

在中国，MOOC 的发展也十分迅速。自 2013 年以来，国内的大部分重点大学都纷纷加入 MOOC 的建设中来。中国的 MOOC 平台，如"学堂在线""中国大学 MOOC"等，都已经拥有了海量的课程资源和庞大的用户群体。自 2014 年"爱课程网"设立了"中国大学 MOOC"频道以来，全国范围内的高校在此提供了一个 MOOC 课程平台。不到一年的时间，2015 年 1 月 8 日，"MOOC 中国"联盟在深圳成立，由北京大学、中国人民大学、北京师范大学等 38 家教育机构构成。到了 2015 年 3 月 10 日，在中国大陆地区，各类高校在 MOOC 平台上发布的课程已经达到 320 门。在接下来的几年中，中国大学 MOOC 的发展势头依旧强劲。2019 年，根据教育部的数据显示，中国大学 MOOC 已经拥有超过 4600 门课程，涵盖了工、理、文、经、法、教育、历史、哲学等所有一级学科，平台用户达到了 1.4 亿，表明了 MOOC 在中国的广泛影响力和接受度。进入 2020 年，受到新型冠状病毒感染疫情的影响，在线教育的需求进一步加大。中国大学 MOOC 承担起了重要的社会责任，为无法到校的大学生提供了在线学习的平台，也为在家的公众提供了自我提升的机会。在这一年里，中国大学 MOOC 用户达到了 1.7 亿，课程数量也增长到了超过 5000 门。2022 年，中国大学 MOOC 的规模继续扩大，用户达到了 2 亿，课程数量超过了 6000 门。更值得注意的是，这一年里，中国大学 MOOC 开始积极探索和实践"学分银行"和"微学位"等新的教育模式，为高等教育的改革和发展开辟了新的路径。至 2023 年，中国大学 MOOC 已经成为全球最大的 MOOC 平台，用户达到了 2.5 亿，课程数量达到了 7000 门以上，涵盖了全国 200 多所大学，几乎所有的主要学科领域都有涉及。同时，中国大学 MOOC 也积极推进国际化，与世界各地的大学和机构开展合作，推动全球教育的共享和发展[①]。

二、国内高校在线体育课程建设现状

（一）北京体育大学

北京体育大学是中国体育教育的重要基地，也是在 MOOC 建设方面走在前列的高校。在"爱课程网"设立的"中国大学 MOOC"频道上，北京体育大学率先开设了一系列的体育教学慕课。例如，"体育舞蹈"课程教授了舞蹈的基础知识和技巧，包括舞蹈的基本步伐、舞蹈编排以及舞蹈的表演技巧等内容，充分利用了视频教学的优势，为学生提供了丰富的视觉体验，使学生在欣赏美的同时，也能学到实际的舞蹈技能。另一门课程是"体育营养学"，这门课程深入浅出地介绍了运动员在训练和比赛中的营养需求，以及如何通过合理的饮食来满足这些需求。这门课程结合了最新的科学研究成果，为运动员和普通人提供了健康饮食的指导。

（二）上海体育学院

上海体育学院的慕课建设以促进学生全面发展为目标，将体育理论与实践相结合，力图实现教学的创新与优化。该校的慕课课程包括了各种体育科目，从传统的运动，如足球、篮球和排球，到更现代的运动，如健身操、瑜伽和武术，所有这些课程都由有经验的教师讲授，确保学生能够获得深

---

① 张剑威，汤卫东 . 基于 MOOC 的高校体育教学模式探索与思考 [J]. 中国学校体育（高等教育），2016（1）：72—78.

入、全面的学习体验。尤其值得一提的是，上海体育学院的一些慕课课程不仅关注体育技能的提升，也致力于培养学生的领导力、团队合作能力和战略思维。例如，"足球理论与实践"课程就包括了战术理解、领导力训练和团队建设等内容。为了保证教学质量，上海体育学院的慕课设计严谨，运用了大量的互动元素，如视频讲座、实时讨论、在线测验和项目作业等，以增强学生的参与感和学习效果。上海体育学院的慕课还具有高度的开放性和包容性。任何人，无论年龄、职业还是地理位置，都可以参与这些在线课程，提升自己的体育知识和技能，对于推广体育文化、提高全社会的体育水平具有重要的推动作用。

（三）北京大学

北京大学作为中国的顶级学府，对在线教育的探索与实践一直走在前列，体育教学在这方面也不例外，北京大学体育教学中的慕课（MOOC）建设，不仅增强了课程的开放性和包容性，而且丰富了教学方法，提高了教学质量。

在体育课程的在线开放上，北京大学拓宽了视角，提供了多元化的学习选择。热门的体育慕课包括"现代生活与健康运动""乒乓球基础与实践"等课程，课程内容既有基础理论，又有实际操作，适应了各类学习者的需求。此外，通过精心设计的互动环节，使得在线教学也能实现师生间的有效交流，从而激发学习者的学习积极性和主动性。

在课程内容的设计上，北京大学高度重视学科交叉和理论与实践的结合。以"现代生活与健康运动"为例，这门课程不仅涉及体育科学，还涵盖了生物学、心理学、营养学等多个学科领域，让学生能全面理解运动和健康的关系。课程结合现实生活，引导学生将所学知识运用到日常运动与锻炼中，使得学生在体验运动的乐趣的同时，也能深化对理论知识的理解。

在教学资源的利用上，北京大学充分发挥了技术的优势，丰富了教学手段。在慕课中融入了丰富的多媒体素材，如视频讲座、动画演示、互动游戏等，使得枯燥的理论知识变得生动有趣，通过在线测试、实时反馈等手段，及时评估学生的学习效果，为教学改进提供了依据。

（四）浙江大学

浙江大学作为国内领先的学府之一，一直站在体育教学的前沿，并在 MOOC 慕课建设方面取得了突出的成绩。从课程设置的角度看，浙江大学在体育 MOOC 课程的构建中，做到了广度与深度的兼顾。广度体现在其提供了多样化的课程，如"现代网球""游泳技术与训练""健康与运动"等，几乎覆盖了所有主流的体育项目。深度则体现在对每一门体育课程的深入讲解，举例来说，它的"现代网球"课程，除了介绍基础的击球技巧和规则，还深入到了比赛策略、心理调适等方面。

教学方式是另一个重要的视角。浙江大学在 MOOC 课程的教学中，巧妙地融合了视频讲解、实战演示、理论分析等多种教学手段，使得课程生动有趣，同时又能达到教学目的。例如，"现代网球"课程中，教师通过现场示范，向学生展示了正确的击球方式和步伐移动技巧。然后，通过慢动作回放和逐帧解析，使学生更好地理解和掌握技术动作。

课程互动性的提高，无疑是浙江大学在 MOOC 课程建设中的一大亮点。通过在线测试、互动讨论、同步答疑等方式，浙江大学让学生能够在学习过程中不断与教师、其他学生交流，提升了学习的参与度和效果。以"健康与运动"课程为例，教师在每一次课程的结束，都会设立在线的习题和讨论，使得学生能够即时复习和巩固知识，同时能够在讨论中提出自己的见解和问题，进一步深化对课程的理解。

三、MOOC（慕课）教学模式在高校体育教学中的运用——以健美操为例

MOOC（慕课）教学模式在高校体育教学中的运用，特别是在健美操课程中，具有显著的特点和优势。对于高校健美操的教学，MOOC 模式的引入打破了传统教学方式的束缚，使得教学更加多元化，现今在几所高校中开设的模式主要有两种：第一种，MOOC 作为网络课程用于修学分。在此模式下，在 MOOC 平台上设置健美操课程，学生完成课程学习并通过考核，便可以得到相应的学分。与传统课堂教学相比，这种透明性增强了评价的公正性和准确性，避免了主观评价带来的偏差，教师可以根据学生的学习情况，提

供个性化的指导和帮助，从而更有效地提升学生的学习效果。学生可以自由地选择学习的时间和地点，这种灵活性让学生能够根据自己的学习节奏进行安排，最大限度地满足了他们的个人需求。健美操 MOOC 课程中通常会有详细的动作演示视频，学生可以反复观看，直到掌握，而在传统课堂中，教师却无法做到这一点，同时，多媒体的教学方式，如动画、模拟等，也能帮助学生更直观、更深入地理解知识，提高学习效果。第二种，线上课程 + 线下教学助教健美操教学。从教学模式角度看，该模式以网络课程作为主体，通过视频、文本、音频等多媒体资源，提供详细的理论知识教学和基本动作演示。线上教学部分，提供丰富的学习资源，给学生提供了广阔的学习空间和自主学习的环境。学生可以根据自己的学习需求、学习进度和学习方式，选择适合自己的学习路径，在理解理论知识和观看动作演示的过程中，学生可以随时暂停、回放，从而更好地理解和掌握教学内容。线下教学部分通过教学助教的实践指导和纠正，弥补了线上教学无法实现的个别化指导和动作纠正的问题。通过线下的实践操作，学生可以在专业指导下，对自己的动作进行调整和优化，提高动作的准确性和规范性，面对面的交流也有助于增强学生的学习兴趣和学习动力，提高学习的积极性和效果。

对于健美操 MOOC 课程来说，核心的确在于课程设计，这个设计流程主要包含以下几个环节：MOOC 教学准备、教学设计、教学形式、教学组织、教学过程管理以及教学反馈。在 MOOC 教学准备阶段，教师需要对健美操的理论知识、动作细节、训练要点等进行全面的把握。同时，还要熟知学生的基础知识、学习习惯和接受能力，从而制定出符合学生需求的教学计划。在教学设计阶段，教师需要制定详细的教学计划包括每个章节的主题、教学内容、教学方法以及预期的学习效果，充分利用 MOOC 的特性，将课程设计得丰富多元，包括视频讲解、图文教材、实战演示等。教学形式则决定了课程的交互性和学生的学习体验。健美操 MOOC 课程可以包括录播视频、直播互动、在线测试、讨论区等多种形式，以满足学生的多样化需求。在教学组织方面，教师需要合理安排教学时间，课程进度，同时配合线下辅导，实现线上线下的无缝对接。教学过程管理是一个持续的过程，包括对学生学习过程的跟踪，对学生学习问题的解答，对学生学习情况的反馈等。教学反馈阶段教师需要对教学过程进行总结和反思，收集学生的反馈意见，不断优化教学内容和方法，提高教学质量。

在 MOOC 教学设计中，存在几个关键原则，需要引起足够的重视。一是 MOOC 课程的设计应以学生为中心，充分考虑学生的需求、兴趣和学习方式，使学生在学习过程中能够积极参与，享受学习的过程。例如，设计富有挑战性和趣味性的学习任务和活动，创造自由、开放、协作的学习环境，鼓励学生自主探索和发现，激发学生的学习兴趣和动力。二是应关注学生的知识掌握情况，定期进行测评，及时调整教学策略。例如，设置阶段性的学习目标和测评任务，根据学生的测评结果进行有针对性的教学反馈和调整，使学生在学习过程中不断提升自己知识掌握水平。三是了解 MOOC 平台的特性和优势，充分利用和整合各种学习资源，有效地组织学习过程，创造有利于学习的良好环境。例如，通过多媒体和互动工具丰富学习内容，通过数据分析和可视化工具监控学习过程，通过社区和论坛构建交流和合作的学习环境。四是在 MOOC 课程中，教师和学生、学生和学生之间的互动可以激发学习兴趣，深化学习理解，提高学习效果。及时的反馈可以帮助学生更全面的了解自己的学习状况，调整学习策略，提升学习效率。例如，设置讨论区和问答区，激发学生的学习参与热情；采用实时或定期的反馈机制，帮助学生及时了解学习进度和效果。

健美操教师在规划和实施 MOOC 课程时，需要经过一系列的步骤。以下通过七个步骤来详细阐述整个过程。

第一步：教师需根据课程大纲和教学对象确定要获取的学习资源、设定的课程内容以及相关资源设计。在此过程中，教师需要充分了解学生的基础知识、能力水平和学习需求，以便为他们提供恰当的学习资源。

第二步：确定课程内容后，教师需进行课堂讨论问题及其相关材料设计。在这一步骤中，教师需制定出具有挑战性和吸引力的讨论题目，以激发学生的思考和讨论，为学生提供相关的阅读材料，以帮助他们更好地理解和掌握课程内容。

第三步：教师需设计在学习过程中应采取的制约、激励、交互等适度干预。教师需通过各种方法，如定期的在线测验、学生互评、学习小组活动等来激励和监督学生的学习。同时，教师也需要及时跟踪和反馈学生的学习进度和效果，以帮助他们解决学习中遇到的问题。

第四步：教师需组织进行教学视频的录制以及后期的剪辑处理。在录制视频时，要控制视频的长度和质量，确保其内容丰富而精练；在剪辑视频时，增加适当的动画、图表和标题，以增加视频对学生的吸引力和可理解性。

第五步：教师需进行健美操 MOOC 课程辅助资料的设计和制作。辅助资料包括课程大纲、学习指南、练习题、测试题、阅读材料等，帮助学生更好地理解和掌握所学的课程内容，也能提供给他们更多的学习机会和自我测试的机会。

第六步：教师需正式提交课程上线。在此之前，教师需检查所有的教学材料和活动是否已经准备好，所有的技术问题是否已经解决。

第七步：教师需进行教学反馈及评价。教师可以通过学生的学习记录、测试成绩、学习报告、在线讨论等来评价学生的学习效果，通过问卷调查、访谈、观察等方法来收集学生对课程的反馈和建议，以便进一步改进教学方法。

总体来说，MOOC 授课视频经过反复打磨，学习资源设计围绕"精""小""微"展开设计，以追求教学效果和效率的最大化。而在整个过程中，教师的角色是引导者和设计者，他们需要根据学生的需求和反馈，不断调整和优化教学内容和方法。

第四章　"学练赛用"一体化教学模式助推高校体育改革创新

第一节　"学练赛用"的理论探索

一、"学""练""赛""用"的概念及作用

（一）"学"的概念、重要性及作用

在体育教学的全过程中，"学"的环节起着至关重要的作用，它被视为大课程的教学起点以及运动技术形成的基础。根据这个研究，所谓的"学"主要针对的是体育课堂教学的一部分，这是一个由教师引导学生对知识的从无到有，从不会到会的过程。

从更深层次的角度理解，"学"的重要性在体育课程中体现在以下几个方面：首先，它是所有教学环节的起始点，只有通过"学"的过程，学生才能初步理解、接触并模仿各种运动技术。其次，通过"学"的过程，学生在观看教师示范的同时，能够在大脑中初步形成动作的影像。最后，聆听教师对运动技术的讲解，能使学生对动作有一个初步的认识，包括对动作原理、关键要点以及动作对身体的影响的理解。

在"学"的过程中，教师的示范和讲解对于学生的学习有着积极的影响。一方面，教师的示范能帮助学生在大脑中形成动作影像，这对于动作的模仿和掌握至关重要。另一方面，教师的讲解能使学生初步了解动作原理、关键

要点以及动作对身体的影响等，这有助于学生在理论上掌握动作，并能在实践中正确、安全地执行动作。但是，"学"的过程并不总是一帆风顺的，特别是在"学"的初期阶段。学生在尝试模仿教师的动作时，往往会出现一些不稳定和不准确的情况出现，因为在这个阶段，学生在控制动作上，主要依赖视觉，动觉控制的能力往往较差，导致学生完成动作的时间较长，身体协调性较差，容易出现僵硬和疲劳的情况。

（二）"练"的概念、重要性及作用

"练"这个环节在体育课程中占据了重要的地位。其定义可被解释为一种有组织、有计划并且有目的的训练过程，一般在课后进行。其中，"练"的重要性可以从它在大课程理论中所处的地位得以反映，它作为第二个环节，是提高运动技术水平的基本保障，也是各种运动技能形成的核心环节。学生需要通过连续的练习以达到一定的训练量，使得从技术的数量上升到质的变化。在这个过程中，"练"的主要作用是促使学生投入大量的时间和精力进行重复性的训练，使他们能够将在学习阶段掌握的粗略动作进行进一步的调整和精细化，进而将各种动作要素互相融合，最终形成稳定的、一体化的动作并且固定下来。这样，学生就能够达到提高自身运动技能水平的目标。

在此阶段，学生的动作表现主要有以下几个方面的提高：在动作技术上，稳定性、准确性和灵活性得以增强；在动作结构上，表现出更加分化、精细、协调和连贯，错误动作和多余动作减少；在动作控制上，从视觉主导转变为以动觉为主，使得动觉感知更准确、更清晰；在动作表达效果上，完成动作所需的时间缩短，则身体与动作更为融合，才能使僵硬和疲劳得以缓解。

（三）"赛"的概念、重要性及作用

在体育教学中，"赛"（比赛环节）的重要性和作用不可忽视。作为大课程理论的第三个环节，也是检验环节，"赛"通过各类校内外的比赛过程，能有效检验、修正和提升学生在"学习"和"练习"阶段所掌握的运动技术。这是因为，只有在比赛中，学生是否真正掌握了运动技术，是否能稳定、准

确地展现出技术动作，都能够得到清晰的反映。同样，只有在比赛中，学生的学习和练习效果，才能被充分地发挥和验证出来。"赛"在体育教学中，不仅是技术掌握的检验，也是学生运动技能的锻炼和提升。学生可以根据比赛情况和结果，发现自己动作技术的不足，然后有针对性地对技术细节进行调整，以进一步完善和提升动作技术。同时，比赛也是调整学生心理状态的有效途径，使他们在比赛的压力下，能够更好地发挥学习和练习的作用，从而达到技术、战术与身心的一体化。此外，"赛"还是学生动作表现的直接反映。在这一阶段，学生的动作在技术上可能会出现稳定性和准确性的大幅波动，动作结构上可能会倾向于简单和实用，动作控制上可能会趋向于身随心动，动作表达效果上可能会出现舒展程度不够。通过比赛，教师可以实时发现这些问题并及时给予针对性的指导，以帮助学生改善动作表现。

综上，"赛"在体育教学中的主要作用可以概括为四点：第一，检验学生在"学习"和"练习"阶段的运动技术掌握情况；第二，提供一个环境，让学生能够根据比赛情况和结果，发现并改善动作技术的不足；第三，帮助学生调整心理状态，以更好地发挥学习和练习的作用；第四，是学生动作表现的直接反映，可以帮助教师及时发现和指导学生的问题。

（四）"用"的概念、重要性及作用

"用"既是一个实践性的教学过程，也是体育大课程理论中的第四个环节。更准确地说，"用"环节是运动技能的应用和传递阶段，它体现了"学""练""赛"这三个环节的综合结果，并且指向了这三个阶段的最终目标——实际应用。在这个阶段，学生通过运用在"学""练""赛"三个阶段中获取的运动技能，进一步固定和巩固这些技能，使其更加熟练和自如。此外，这个阶段也有助于学生培养和增强终身体育意识。而且，通过运动技能的传递，学生还能把自己所掌握的技能传递给其他的学习者。同时，"用"的环节还可以提高教授者的专业知识和技能。通过应用和传递，教授者可以更好地了解和掌握体育教学的各个环节，提高他们的教学能力。在"用"的环节中，学生的动作表现具有以下特点：他们的动作技术得以固定；动作结构清晰明了；动作控制收放自如；动作表达更加完善。这些表现说明学生已经真正地掌握了这些运动技能，并且能够自如地应用这些技能。

二、"学""练""赛""用"各部分的关系

"学""练""赛""用"是体育教学中一体化教学模式的四个主要组成部分，它们各自独立，又紧密相连，共同构成了一个完整的教学系统，如图4-1所示。

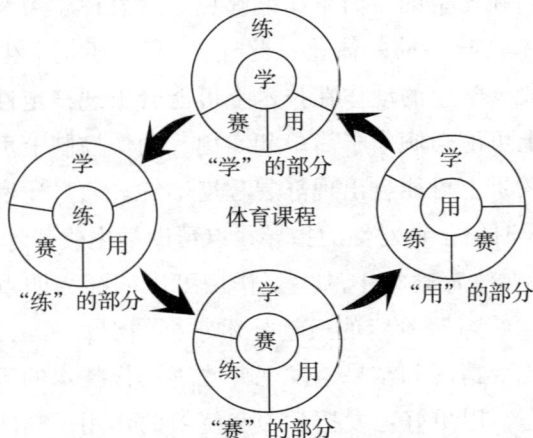

图 4-1 "学""练""赛""用"各部分的关系

"学"的环节是整个体育教学的起始阶段，主要目标是让学习者理解和认知运动的技能。在这个阶段，教师将引导学生探索和理解运动技能的基本结构和原理，通过图解、示范、解说等方式，帮助学生对技能建立初步的理解和感知。"练"的环节基于"学"的环节所掌握的理论知识，学生在这个阶段将通过反复的练习来掌握和提升运动技能，要求学生对已学习的运动技能进行大量的实践和训练，以实现熟练掌握。"赛"的环节是指学生将在一定的竞技环境中，对已掌握的运动技能进行检验和运用，不仅仅是对技能的检验，更是对学生团队合作、竞技心态、规则意识等多方面能力的培养和提升。"用"的环节是最终的目标阶段，要求学生将所学、所练、所赛的运动技能融入日常生活和实际工作中，形成长期的运动习惯和生活方式，这一环节是对前三个环节的延伸和提升，更是体育教学从理论到实践的最后落地。在整个教学过程中，"学""练""赛""用"四个环节紧密相连，相互影响，相互补充，形成了一个循环不断、逐步升华的学习体验。从"学"的理论知

识到"练"的技能掌握，再到"赛"的能力检验，最终实现"用"的生活运用，形成了一个完整的教学模式，有助于学生更好地理解、掌握和应用运动技能，从而达到体育教学的目标。

三、"学""练""赛""用"的规划布局

（一）"学""练""赛""用"的规划

"学""练""赛""用"的规划设计的初衷在于推进教学过程的融合发展。在这一新范式中，摒除了传统模式中教师主导、学生被动学习的教学实施路径，开创出一种新型的教学方式。在这一全新范式中，学习过程、练习过程、比赛过程及致用过程的核心理念分别为"为学而练""为学而赛""为学而用""以学促练""以赛促练""以用促练""赛中有学""赛中有练""赛中有用""学以致用""练以致用""赛以致用"。这种全新的融合发展模式注重在不同的环节通过互动和互补，实现课程质量的提升、教学科研的强化、竞赛成绩的优化和社会认可度的增强。在这一进程中，学生、教师、学校和社会四者形成一个互动和共享的共同体，实现互利共赢。而在此新范式的背景下，体育俱乐部教学模式的创新实践显得尤为重要。具体来说，新的工作基调包括：寻找"补短板"、发现"找症结"、探索"寻出路"。其目标则在于帮助学生掌握 1 ～ 2 项运动技能，从而实现全面的发展，培育终身体育意识。同时，也强调了依据体育俱乐部教学模式下的出勤过程考核，从而提升课程的综合治理能力。

（二）"学""练""赛""用"的布局

"学练赛用"的理论在教学布局中的应用构建了一种全新的体育教学模式。在这一模式中，"学""练""赛"不再仅仅是课程的组成部分，而是串联课程内外的桥梁。在课程内，采用层次和结构化的方式对学习、练习、比赛进行布局，形成了常规的教学活动。分流管理的引入使得这一模式更具有可实施性。在课程外，体育活动遵循时间和空间的逻辑，分别展开周赛、月赛、学期赛以及班赛、系赛、校赛，实现了课程内外的有机衔接。在赛事管

理策略方面，体现出了以学生为主导、教师为支撑的特征。值得一提的是，对于技艺出众的学生，他们将有机会接受校级运动队的训练并参与更高层次的比赛。在这样一个层层递进、全面包容的"学练赛用"培养体系下，学生可以通过学习掌握具体的运动技能，从比赛中塑造良好的品格，在训练和竞赛中确立终身体育的理念，并在这一过程中提升自己的社会竞争力。通过这样的方式，"学练赛用"一体化的教学模式在实现课程内外衔接的同时，也为学生的全面发展提供了有力的支持。

第二节　"学练赛用"的组织与考核方式

一、"学""练""赛""用"的组织方式

（一）"学"的组织方式

"学"的组织方式是整个"学练赛用"一体化教学模式的基础环节，它关乎学生如何获取运动技能的知识和理念，如何将运动理论与实践相结合，并在此过程中形成独立学习和主动探索的习惯。在传统的教学模式中，学生通常在教师的指导下完成学习任务，但在高校体育在线教学中，学生可以通过多种方式进行自主学习，例如，观看教学视频、参与在线讨论、进行模拟实践等。教师的角色在这种模式中转变为学习的指导者和协助者，他们需要提供清晰的学习路径，鼓励学生提问并主动寻找答案，这样有助于培养学生的自主学习能力和批判性思维。同时，"学"的组织方式也需要与"练""赛""用"有机结合，比如，在学习某一项运动技能时，不仅要理解其理论知识，还需要关注该技能在实际比赛中的应用，思考如何在自己的运动实践中融入这些技巧，并寻找合适的使用场景。教师应该鼓励学生根据自身的兴趣和需要，选择最适合自己的学习内容和方式，有助于增强学生的学习动机，使他们更愿意投入学习中，从而提高学习的效率和效果。

（二）"练"的组织方式

在传授体育理论知识和基础技能后，通过刻意的、有组织的训练来提高学生的技能水平和体能素质，以更好地适应体育竞技和日常生活中的运动需求。

在高校体育教学中，"练"的组织方式主要包括以下几个方面：

技能训练。教师需要对学生进行有组织、有针对性的技能训练，以便他们能够更好地运用在"学"的阶段所学习到的理论知识和基本技能。例如，在足球教学中，可以通过五人制足球训练，让学生在实践中提升带球、传球、射门等技能。

体能训练。体能是进行体育活动的基础，良好的体能水平可以增加学生参与体育活动的积极性，减少运动伤害的风险。因此，教师需要合理安排体能训练，提高学生的体能素质。这可以包括跑步、游泳、有氧运动等多种形式。

技能和体能的结合训练。技能和体能是相辅相成的，因此，在训练中应该尽可能地将两者结合起来，让学生在提高技能的同时，也能提高体能。例如，可以通过设定一系列的比赛项目，让学生在实际比赛中锻炼技能和提高体能。

在线教学模式中，"练"的组织方式同样需要做出相应的调整。例如，教师可以通过发布在线训练视频，引导学生进行自我训练；或者通过线上直播的方式，进行实时的技能指导和体能训练。同时，也可以借助于数字化的评价系统，实时跟踪和反馈学生的训练情况，以调整训练计划。这样不仅可以保证训练的效果，也能激发学生的学习兴趣，使他们更愿意参与到训练中来。

（三）"赛"的组织方式

在高校体育教学中，"赛"的核心价值在于通过比赛的方式，使学生能够将在"学"和"练"环节中所学到的知识和技能应用到实战中，体验运动带来的快乐，并在此过程中培养学生的团队合作精神和竞技素养。"赛"的组织方式需要注意比赛形式的选择和比赛环节的安排，选择合适的比赛形式可以有效地提高比赛的趣味性和参与性，而比赛环节的合理安排则有利于发挥比赛的教学作用。为此，教师可以根据学生的运动水平和特点，选择个人赛、团体赛或混合赛等不同的比赛形式，并确保比赛的公平性和公正性。

在线教学模式中，"赛"的组织方式也需要作出相应的调整，教师可以借助现代化的网络技术，例如使用虚拟现实技术或者电子游戏等形式，模拟运动比赛，使学生能够在虚拟环境中进行比赛，教师也可以利用在线平台，组织网络比赛，让学生在家中就能够参与比赛，感受比赛的激烈和挑战。另外，"赛"的组织方式还关乎比赛后的反馈与总结环节，教师应及时给予学生明确的反馈，帮助他们理解比赛中的得失，认清自己的优点和不足，并指导他们进行有效的自我调整和提高。通过总结比赛，学生也可以从中学习到如何理性看待比赛结果，提升竞技素养。

（四）"用"的组织方式

"用"的组织方式主要是将体育理论知识和技能应用于实践中，涵盖了课堂上的教学实习、俱乐部式教学实践以及大、中、小学教学实习等环节。

1. 课堂上的教学实习

课堂上的教学实习是学生运用理论知识，进一步提升实践能力的重要环节，通过模拟教学场景，学生有机会亲身经历教师的角色，从中体验到教学策略的选择，探讨如何根据学生的认知发展水平选择最合适的教学方法或者深度理解如何根据学生的学习风格和特点制定有效的教学计划。模拟教学还能让学生在行动中理解教学理论，理论知识的重要性在于指导教学实践，而模拟教学则是学生将理论知识转化为实际教学技能的过程。例如，学生可以尝试利用教育心理学的理论来调动学生的学习动机，或者利用课程与教学理论的知识来设计具有启发性的教学活动。在现代教育中，教师不仅是知识的传授者，更是学生学习的引导者、学生个性发展的推动者，以及班级文化的营造者。在模拟教学中，学生可以思考如何履行这些角色、如何平衡各种教育目标，以及如何在实际教学中解决出现的问题。

2. 俱乐部式教学实践

俱乐部式教学实践作为"用"的组织方式之一，独特的教学模式让学生能够更深入地参与到实际活动中，学生扮演各种角色，如教练、裁判或运动员，体验不同视角带来的运动世界。将学生置于教练的角色，不仅需要深入理解运动技术和战术知识，还要学习如何通过教学和训练来传授这些知识技能，也要学习理解和引导运动员的心理状态，调动他们的积极性和主动性。而在裁判的角色中，学生需要掌握运动规则，并在运动比赛中公正、公平地执行，培养他们的责任心和公正精神。在俱乐部环境中，扮演运动员角色的学生可以更直接地感受到运动的乐趣和挑战，提升他们的体能素质和运动技能，更好地理解和体验教练和裁判的工作，从而提升他们对体育的全面理解。在这种实践方式中学生需要与他人协作，以共同完成运动任务，逐渐提升他们的沟通能力和协作精神。在学生的实践过程中，管理和组织体育活动的能力也是重要的学习内容，学生需要了解如何策划、组织和执行一场体育活动，学习处理活动中可能出现的各种问题。

3. 大、中、小学教学实习

在大、中、小学教学实习中，学生通过观察和与学生互动，能够获得宝贵的教育实践经验，了解不同年龄段学生的认知水平、兴趣爱好和身体发展状况，这样的了解有助于学生更好地调整和适应教学方法，使他们的教学更加具有针对性和有效性。大、中、小学教学实习也是学生学习如何有效进行课程设计和教学的重要途径，通过亲身实践，学生能够理解和运用教育教学理论，将理论知识转化为实际的教学活动，需要设计和准备教学材料、制定教学计划，并在实践中不断调整和改进，培养学生的教学创新意识和实践能力，使他们成为能够应对各种教学情况和需求的优秀教师。学生还能通过与专业教师的交流和指导，得到实时的反馈和指导，不断改进和提高教学能力。同时，与其他教育工作者的合作能够促进对学生的团队协作能力和沟通能力的培养，为将来的教育工作奠定坚实的基础。

二、"学""练""赛""用"的考核方式

（一）"学"的考核方式

在"学"的阶段，考核的内容和目标主要是关注学生对体育理论知识

的理解和掌握程度，评估学生对相关概念、原理和规则的理解，以及他们是否能够运用这些知识解决问题；考核方式可以包括笔试、口试、小组讨论和报告等形式。笔试可以包括选择题、填空题和解答题，以测试学生对体育理论概念、原理和规则的理解。例如，学生可能会被要求选择正确的答案来解释特定的体育术语或概念，填写适当的词汇来完整理解体育理论的原理，或者通过解答问题来展示对特定规则的理解。口试也是评估学生对体育理论的理解和表达能力的有效方式。教师可以提出问题，要求学生口头回答，并就相关的体育理论进行讨论。小组讨论是另一种有助于评估学生对体育理论掌握程度的考核方式，学生可以在小组中共同探讨特定的体育理论话题，互相交流和分享意见，能够培养学生的合作能力和团队精神，同时，还能够评估他们对体育理论的理解程度以及能否从不同角度分析和解决问题。报告也是"学"的阶段考核的一种形式，学生可以撰写关于特定体育理论领域的报告，展示他们对该领域的深入研究和理解。报告可以包括文献综述、实证研究结果和个人见解，学生可以通过这种方式展示他们对体育理论的掌握程度以及对实际问题的思考能力。

（二）"练"的考核方式

在"练"的阶段，考核侧重于评估学生在具体运动项目中动作的正确性、协调性和技术精度，考核方式包括实际操作、技术演示和技能测试等形式。学生通过在具体的运动场地上进行实际的运动表演来展示他们的技能水平，例如，在游泳项目中，学生可以进行泳姿展示，评估其泳姿的正确性和流畅性，在此过程中，学生的动作技巧、协调性和身体控制能力都会受到评估。学生在教师的指导下进行特定技术动作的演示，以展示他们的技术掌握程度。例如，在乒乓球运动项目中，学生可以进行发球、接发球等技术动作的演示，评估其球路的准确性和技术细节的掌握程度。技能测试是通过设立具体的技术项目和标准动作来评估学生的技术表现。例如，在田径项目中，学生可以进行短跑、跳远或投掷等项目的测试，评估其速度、力量和技术水平。通过对学生的技术成绩和表现进行定量评估，可以客观地了解他们在技术层面的发展情况。还可以采用视频分析等方式对学生的技术表现进行评估，学生的技术动作可以通过录像进行反复观察和分析，以便检查和纠正错误,并提供个性化的指导和建议。

(三)"赛"的考核方式

在"赛"的阶段,考核侧重评估学生在团队合作精神、战术决策和比赛策略等方面的能力,考核方式可以包括实际比赛、战术分析和比赛报告等形式。学生可以参与实际的比赛活动,如篮球比赛、足球比赛等。通过比赛,可以评估学生在比赛环境下的技术水平、身体素质以及对战术的理解和应用能力。评价指标可以包括得分能力、防守技巧、团队协作等方面,通过观察比赛过程中学生的表现,进行综合评估和反馈。学生可以通过观看比赛录像或实际比赛中的战术演示进行战术分析和评估,理解并解读比赛中的战术选择、战术变化以及战术执行的效果,在分析过程中,学生需要观察并指出比赛中的战术优势和不足,并提出改进意见和建议,培养学生的战术思维和分析能力。学生可以通过撰写比赛报告来描述比赛过程、分析比赛结果以及总结战术应用和策略选择的效果。在报告中,学生需要清晰地表达自己的观点和分析,提供具体的例子和数据支持,整合和运用所学的理论知识,将其应用于实际比赛的分析和评估中。

(四)"用"的考核方式

在"赛"的阶段,考核侧重评估学生在团队合作精神、战术决策和比赛策略等方面的能力,考核方式可以包括实际比赛、战术分析和比赛报告等形式。学生可以参与实际的体育项目或活动,并展示他们将所学的知识和技能应用于实际场景的能力,例如,可以组织和指导一场体育比赛或运动会,负责规划比赛流程、协调参与者和处理赛事中的问题。学生可以针对实际发生的体育事件或问题进行分析和提出解决问题的方案,例如可以分析一场比赛中的战术决策和策略应用,以展示他们对体育实践的理解和分析能力,并提出创新性的解决方案。综合评价可以通过多种评价指标和方法进行,学生可以撰写学术论文,探讨特定体育领域的问题,并提出研究结论和建议,还可以进行实际项目的成果展示,并通过口头答辩回答评委的问题,展示他们在体育实践中的综合能力和专业素养。

第三节 "学练赛用"新范式的实施与创新

一、"学练赛用"新范式的实施

本研究在"学练赛用"新范式的实施中，以网球课程为例，学生在专选网球课程后将经历学、练、赛、用四个阶段的实践活动。这种实施范式旨在通过有意识的教学安排和培养学生的教学技能，以及通过实践练习和参与比赛的方式，使学生逐步巩固所学的运动技能、理论知识，完善教学方法，并在教学实践中逐渐适应由学习者到教授者的转化。

（一）"学"的实施

教师在网球专项课程中的"学"上的实施是关键的，他们根据每周 3 次、每次 2 学时的课堂学习时间，合理安排教学内容，并有意识地培养学生的教学技能，传授教法和练法。教师在教学过程中，不仅仅是知识的传授者，更要扮演学生学习和训练的指导者的角色，精心设计教学内容，确保内容的科学性、系统性和实用性。教师会根据学生的不同水平和需求，采用不同的教学方法和技巧，注重示范和引导，通过生动的示范动作和详细的解说，帮助学生正确理解和模仿网球动作。教师还会有意识地培养学生的教学技能，引导学生参与教学过程，让学生充当小组教练或助教的角色，与同伴进行互动和合作，共同解决问题。通过这样的实践，学生能够提高自己的教学能力，掌握如何有效地传授网球技术给其他人。教师还会详细介绍和解释各种教学方法和技巧，让学生了解如何在教学中灵活运用这些方法，深入了解网球教学的原理和方法，学会根据不同学生的特点和需求进行个性化的教学和训练。

（二）"练"的实施

在"练"的阶段，学生通过早操和晚自习时间的素质练习，针对网球运动所需的特定素质进行有针对性的训练。耐力训练可以增强学生的持久力和耐力，使他们能够在比赛中保持较长时间的高强度运动状态。速度训练旨在提高学生的爆发力和敏捷性，使他们能够更快速地移动和应对网球比赛中所发生的各种局面。力量训练则有助于学生增加肌肉力量和爆发力，从而提升网球技术的威力和控制能力。每周额外安排的三节训练课也为学生提供了更多的训练机会和时间，这些训练课的时间约为两个小时，这就充分利用了时间资源，使学生能够进行更加集中和深入的训练。在这些训练课中，学生可以进行更复杂、更高难度的技术训练，例如网球的战术应用、技术细节的完善等，教师在课堂上与学生进行实际操作的互动，通过示范、指导和纠正，使学生能够更好地理解和掌握网球技术，提高其运用的准确性和流畅度。通过早操和晚自习时间的素质练习，学生能够在日常生活中进行一些简单而有效的运动训练，提高身体素质和基本技能，而额外的训练课则为学生提供了更加专业、系统和深入的训练机会，使他们能够在更具挑战性的环境中不断突破自我，提高网球技术的水平。此外，教师的指导有助于学生形成正确的动作习惯和技术执行方式，培养他们的技术感和战术意识，实践中的互动能够加深学生对网球技术的理解，提高他们的技术应用能力和比赛适应能力。

（三）"赛"的实施

比赛实践是学生将所学知识和技能应用于实际运动环境的重要环节。在专项班级内部的单循环比赛中，学生将有机会与同级别的同学进行对抗，实践和巩固所学的网球技术，比赛成绩的排名不仅给学生提供了动力和目标，还激发了学生的竞争意识，体验竞争的紧张氛围，逐渐掌握比赛技巧和战术。教师还应鼓励学生积极参加市各级网球比赛，这些外部比赛不仅能够增加学生与不同对手交流的机会，还能拓宽他们的视野，在比赛后，教师组织讨论会，要求学生总结比赛经验，通过自我反思和互相交流，学生能够深入了解自己在比赛中的表现，找到提升的方向和方法。比赛实践不仅是为了提高学生的竞技水平，更重要的是培养他们的竞争意识和团队合作精神。通过与同级别的同学竞争，学生学会了尊重对手，理解胜利和失败的意义，有助于培养学生的领导能力、团队合作精神和适应竞争环境的能力，这些都是他们在未来职业生涯和社会生活中所必备的素质。

（四）"用"的实施

一旦学生达到一定的技术水平，将进入"用"的阶段，即开始寻找教学实习机会，并搭建实习平台。在实施"用"的阶段时，教师将组织学生成立网球培训班，为学生提供实习机会。一方面，针对本校内有兴趣参加网球运动的学生，教师会提供低偿的培训指导，帮助学生巩固自己的运动技能和理论知识，同时完善他们的教学方法。学生通过亲自教授和指导同学们，不断反思和改进自己的教学方式，提高教学组织能力，通过实际操作的经验，学生逐渐熟悉并适应了由学习者到教授者的角色转变。另一方面，学生也可以针对校外其他人群进行有偿的培训，这种教学实践为学生提供了更广阔的教学机会和平台。通过教授不同层次和背景的学员，学生能够更好地理解不同学员的需求和特点，并相应调整自己的教学策略。这种实践性的教学实习不仅仅是对学生技能的检验，更是对教学潜力的培养和发掘，通过教学实践，学生能够在实际教学过程中不断巩固和提高自己的运动技能、理论知识和教学方法，逐渐成长为具备扎实技术和出色教学能力的网球专业人才，为他们的职业发展和未来的教学工作打下坚实的基础。

二、"学练赛用"新范式的创新

（一）教育主体互相转换体现课程思政

在高校体育教学模式改革中，实施"学练赛用"新范式的创新是非常重要的。其中，教育主体的互相转换体现了课程思政的核心理念。在传统的体育教学模式中，教师通常是主导者，学生则是被动接受者。然而，在"学练赛用"模式中，教育主体的角色发生了转变，教师和学生之间的关系变得更加平等和互动。教师不再仅仅是知识的传授者，而是充当引导者和促进者的角色，激发学生的主体性和创造性思维。学生也不再是被动接受知识的对象，而是积极参与学习过程、主动探索和实践的主体，体现了课程思政的理念，通过培养学生的思想道德素养和创新能力，实现全面发展。

（二）建立科学合理的学习评定方法

在"学练赛用"新范式的创新中，建立科学合理的学习评定方法是非常重要的一环。传统的评定方法主要以考试成绩为主，注重对学生知识的检测，但往往忽视了学生的综合能力和实践能力的培养。而在"学练赛用"模式中，评定方法需要更加全面和综合地考虑学生的学习成果和能力发展。除了考虑学生的理论知识水平，还要注重对学生实践能力、创新能力、团队合作能力等方面的评价。这可以通过课程设计中的项目实践、竞赛评选、作品展示等方式来进行评定，使学生能够在实践中提升自己的能力，并得到全面的评价和认可。

（三）贯穿教学、科研、竞赛、社会服务

在"学练赛用"新范式的创新中，教学、科研、竞赛和社会服务应该相互贯通和互为支撑。传统的体育教学模式往往将教学和科研、竞赛、社会服务等方面割裂开来，导致教学内容与实际需求脱节。而"学练赛用"模式强调将教学与其他方面的实践紧密结合，使学生能够在实践中运用所学知识，提高解决实际问题的能力。教学中的案例分析、实验研究等活动可以为科研提供实践基础和数据支持。竞赛和社会服务项目可以为学生提供实践锻炼的机会，并促使学生将所学知识应用于实际情境中，从而更好地适应社会发展的需求。首先，教学活动成为教师提高教学质量和个人能力的重要途径。通过运用"学练赛用"创新教学模式和方法，教师能够夯实自身的教学基础，提高教学水平，在教学实践中总结经验，逐步升华教学技能，使教学内容更加贴近学生需求，提供更好的学习体验。其次，科研与教学相互促进、相互支持。教学过程中的案例分析、实验研究等活动为科研提供了实践基础和数据支持，教师和学生在解决实际问题的过程中积累了宝贵的实践经验和研究素材，为科学研究提供了丰富的资源。科研成果的应用也丰富了教学内容，使教学更具有前沿性和实践性。再次，竞赛成为教学和科研成果的有效验证。通过参与竞赛，学生能够将所学知识应用于实际竞技中，提升实践能力和团队合作精神，竞赛的成绩和表现也是教学和科研成果的一种印证，也为学校校队的建设提供了扎实的队员基础。最后，社会服务将教学、科研和竞

赛成果与社会需求有机地结合起来。学校通过开展社会服务项目，将学生的实践成果应用于社会实践中，为社会提供有益的服务，不仅促使学生将所学知识转化为实际能力，还加强了学校与社会之间的互动和合作，构建了一个健康产业平台，"学练赛用"新范式"四位一体"思维导图如图 4-2 所示。

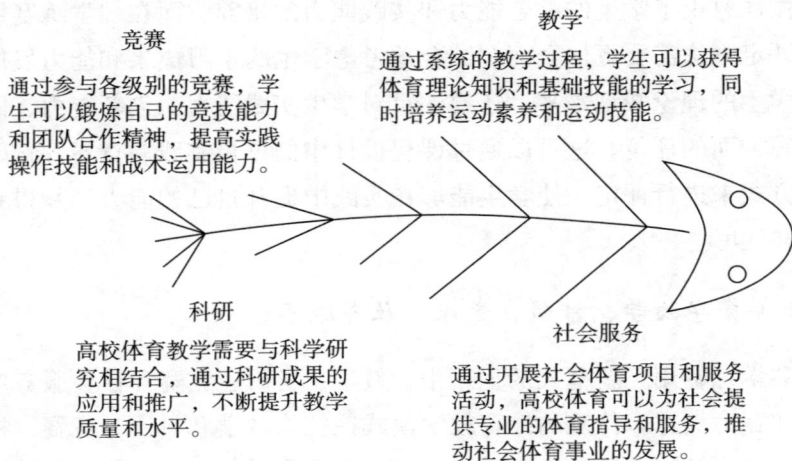

竞赛
通过参与各级别的竞赛，学生可以锻炼自己的竞技能力和团队合作精神，提高实践操作技能和战术运用能力。

教学
通过系统的教学过程，学生可以获得体育理论知识和基础技能的学习，同时培养运动素养和运动技能。

科研
高校体育教学需要与科学研究相结合，通过科研成果的应用和推广，不断提升教学质量和水平。

社会服务
通过开展社会体育项目和服务活动，高校体育可以为社会提供专业的体育指导和服务，推动社会体育事业的发展。

图 4-2 "学练赛用"新范式"四位一体"思维导图

（四）建立多元主体协同治理管理机制

建立多元主体协同治理管理机制是"学练赛用"新范式的重要组成部分，在这一机制下，学生在体育锻炼中能够感受到集体互动与成长的快乐，小组课堂形态的建立以及教师、助教和学生之间的协同合作起到关键作用。学生被分为小组，并在小组内进行学习和训练，通过互动和合作，加强彼此的黏性与凝聚力，集体互动的形式使学生在体育锻炼中获得快乐和成长，并培养团队合作意识和能力。小组成员之间的黏性互动需要长期维系，通过练习和比赛的方式，小组之间建立互动和竞争，激发学生的积极性和竞争意识。在"学练赛用"模式下，学生被赋予更多的自主权和责任感，需要根据教师的指导和要求，组织小组内的学习和训练活动，凸显了学生的"自立性"，培养了学生的自主学习和自我约束的能力。助教负责小组课堂的管理，包括场地保护、运动安全等方面的工作，与教师共同配合，为学生提供支持和指导，促使课堂充满教育性和组织性，如图 4-3 所示。

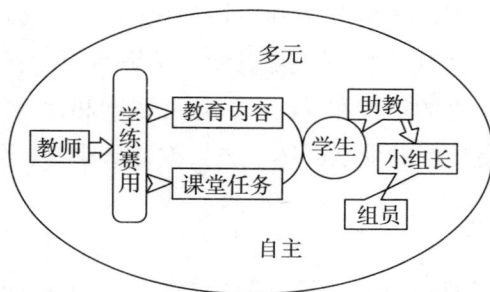

图4-3 "学练赛用"新范式多元主体协同治理实现图

第四节 "学练赛用"新范式的推广与评价

一、"学练赛用"新范式的推广

（一）宣传推广

宣传推广是通过各种途径和媒介，如学术会议、研讨会、论文发表、专业期刊等，宣传"学练赛用"新范式的理念和实践案例，旨在向教育界和学术界传达该范式对高校体育教学改革的积极意义和应用效果，以引起更多教育从业者和决策者的关注。宣传推广通过将理论学习、实践训练和比赛竞技有机结合，能够提高学生的学习积极性和主动参与度。传统的体育教学模式往往偏重于理论知识的灌输，而缺乏实践环节的有效引导。"学练赛用"新范式的推广将帮助教育界和学术界认识到这种教学模式对学生综合素质的培养具有积极的促进作用。宣传推广应重点突出"学练赛用"新范式的应用效果，通过实践训练和比赛竞技，学生能够将理论知识运用到实际操作中，培养学生解决问题的能力和团队协作精神，提高学生的专业知识和技能水平，并激发他们对体育学科的兴趣和热爱。通过宣传一些成功的实践案例，可以让更多的教育从业者和决策者认识到"学练赛用"新范式对学生学习效果的积极影响。另外，宣传推广还需要选择合适的途径和媒介，学术会议、研讨会、

113

论文发表和专业期刊是学术界交流和传播知识的重要平台，通过在这些渠道上发布相关研究成果和实践案例，可以将"学练赛用"新范式的理念传达给学术界，并引起学术界的重视和关注，利用互联网和社交媒体等新媒体平台，将宣传信息传递给更广泛的受众群体，包括教育从业者、学生和社会大众。

（二）示范推广

示范推广是一种推广策略，旨在通过选择具备条件和意愿的高校或教师作为示范单位或典型案例，在实践中验证特定教学模式、方法或理念的可行性和有效性，以吸引更多教育从业者参与进来并形成良好的示范效应。

示范推广的关键在于找到具备条件和意愿的示范单位或典型案例，这些单位或个人在教学资源、师资力量、实施意愿等方面应具备一定的优势，可能是教学成绩优秀、教育理念先进的高校，或者是在特定领域有突出成就和经验的教师，通过选择这些优秀的示范单位或个人，可以在实践中验证特定教学模式的可行性，并将其作为成功案例进行推广。

示范推广的核心在于实践验证。选择的示范单位或个人将特定的教学模式、方法或理念应用于实际教学过程中，并在教学过程中收集学生的学习成绩、参与度、满意度等指标，以及教师的教学反思、教学效果评估等，通过对实践过程和结果进行分析和评估，可以客观地验证所选择教学模式的可行性和有效性。

示范推广的另一个重要方面是展示成功案例。通过举办教学展示、经验交流会、专题研讨会等形式，将示范单位或典型案例的经验和成果进行分享和宣传，吸引更多教育从业者的关注和兴趣，激发他们尝试新的教学模式或方法的动力，也可以邀请成功实施示范教学模式的高校或教师进行指导和辅导，帮助其他学校和教师在实施过程中克服困难和问题。

（三）培训推广

培训推广是通过组织专门的培训班或研讨会，面向高校体育教师和教育管理者，可以提供有关"学练赛用"新范式的培训和交流机会，以帮助他们更好地理解和运用这一教学模式。在培训中教师们将接受有关"学练赛用"新范式的理论知识，如教学理念、教学目标、教学原则等方面的介绍和解释，帮助教师更好地理解这一教学模式的基本原理和教育理念，为其后的实践操作提供指导和依据。在培训中，一些已经实施过"学练赛用"新范式的教师或学校可以分享他们的实践经验和成功案例，包括课程设计、教学方法、学生参与和成果展示等方面的具体经验，通过分享这些实践案例，教师们可以从中获得启发和借鉴，了解如何在实际教学中应用"学练赛用"新范式，并在实践中不断改进和完善。"学练赛用"新范式要求教师在教学设计中充分考虑学生的实践操作和比赛竞技，并采用相应的评估方法对学生进行综合评价。因此，培训中将介绍和讨论教学设计的具体方法和技巧，包括如何设计与实践训练和比赛相结合的教学活动，以及如何采用多样化的评估手段和工具来评价学生的学习成果和能力发展。

二、"学练赛用"新范式的评价

（一）评价方法

1.定量评价

在理解和评估"学练赛用"新范式的实施效果时，定量评价以数据和统计为基础，让评价结果具备可比较性和客观性，为后续的决策提供了实证基础。一种实现定量评价的方法是采集现有的、可量化的数据，这种数据可以来自学生的学业成绩、出勤率等，优点在于数据通常很容易获取，并且因为它们是现有的、实际的，所以它们能够反映出"学练赛用"新范式的实际效果。例如，如果实施新范式后，学生的平均成绩提高了，那么可以推测新范式在某种程度上是有效的。然而，现有的数据可能无法涵盖所有我们关心的评价指标。例如，学生的满意度、积极性、参与度等因素，可能并没有被现有的数据所记录。在这种情况下，可以通过设计和实施问卷调查来收集相关数据，问卷的设计需要仔细考虑，以确保获取到更全面的数据，还能够了解学生对新范式的主观感受，这是现有数据所无法提供的。在收集到数据后，需要进行分析以得出有意义的结论，一般来说，可以通过描述性统计分析了解数据的基本特征，如平均值、中位数和标准差等；也可以通过推断性统计，如 t 检验、卡方检验等，来比较不同组别的数据，看看是否存在显著差异。如果收集到的数据足够多，还可以通过回归分析等高级统计方法，探索数据之间的关系，如何影响新范式的实施效果。定量评价还可以通过比较实施新范式前后的数据来进行，旨在探寻新范式的实施是否导致了有意义的变化，需要注意的是，一定要控制其他的影响因素，确保变化的主要原因是新范式的实施，而不是其他因素。

2. 定性评价

除了定量评价，还应进行定性评价，定性评价常常采用访谈、观察和案例分析等方式进行，这些方式能够帮助我们理解和评价"学练赛用"新范式在实践中可能产生的多种情形。访谈作为定性评价的一种手段，通过半结构化或非结构化的访谈，可以挖掘出在定量数据中难以体现的情绪、观念、态度等深层信息。例如，学生对于新范式下的教学环境、教学方式的感受，教师对于新范式实施过程中遇到的困难和收获，这些都可以通过访谈得以体现。

观察是另一种在定性评价中常用的方法，通过对学生在"学练赛用"新范式下的行为、反应、互动等进行直接观察，可以了解学生的参与度、学习动机、合作精神等。同时，也可以观察教师在新范式下的教学方法、互动模式等，以此评估教师对新范式的理解和实施情况。

案例分析是定性评价的重要方式之一，通过对具体事例的深入研究，可以揭示"学练赛用"新范式在具体实践中的效果和影响。比如，可以选取一些成功或失败的实施案例，通过深度挖掘和分析，了解其成功或失败的原因，从而为今后的实施提供经验和总结教训。同时，定性评价还需要关注教学过程和教学环境。教学过程的细节、教学环境的变化，以及这些因素如何影响"学练赛用"新范式的实施，都是定性评价的重要内容。值得注意的是，定性评价虽然重要，但也需要注意其局限性，例如定性数据的收集和分析需要大量的时间和精力，而且结果可能会受到研究者的主观性影响。因此，在使用定性评价时，需要考虑其与定量评价的结合，使评价更加全面和客观。

（二）评价内容

1. 学生综合能力

对学生综合能力的评价有赖于理解"学练赛用"新范式如何深度地影

响学生的学习过程和结果，在这一过程中，学生的专业知识掌握程度、实践操作能力和创新思维能力等因素被看作关键的评估指标。专业知识掌握程度的评估通常被看作是对学生理论学习效果的最直接反映，这不仅包括学生对教学内容的理解和记忆，更重要的是理解和应用的能力，这一指标能够反映出"学练赛用"新范式在理论教学方面是否能够有效地提升学生的学习效果。实践操作能力的评估是另一个重要环节，特别是对于"学练赛用"新范式来说，要求评估系统要能够精准地反映出学生在实践操作中的表现，在评估过程中，可以根据实践任务的性质和要求，设置一系列的评估标准和指标，包括操作的正确性、独立完成任务的能力、问题解决的策略和效率等。创新思维能力的评估可能是最具挑战性的部分，涉及学生的创新意识、独立思考的能力、解决问题的新颖方法等多个方面，在"学练赛用"新范式下，学生有更多的机会参与实践活动，这为学生的创新思维提供了广阔的空间，为了评估学生的创新思维能力，可以设置一些开放性的问题或任务，观察学生解决问题的策略和方法，同时可以通过面试或报告的形式，评估学生的思考过程和思考深度。

2.教师教学水平

在新范式"学练赛用"的实施过程中，作为教育的主体，教师的教学水平直接影响到新范式的教学效果。那么，在评价中教师的教学水平如何体现呢？

在"学练赛用"的模式下，对教师不仅要有专业知识的要求，还需要其能针对不同的学习情境，运用创新思维，设计出有趣且能达到教学目标的教学方案，具体的方案应注重理论知识与实践技能的结合，旨在提升学生的理解能力和操作能力，教师还需要灵活地运用不同的教学手段，以适应不同的教学环境和学生需求。例如，在理论教学中，教师可能需要运用更多的案例教学和讨论教学；而在实践教学中，可能需要进行更多的演示和指导。这些都需要教师具有丰富的教学经验和高超的教学技巧。在教学过程中，教师需要根据学生的学习水平和理解程度，提供个性化的教学指导，还需要在教学过程中，耐心解答学生的疑问，激发学生的学习兴趣，帮助学生建立正确的学习观念和方法。教师的学生评估能力也是其教学水平的一个重要体现，在

"学练赛用"的模式下，教师需要进行多元化的学生评估，包括学生的知识掌握情况、实践技能的运用情况、团队合作的表现、创新思维的展示等，还需要运用多种评估工具，如成绩考核、表现评价、同伴评价等，进行全面的评估。通过这种评估，教师可以了解到学生的学习情况，以便进行后续的教学调整。

3. 教学模式创新效果

对于教学模式创新效果，"学练赛用"新范式对教学模式的整体影响的评价是重要的考量点，评价的主要内容可以围绕三个主要方面：引入的新的教学方式和手段，学科间的融合和协作，以及新范式的可持续性和可复制性。在引入新的教学方式和手段方面，需考量"学练赛用"新范式是否能够真正改变传统的教学模式，推出创新的教学方式，例如，是否能通过新的教学方式提高学生的学习积极性和主动性，提高学生的参与度和满意度，激发学生的学习兴趣和热情，使学生在教学过程中真正成为主体。在学科间的融合和协作方面，需考量"学练赛用"新范式是否能促进不同学科之间的交叉和融合，打破学科间的界限，实现学科间的协同和协作。例如，是否能通过项目或课题的形式，让学生在实践中融合运用多学科知识，提升综合解决问题的能力。在新范式的可持续性和可复制性方面，需考量"学练赛用"新范式的实施是否具有广泛的适应性和较高的可操作性，能否在不同的教学环境中得以实施，并产生良好的教学效果。例如，新范式是否具有明确的实施指南和策略，教师是否能根据实施指南进行教学，而不是依赖于个别教师的个人能力和经验。

第五章 课内外一体化教学模式助推高校体育改革创新

第一节 课内外一体化教学模式的价值分析

一、彰显大学生主体性

体育教学作为大学教学活动的重要组成部分，其教学模式的改革与创新是提升大学生整体素质的关键路径之一。课内外一体化教学模式以其特有的优势，在彰显大学生主体性方面展现了显著的价值。在 21 世纪信息技术飞速发展的背景下，网络技术、移动互联网技术的广泛应用，使得体育教学有了更大的延展空间和可能性。结合网络技术和移动技术，体育教学得以跳出课堂，与学生的课外生活更加紧密地结合起来，由此产生了课内外一体化教学模式。课内外一体化教学模式是一种新型的教学模式，主张将课内教学与课外活动紧密结合，形成一种体育教学与学生日常生活融为一体的教学模式。课内外一体化教学模式不仅包括课内教学，而是延伸到学生的日常生活、休闲娱乐等各个方面，打破了传统的教学时间和空间的限制，让学生在课堂之外也可以随时随地进行学习，实现了体育教学的全面化和全时化，并且该模式充分利用网络技术、移动互联网技术等现代信息技术，整合各种教学资源，打破了课堂的物理局限，实现了课内外的无缝连接。

课内外一体化教学模式打破了传统的体育教学中教学目标往往由教师或者教学大纲设定，学生通常是被动接受的局面，赋予了学生更大的自主权。

学生能够根据自己的兴趣和需要选择学习的项目和内容，自然会对学习产生更高的热情，因为这是他们自己选择的，更符合他们的内心需求。每个学生都有自己的特点和需要，如果只是按照统一的教学大纲进行教学，很难满足所有学生的需求，而学生自主设定学习目标，可以根据自己的实际情况，选择最适合自己的学习内容和方式，这对学生的学习有着积极的影响。

课内外一体化教学模式鼓励学生积极参与到教学活动中去，无论是在课堂还是课外，都能以积极的态度接受新知识，尝试新技能，自我探索并自我挑战。以篮球教学为例，学生可以根据自己的兴趣，参加篮球课程的学习。在课堂上，教师指导学生进行篮球的基础技术训练，如运球、传球、投篮等，而在课堂之外，学生可以根据自己的时间和进度，自我安排进一步的技术训练和实践，例如通过视频教程学习更复杂的篮球技术，或者参加篮球社团的活动，和队友进行篮球比赛。这种参与方式彰显了学生的主体性，使学生从单纯的被动接受者转变为积极的学习者。学生可以自我安排学习时间，自我掌控学习进度，使学习变得更加自由和灵活，可以在晚上回宿舍后观看篮球比赛视频，从中学习篮球比赛的策略和技巧；或者在周末的时候，找几个好友一起到球场进行篮球训练，通过实践提高自己的篮球技能。

课内外一体化教学模式不再仅将评价的权力交给教师，而是将其分配给了学生，让学生有更大的发言权，鼓励学生回顾并反思自己的学习过程，审视自身的学习状态，从而深入了解自己的学习状况。通过自我设定的学习目标，既增强了学生对学习过程的认知，也有助于学生调整学习策略，达到提高学习效果的目的，这种评价方式强调的是过程与结果的结合，而不仅仅是关注结果，因此更加符合现代教育评价的理念。对于学生来说，通过自我评价可以清晰地看到自己的优点和不足，从而有针对性地改进自己的学习方法，调整学习态度。

二、营造丰富多彩的校园体育文化

校园体育文化不仅仅是指校园中的体育活动，更是指在这些体育活动中形成的一种风气、一种精神、一种情感，也包含着学生对体育的认知和体验，课内外一体化教学模式将课堂教学与课外实践结合起来，给学生提供了更广泛的体育参与机会，使学生在体育活动中体验乐趣，认识自我、增强自信，这无疑对形成健康积极的校园体育文化有着重要影响。应用课内外一体化教学模式的高校体育教学，突破了传统教学场所的束缚，不仅赋予了学生更多的自主权，也极大地拓展了体育教学的实施范围。学生得以利用课外时间和空闲场所，积极参与到各种形式的体育实践中，不断提升自身的体育技能。多元化的体育活动，旨在满足不同学生的体育需求，包括但不限于篮球、足球、乒乓球、羽毛球、体育舞蹈、广场舞、跑步、散打、街舞等各类体育项目，应有尽有，体育项目的丰富多样性，吸引了更多的学生积极参与，发掘和培养了学生的体育兴趣和爱好。学生在参与多元化体育活动的过程中，不仅能在运动中获得快乐，热爱体育，更能通过不同的体育项目，找到适合自己的运动方式，实现自我提升。

理解和实践体育精神，对于学生个体以及整个校园文化而言，是一件极其重要的事情，公平竞赛、尊重对手和坚韧不拔，这些都是体育精神的具体表现。课内外一体化教学模式就像是一座桥梁，将理论的教授与实践紧密地连接在一起，以此来加深学生对体育精神的理解。在课堂上，教师扮演的是领导者和启发者的角色，通过讲解和讨论引导学生了解什么是体育精神，如何在日常生活和运动中去体现这种精神，教师可以使用实例，把抽象的概念具象化，这样能够使得学生更容易理解和接受。然而，理论的学习仅仅是认识体育精神的一半，另一半则需要通过实践来完成，而课外活动提供了一个完美的场所，让学生有机会亲自实践这些体育精神。在体育比赛中，无论是胜利还是失败，都需要学生以坚韧不拔的精神去面对，即使面临挫折，也能坦然接受并从中吸取教训。

此外，课内外一体化教学模式为学生提供了全面的身心健康保障。课堂教学部分，是学生获取健康知识和技能的主要途径。诸如运动规则、运动方法、运动伤害预防等知识，都需要通过教师的讲解和示范传授给学生。教师可以根据学生的个体差异，提供量身定制的运动指导，这有助于学生熟悉和掌握各项运动技能，提高运动效率，也能够避免错误的运动方式导致的伤害。定期的体育考核则能激励学生保持良好的运动习惯，从而形成健康的生活方式。然而，理论知识的习得并非是目的，更重要的是将其运用于实践中，课外活动为学生提供了实际操作的场所，通过参与课外体育活动，进一步理解和掌握所学的运动技巧，有机会定期锻炼，从而提高身体素质，增强身体抵抗力，减少疾病的发生。同时，在运动中学生可以感受团队协作的力量，学会与他人沟通交流，不仅能锻炼身体，还能提高学生的心理素质，帮助学生在面对挑战时保持冷静和乐观度，培养学生的抗压能力。值得注意的是，课内教学与课外活动是相辅相成的，课内教学是理论知识的传授，是对课外活动的指导和引领；而课外活动是对课堂知识的验证和实践，是对课堂教学的反馈和完善，这种互动性使得课内外一体化教学模式能够更好地满足学生的健康需求。

三、完善体育教师知识架构

课内外一体化教学模式的应用为体育教师提供了极大的发展空间，有助于完善其知识架构，以适应不断变化和不断升级的教学需求。体育教师必须具备丰富的体育理论知识和技能，包括运动生理学、运动心理学、运动生物力学等相关理论知识，以及各项体育项目的基本技能，这是体育教师进行有效教学的基础。通过这些知识和技能，教师可以根据学生的具体情况进行有效的指导，帮助学生提高运动技能，预防运动伤害，提升自身体质。体育教师也需要关注学生的个体差异，理解学生的身心特点，从而为学生提供个性化的教学方案。例如，对于身体素质较弱的学生，教师可以安排更为温和的运动项目，以保证学生能够在安全的环境中进行运动。对于性格内向的学生，教师可以通过小组活动的方式，鼓励学生更多地与他人交流。体育教师还需要设计和组织各种活动，使学生能够在课外继续进行体育活动，从而提高学生的体育技能和身体素质。例如，教师可以组织校园跑步活动，鼓励学生在课外时间参与其中，提高学生的身体素质。在课内外一体化教学模式中，体育教师有机会亲身参与到学生的课外活动中，这不仅可以增强教师与学生的互动，也可以使教师能够更深入地了解学生的兴趣和需求。这种深入了解使得教师能够更好地满足学生的需求，进行更精细化的教学设计，如果教师发现学生对足球特别感兴趣，可以设计更多的与足球相关的活动，激发学生的学习热情。

课内外一体化教学模式为教师提供了一个全方位接触学生的机会，一方面，教师通过直接参与课外活动，可以观察和理解学生在非正式环境下的表现和行为，这样的互动场景让教师有机会发现那些在传统课堂环境下可能会被忽略的信息，比如某个学生在团队合作中的领导能力，或者某个学生在解决问题时的创新思维。另一方面，相比于课堂教学，课外活动更能激发学生的积极性和主动性，教师可以从中观察到学生在自主学习和探索中的问题和挑战，而这正是教师改进教学方法，满足学生个体化需求的重要参考。此外，教师在课内外一体化教学模式中与学生的接触，还有助于建立更紧密的师生关系，使教师的角色从单纯的知识传授者转变为学生的引导者和伙伴。

从这些角度看，高校体育教学中课内外一体化教学模式的应用能够在一定程度上促使教师深入实践，更新教学思想，提升专业技能，增强对学生需求的敏锐度，从而使他们在教学过程中能更好地发挥自己的作用，进而从根本上完善体育教师的知识架构。

四、强调理论与实践的结合

传统的课堂教学使学生获得了体育理论知识和基本技能，但只停留在理论层面的学习往往难以形成深入的理解和应用，课内外一体化教学模式在体育课堂中的应用，将理论与实践相结合，为学生提供了更丰富的学习体验和更深入的理解。首先，课内外一体化教学模式为学生提供了实践的机会。在课外活动中，学生可以积极参加各类体育比赛、户外运动和健身训练等活动，通过亲身实践，学生能够更加深入地理解体育理论的实际运用，感受到理论知识对于提高技能和应对不同情境的重要性，不仅加强了学生的体育技能，还培养了他们的自信心和解决问题的能力。其次，课内外一体化教学模式促进了理论与实践的有机结合。通过参与课外活动，学生能够将课堂所学的体育理论知识应用到实际情境中，并通过实践的反馈来深化对理论的理解。例如，在比赛中，学生不仅需要运用所学的技能，还需要根据比赛情况做出策略调整和决策，通过实践的体验，学生能够更好地理解理论知识在实际运动中的价值和应用方法，从而形成理论与实践的良好连接。最后，课内外一体化教学模式激发了学生的学习兴趣和动力。通过参与丰富多彩的课外活动，学生能够更好地体验到体育的乐趣和挑战，有助于学生更加主动地参与到学习中来，以提高学习效果，并且为学生提供了相互交流和合作的机会，培养了他们的团队合作精神和沟通能力。

第二节　课内外一体化教学模式的定位、机制以及构筑

一、课内外一体化模式的目标定位

课内外一体化模式的目标定位是基于立德树人的根本教学任务、新课程改革的要求以及大学生身心发展的特点。该模式以课内教学为主导，结合丰富多彩的课外体育活动和竞赛项目，通过多元化体育活动全面提升大学生的体育理论认知和体育参与的热情，最终培养具备健康体魄和心理认知的新时代大学生[①]。

（一）理论认知层面的目标定位

通过课内外一体化的教学模式，旨在提升学生对体育理论的认知水平，加深对体育学科知识的理解和掌握。具体目标包括：

1. 系统掌握体育学科的基本理论知识

教师通过课堂教学向学生传授体育学科的基本理论知识，包括运动生理学、运动心理学、运动生物力学等等，通过理论学习了解体育学科的基本概念、原理和规律，并将其运用于实际体育活动中。在实现这一目标的过程中，教师可以采用多种教学方法，如案例分析、讨论、试验演示等等，以促进学生的积极参与和深度思考。

2. 理解体育教学与训练方法

学生通过课堂教学了解体育教学与训练的基本方法和技巧，包括教学策略、训练计划、技术训练等，理解和应用这些方法，提高体育教学与训练的效果。教师会介绍各种教学策略，如示范教学、合作学习、问题解决等，通

---

① 徐艳玲，赵晓坤. 试论课内外一体化模式在高校体育教学中的应用 [J]. 林区教学，2014（2）：2.

过学习不同的教学策略，学生能够掌握多种教学方法，灵活运用于不同的教学场景中，提高教学效果。学生通过课堂学习了解到训练计划应包括不同的训练阶段、训练内容和训练方法，以达到预定的训练目标。例如，他们学习如何进行基本动作的练习、如何分解和整合技术动作、如何进行技术纠错等。

3. 培养科学研究能力

课内外一体化模式通过教师引导学生选择感兴趣的研究主题，或与教师合作开展科研项目，使学生能够亲身体验科学研究的过程，了解科研的方法和技巧，利用科研方法，收集、整理和分析相关的数据。通过实践探究，学生能够将理论知识与实际问题相结合，加深对体育学科的理解和应用。在科研过程中，学生需要进行问题的提出、假设的建立、实验的设计和结果的分析等环节，这一要求需要学生运用科学方法进行推理和论证，进而达到培养学生逻辑思维和创造性思维能力的目的。学生还需要审视现有理论、方法和结论的可靠性，发现和纠正研究中的错误和偏差，培养学生的批判性思维和科学精神，使他们在面对复杂问题时能够进行理性的分析和判断。

（二）心理认知层面的目标定位

1. 培养学生的自信心和自尊心

体育活动为学生提供了展示自己能力和成就的舞台，通过参与竞技、完成挑战等，学生能够感受到自身的进步和成长，增强自信心和自尊心。教师在课堂教学中应注重肯定学生的努力和成绩，激励他们在体育活动中敢于尝试、勇于挑战，培养积极的自我评价和良好的心理状态。

2. 促进学生的自我认知和情绪调控能力

在体育活动中，学生会面对各种情绪和压力，教师可以引导学生认识自己的情绪反应，并提供有效的情绪调节策略。通过反思和讨论，学生可以更好地理解自己的情绪和需求，学会控制和管理情绪，提高心理适应能力和抗压能力。

3. 激发学生的积极性和努力向上的精神

在体育比赛和团体活动中，学生与他人的竞争会激发他们追求卓越、超越自我的动力。教师在教学过程中可以培养学生正面的竞争意识，引导他们理解竞争的价值和意义，并注重培养公平竞争、合作共赢的价值观，使学生在竞争中不仅可以追求个人的成功，也注重集体的进步。

4. 培养学生的竞争意识和体育精神

教师可以组织各类竞赛活动，并让学生亲身参与其中，培养他们面对挑战时的拼搏精神和勇气，激发他们不断超越自我的动力。通过竞争中的经验，学生可以学会面对胜利和失败，从中领悟到竞争中的道德规范和价值观念，进一步提高其心理素质。

（三）健康体魄层面的目标定位

1. 培养学生的运动技能和身体素质

通过课内体育课程的教学和课外体育活动的参与，学生有机会掌握和提高各种运动技能，并通过实践锻炼身体素质。教师可以引导学生参与不同类型的运动项目，如球类运动、游泳、健身等，以提高学生的协调性、灵活性、耐力和力量等方面的身体素质。

2. 培养学生善于运动、乐于运动、终身运动的良好习惯

通过定期的体育活动安排和计划，教师可以帮助学生形成规律的运动习惯。例如，每周组织团体运动或健身训练活动，鼓励学生定期参与，以确保他们能够持续锻炼身体，这种良好的运动习惯对学生的身体健康和全面发展至关重要。

3. 促进学生身心健康的综合发展

体育活动不仅可以锻炼身体，还能提升学生的心理健康程度，通过参与体育活动，学生可以释放压力，增强自信心，培养坚韧意志和适应力，提高心理素质。教师在体育活动中可以注重培养学生的团队合作精神、领导才能和沟通能力，从而全面促进学生的身心健康发展。

4. 强调运动的多样性和个性化

教师应根据学生的兴趣、特长和身体状况，设计多样化的体育活动，以

满足不同类型学生的需求。例如，为那些喜欢球类运动的学生组织篮球、足球比赛；为那些对户外探险感兴趣的学生组织徒步、攀岩等活动，激发学生对体育活动的热爱，并促进学生在喜欢的领域发展自己的运动技能。

二、课内外一体化教学的运行机制

（一）强化高校层面对体育课程的综合设计

课内外一体化教学模式要求高校对体育课程进行综合设计，这是实现整体教学目标的关键。为了实现综合设计，高校需要逐步组建一支素质高、具有改革意识和全面知识架构的体育教学团队，这个团队应该包括专业领域的教师和教练，应具备扎实的体育专业技能和教学经验，能够全面参与课内外一体化教学的设计与实施，通过整合团队中成员的专业知识和经验，使得高校能够为学生提供丰富多样的体育教学内容和活动。高校还应将课内外一体化教学纳入课程体系和考核体系中，特别是在体育课的必修和选修课程中。通过纵深拓展体育课程，高校能够提供更多元化、更具挑战性的体育实践机会，丰富学生的体育素养和实践经验。高校应关注课程之间的衔接和连贯性，制订细致的教学计划，确保不同课程之间的关联性和渐进性。学生可以在理论课程中通过教师的讲解建立对体育理论的基本认知，为后续的实践活动做好准备。一旦学生掌握了基本的理论知识，教师可以通过组织体育项目的实践训练、参与竞赛和比赛等方式促进学生体育技能的提升；可以通过实践活动不断巩固和拓展理论知识，提高运动技能，培养综合素质。此外，实践活动还能让学生更好地理解理论知识的应用和实际意义，提升他们的问题解决能力和创新思维。综合设计的关键是将学生的学习需求和体育素质的培养目标结合起来，使得课内外的体育活动能够相互促进，实现整体教学目标。高校层面通过强化对体育课程的综合设计，能够提供更具挑战性和个性化的体育教育，促进学生的全面发展。

（二）突出教师的主导性

在课内外一体化教学模式中，教师起着主导和引领的作用，教师应具备丰富的专业知识和教学经验，能够灵活运用各种教学策略和方法，激发学生的学习兴趣和积极性。作为教师而言，应该了解学生的学习风格、兴趣爱好和学科特长，结合这些信息进行差异化教学设计。例如，对于体育素质较低的学生，教师可以安排适合他们水平的运动项目，逐步提升他们的体能和技能，对于体育特长生，教师可以提供更高水平的训练和挑战，促使学生不断进步。教师需要精心安排体育设施的使用，确保学生能够充分利用设施进行实践训练。同时，教师还要积极探索利用现代化的技术手段，如微信群、微信公众号、钉钉群、微博等线上交流平台，搭建线上交流与指导的桥梁，打破时空的限制，拓展教学的广度与深度。可以运用启发式教学方法、问题导向教学等灵活的教学策略，引导学生主动思考和探索，采用小组合作学习、竞赛活动等方式，促进学生之间的互动与合作，培养团队精神和协作能力，通过个别讨论、作业评阅、实践成果展示等方式，向学生提供有针对性的评价，帮助他们发现存在的不足并加以改进。

（三）注重大学生的价值提升

在信息技术时代，大学生接触到大量的信息和多样化的文化观念，他们的价值观念也在不断塑造和变化，因此，教师需要充分利用线上平台的即时性交流优势，及时了解学生的思想动向和关注点。引导学生树立正确的价值观，培养积极向上的人生态度和价值取向。同时，教师还可以开设多种类型的健身辅导站，提供各种形式的健身指导和体育知识分享，例如健身训练视频、运动技巧教学、体育文化活动推荐等。此外，注重大学生的价值提升还需要教师通过体育教学，赋予学生积极乐观的体育精神，体育精神包括坚持不懈、团队合作、勇于挑战、克服困难等思想品质，教师可以通过体育教学的亲身示范和引导，培养学生的体育精神，激发他们积极参与体育活动的意愿，提高身体素质和心理素质。

三、课内外一体化教学的整体构筑

课内外一体化教学模式的整体构筑是高校体育改革创新的重要环节，在构筑过程中，课内教学和课外教学相辅相成，由教师作为主导，发挥教学组织者和指导者的作用，以实现课内带课外，以课外促课内的效果，如图 5-1 所示。在课内教学中，可以采取提高班和基础班同步的方式进行教学，每学期进行一次调整，确保学生掌握体育的理论知识和专项技术，使他们在身体素质上得到提高。同时，通过培养正确的学习态度和专注力，帮助学生在课内教学中获得更好的学习效果。在课内教学中，理论知识、专项技术和身体素质的考核应占教学的 60%，以此来保证教学目标的达成。在课外教学中，可以通过学生体育社团、体育竞赛等形式将体育教学有效地延伸至课外，培养学生的体育意识、兴趣和能力，并在课外活动中对其进行检验。课外教学的目标包括取得优异的运动竞赛成绩、显著增加身体锻炼效果、保持参与体育运动的频率、固化体育运动的习惯，以及丰富学生的校园体育文化生活。通过这样的课外教学，可以确保教学目标的百分百实现。在整体构筑过程中，可以在保证提高班和基础班的基础上加入训练队，这三个层次需要根据学校的实际情况和学生的学情差异进行动态调整。

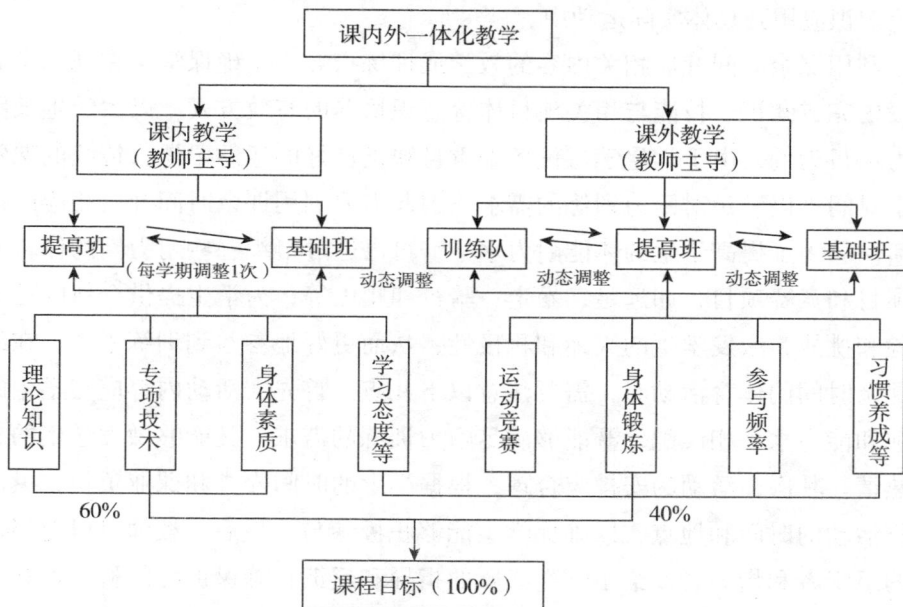

图 5-1　高校体育课内外一体化体育教学模式的构筑

第三节　高校体育教学课内外一体化教学模式的操作类型

一、学业考核达标型一体化

学业考核达标型一体化是一种将课内学习和课外实践相结合的教学模式，旨在通过课程设计和评估方式的整合，促进学生在学术方面取得良好成绩。为实现学业考核达标型一体化，教师可以采取多种策略和措施。在课堂上，教师需要精心设计体育课程，将课堂教学和课外实践有机地结合起来，可以讲授相关的理论知识，介绍体育技能和规则，以及培养学生的战略思维。而在课外活动中，教师可以组织实践训练、竞赛和项目实施，让学生将理论知识应用到具体实际运动中。

利用课余时间开展相关内容的教学或训练指导，是确保学生在规定学制时段内完成知识、技能与相关项目体育意识培养的有效方式。以大学生长跑耐力项目为例，由于学生学习任务繁重且缺乏良好的运动习惯，传统的课堂教学时间难以满足对耐力训练的需求，因此需要利用课余时间开展相应的体育活动。为了提高学生的体能耐力水平，可以通过组织一些耐力性的体育游戏项目和竞赛项目，如远足、暴走、骑行和爬山等，为学生提供全新的运动体验和挑战，激发学生的兴趣和积极性，从而更好地参与到训练中去。在组织课余时间的体育活动时，需要注意以下几点。首先，活动内容应与学生的兴趣和能力水平相匹配，既能够满足耐力训练的需求，又能够激发学生的参与热情。其次，活动的安排应合理，根据学生的时间安排和课业负担，灵活安排活动的时间和地点，以确保学生能够积极参与。最后，教师可以充当活动的组织者和指导者，给予学生必要的指导和反馈，确保训练的科学性和有效性。

教师需要制定科学合理的评估方式，通过评估教师能够全面了解学生的学业水平，包括理论知识的掌握和实践能力的运用。评估方式可以多样化，其中包括课堂测试、实践表现和项目报告等多个方面，以全面地考查学生的学习成果。在评估学生的理论知识方面，教师可以设计课堂测试，测试可以包括选择题、填空题和解答题等形式，通过考查学生对体育相关理论知识的理解和掌握程度来评估其学业水平。实践表现也是评估学生学业达标的重要依据之一，教师可以通过观察学生在实践活动成绩、技能表演的评估和实际比赛的中的表现，包括技能运用、战术运用和合作能力等方面，来评估学生的实践能力。此外，项目报告也是一种重要的评估方式，教师可以要求学生撰写项目相关的报告，包括对项目的理解、规划和实施过程的总结，以及对自己的表现和成长的反思。通过这种方式，教师能够了解学生对项目的整体把握和思考能力，评估学生在项目中的综合表现。

二、兴趣发展型一体化

兴趣发展型一体化在高校体育教学模式改革创新中起到了核心的作用，其基本策略是在教学过程中强化学生的学习兴趣，以促进其主动学习、持续参与。在这种模式下，兴趣的发展并不只是学生自我探索的过程，而是需要教师的指引和鼓励。例如，在一些时尚性、挑战性的体育教学项目中，如跑酷、体育舞蹈、街舞与瑜伽等，教师在引导学生探索这些新兴的、富有挑战性的体育项目的同时，也能激发学生对这些体育项目的兴趣，进而推动学生主动参与到体育学习中来。

兴趣发展型一体化中，教师的角色转变尤为关键，这主要表现在教师与学生的共同兴趣中，共享相同兴趣的教师和学生能够构建共同的学习体验，这成为一种深化学生学习，同时满足他们的兴趣需求的有效方式。在具体的教学活动中，教师需要有敏锐的洞察力，准确把握学生的兴趣，深入理解和熟练掌握教学内容，在课程实施过程中提供持续的动力，为学生的学习创造良好的氛围。从更深一层来说，教师与学生的共同兴趣使得教师有更多的机会去了解学生，这有助于教师更好地满足学生的需求，这对于教师的专业发展也是非常重要的，通过这种方式，教师与学生能够在共同的学习过程中建立紧密的联系，形成强大的凝聚力，推动教学的深入开展。此外，教师的角色转变并不仅仅在于教师自身，还需要教育系统的大力支持。比如，教育管理部门可以通过提供充足的教学资源，设定适宜的评价机制，提供专业发展机会等方式，来支持教师的角色转变。

兴趣发展型一体化还聚焦于拓宽学生的学习领域，营造多元化的学习环境，以促进学生全方位的发展。具体到高校体育教学，学校内的舞蹈教室、体育场等设施以及校外的瑜伽俱乐部、健身房等都成为学生的学习场所，为学生提供标准化、专业化的训练环境，帮助学生掌握体育技能，对于标准技术动作的训练尤为重要。校外的设施则常常提供了更为自由、更为开放的学习环境，使学生有机会在不同的环境中进行体验、实践，充分发挥自己的创造性。这样的学习环境设置，旨在满足学生的学习需求，也为教师提供了更多元的教学资源和方式，比如，教师可以利用舞蹈教室的专业环境，对学生的动作进行细致的指导和纠正，使其技术水平得以提升。而在瑜伽俱乐部，教师则可以引导学生观察和体验不同的瑜伽动作，培养学生的体验能力和创新思维。

教师在兴趣发展型一体化中角色发生了转变。在课内教学中，教师以完成学业考核的目标为主，致力于传授基本的项目知识和技能，不再仅仅是知识的传授者，更是学生学习的引导者和助推者，精心设计课程，以吸引学生的注意力，激发他们的学习热情，使他们能够在掌握基本技能的同时，还能体验到学习的乐趣。相对应的，课外教学以提升学生技能水平和激发学生创新精神为主，通过开设课外活动，鼓励学生自主探索，发挥他们的主观能动性，教师在这个过程中的角色更像是指导者和伙伴，根据学生的兴趣和需求，提供适当的指导和帮助，引导学生在实践中学习和进步。这种课内外一体化的教学模式，打破了传统的教学界限，让课堂的学习延伸到了课堂之外，既满足了学生对知识和技能的学习需求，也充分满足了学生对兴趣发展的需求。

三、处方型一体化

对于一些体质健康水平较低、肢体协调性差、有运动心理障碍与其他问题的大学生，出于支持大学生顺利毕业的目的，以及培养其运动能力及其良好运动习惯的目标，教师有针对性地组织相关学生，在课外的时间开展处方型的课堂内容的教学与相关问题治疗的处方型训练是充满人文关怀的一体化教学模式。由于课堂教学时间有限，教师需要面对的是大多数学生，不可能把更多的精力和时间运用到这些相对特殊的学生身上。科学利用课外时间对此类学生开展处方型教学，是保护其隐私与维护其尊严的有效方式。高校内较多的是针对一些肢体残疾学生与体质较差学生开展的，且在基本的课堂教学项目内容的基础上，会增加一些具有直接疗效的项目或技能，例如中国传统的医学体育项目及其技能，包括易筋经、八段锦、五禽戏、气功与太极等项目的技能。让相关学生在体质不断优化提升的同时，能开展更积极、全面的体育学习和运动。

处方型一体化特别适用于为那些体质健康水平较低、肢体协调性差、运动心理障碍等特殊需求的学生提供个性化的教学与训练。在这种模式下，教师需要有针对性地制定课程内容和训练方案，使这些学生能在课内外一体化的教学环境中，得到更多的关注和指导，从而提高学生的体质，改善学生的运动能力，培养学生的良好运动习惯。处方型一体化教学模式的运用，旨在利用课外时间，根据每个学生的实际情况，制定个性化的训练计划和教学内容，帮助他们改善体质，提高运动能力，培养良好的运动习惯，既尊重了他们的个人隐私，也维护了他们的人格尊严。处方型一体化还充分考虑到了学生的心理需求，通过在课外时间进行教学，这样的环境有助于学生更好地接受教学内容，使学生能在相对轻松的环境中进行学习和训练，从而提高学习效果，避免了在课堂上可能出现的尴尬和压力。

中国的传统医学体育项目，如易筋经、八段锦、五禽戏、气功与太极等，是处方型一体化教学模式的重要组成部分，这些项目并非单纯的运动训练，而是包含了生理、心理、精神层面的综合训练，能够全面提高学生的身心素质。在这种教学模式下，学生通过学习和实践这些传统体育项目，不仅可以提升身体素质，而且还能够深入了解和体验中国的传统文化。易筋经、八段锦等项目着重于对人体关节和肌肉的锻炼，强调舒展与挺拔，兼顾动态和静态，使学生能够在体验传统文化的同时，提升身体的柔韧性和协调性。五禽戏则是模仿五种动物的动作以达到锻炼身体的目的，旨在通过对动物生活状态的模仿，使学生对身体有更深入的理解和感知。太极和气功作为中国古代的养生之道，是中华民族传统文化的瑰宝，更是处方型一体化教学模式中的重要元素。太极的动作缓慢而流畅，强调身心的和谐统一，有助于调节学生的情绪，减轻压力。气功则强调调身、调息、调心，通过调节呼吸和心态，达到身心健康的目标。在这个过程中，学生可以更深入地理解身体运动的机制，掌握科学的锻炼方法，更好地调节自己的身心状态。此外，学生也可以通过学习和实践这些传统体育项目，深入感受中国传统文化的魅力，更好地融入体育学习和运动中。

第四节　高校体育教学课内外一体化教学模式的改进对策

一、实施体育课内外一体化教学，促进学生身体素质水平全面提高以适应岗位需求

（一）增强学生身体素质，提高运动技术水平

体育课内外一体化教学的首要任务就是增强学生的身体素质和提高他们的运动技术水平，体育教育是学生全面发展的重要一环，运动可以提高学生的身体素质，例如力量、速度、耐力、灵敏性和协调性等。同时，通过体育教育，学生还可以学习和提高各种运动技术。在实施课内外一体化教学的过程中，教师应该因材施教，按照学生的身体素质和运动技术水平进行教学，可以设计一些有趣的游戏和活动，使学生在玩耍中学习和提高运动技术。比如，可以通过篮球比赛来提高学生的协调性和反应速度，或者通过长跑来增强学生的耐力。另外，还应该注重课程的实际性和实用性，在教学过程中应该重视运动技术的实际运用，使学生能够在实际生活中应用所学的运动技术，如游泳、跑步、瑜伽等，不仅可以提高身体素质，还可以增强自己的自信心和独立性。此外，教师还应该注重学生的心理素质培养。运动不仅可以锻炼身体，也可以锻炼心理。在运动中，学生可以学习如何面对挫折，如何克服困难，如何团结合作，这些都是非常重要的心理素质。

（二）积极开展课外体育锻炼，充分发挥体育骨干作用

学生通过参与课外体育锻炼，不仅可以提高身体素质，提升运动技术，

还可以培养团队合作精神，提升领导能力，以及面对挫折的能力，为了充分发挥课外体育锻炼的价值，高校应积极提供体育活动平台，鼓励学生积极参与，同时大力发挥体育骨干的作用。

体育骨干是体育活动的组织者和领导者，他们的态度和行为对其他学生的影响极大，他们通过积极组织和引领活动，可以鼓励更多的学生参与到体育活动中来，他们的表现和态度也能够影响其他学生对体育锻炼的态度，提高其他学生的参与度和积极性。学校可以通过体育成绩、领导能力、团队合作精神等多方面进行评估，选拔出有潜力的学生来担任体育骨干，对体育骨干进行培训也是必不可少的环节，以提升他们的活动组织能力和领导能力。课外体育锻炼的开展和体育骨干作用的发挥也需要得到学校的全方位支持，学校应该为学生提供足够的场地设施，合理安排时间，鼓励教师和学生参与，并对优秀的体育骨干给予适当的奖励。在这个过程中，体育教师也需要发挥关键作用，不仅要引导和监督学生的体育锻炼，还要提供技术指导，帮助学生提高运动技术，充分发挥体育骨干的作用。

（三）加强校园体育文化建设，促进中华优秀体育文化传承创新

校园体育文化是校园文化的重要组成部分，它包括了体育活动的开展、体育观念的传播、体育设施的建设等方面，加强校园体育文化的建设，不仅可以提升学生的身体素质和运动技术，也可以传播积极的体育观念，提高学生的文化素养。首先，学校可以定期举办各种体育活动，如运动会、篮球比赛、足球比赛、乒乓球比赛等，鼓励学生积极参与，提高身体素质和运动技术，还可以培养学生团队合作精神和竞技精神。其次，学校可以通过各种渠道，如宣讲会、公告栏、学校网站等，传播积极的体育观念，如强调体育锻炼的重要性、弘扬公平竞赛的精神等，让学生形成正确的体育观念。最后，学校应该提供良好的体育设施，如足球场、篮球场、健身房等，为学生提供舒适的体育锻炼环境。当然，除了以上所提到的内容，学校还可以开设中国传统体育项目的课程，如太极拳、武术等，传承中国的优秀体育文化，也可以引进国外的体育项目和理念，如橄榄球、棒球等，创新体育教学内容，丰富校园体育文化。

二、根据高职院校学生的特点，制定科学的体育课程标准

（一）建立和完善高校体育课程标准

在教学过程中，体育课程标准的建立与完善起着基础性和引领性的作用，对于高校体育课程体系的构建具有重要意义。建立体育课程标准的目的是确立体育教育的基本要求，明确体育教学的基本目标和内容，对于不同的学科，体育课程标准应细化为具体的学习要求和学习目标，比如，学生应当掌握的基本运动技能，应具备的身体素质，理解和掌握的体育理论知识，以及应培养的体育精神和价值观等。体育课程标准应当体现出科学性、系统性、操作性和开放性。科学性意味着体育课程必须符合体育科学的原理和规律，体现出对人体生理、心理发展规律的了解和尊重；系统性意味着体育课程必须全面考虑到体育技能、体育知识、体育意识等多个维度，形成完整的教学体系；操作性意味着体育课程应能够明确指导教学活动，包括教学内容、方法、手段、过程、评价等环节；开放性则意味着体育课程应能够适应社会变化和教育改革的需要，有足够的灵活性和适应性。随着科学研究的深入和教育实践的积累，体育课程标准也应随之更新和完善，比如，新的体育项目、新的教学理念、新的教学方法等，都应当在课程标准中得到反映。除此之外，体育课程标准应当充分考虑学生的差异性，允许学生根据自身的兴趣、爱好、特长和需要选择不同的体育项目和内容，满足学生的个性化发展需求。

（二）根据高校学生的特点，确定体育教学内容

在推动高校体育改革创新的过程中，课内外一体化教学模式通过实现理论知识与实际运动技能的结合，帮助学生全面提高身体素质，满足了不同专业学生的特定需求。具体而言，课内外一体化教学模式首先以实用性为导向，基于学生的实际需求和专业特点，制定出一套针对性强的体育课程标准。举例来说，这些课程包括足球、篮球、排球、乒乓球、羽毛球等运动项目，以及健身操、拉丁舞、太极拳等健身活动，对于有专门需求的学生，还可以参加裁判班进行深入、具体如学习，部分专业学生的适用身体训练，如表5-1所示。

表 5-1 部分专业学生的适用身体训练举例

专业类别	对身体素质的特殊要求	教学内容的选择
机电制造类	肩、躯干力量，一般耐力，上下肢协调、准确性、注意力等。	足球、篮球、排球、乒乓球、跳绳、跆拳道、键球等运动项目；健美操和形体训练等健身活动。
应用英语类	协调能力、静力性耐力、灵敏性。	瑜伽、有氧运动、体操、太极拳、定向越野、跑步、篮球等健身活动和传统运动项目。
财经、文秘类	动作速度、静力性耐力、手指力量、目测力等。	瑜伽、有氧运动、体操、太极拳、定向越野、跑步、篮球等健身活动和传统运动项目。
建筑类	肩带和下肢肌肉、平衡能力、灵敏性等。	足球、篮球、排球、乒乓球、太极拳、定向越野、跑步、体操等运动项目。
汽车类	上下肢力量、协调能力、注意力等。	健美操、形体训练、跑步、篮球、足球、跳绳、跆拳道等健身活动和传统运动项目。
旅游、空乘类	上下肢力量、耐力、灵敏性、协调性等。	瑜伽、有氧运动、体操、太极拳、定向越野、跑步、篮球等健身活动和传统运动项目。
农林、园艺类	动作速度、反应速度、协调能力等。	羽毛球、健身操、跳绳、跆拳道、键球、乒乓球、篮球等健身活动和传统运动项目。

从表格中不难看出，提供了更多的教学内容选择，包括武术、体操、篮球、体育舞蹈、健美操、乒乓球、形体、跳绳、跆拳道、键球、定向越野和太极拳等。这样的多样性教学内容能够满足不同专业类别学生的需求，丰富了体育教学的内容和体验，同时，也提供了更多的选择和发展空间，有助于促进学生的全面发展，培养他们的身体素质和技能，进一步推动高校体育改革创新。

课内外一体化教学模式提倡积极参与和实践，不仅在课堂上进行教学，还积极组织各种体育活动和比赛，比如，每个年级每周都会开设两节体育课，并设立了 20 多个体育社团供学生自由选择，学生不仅可以在教师的专业指导下进行学习，还可以参加校内外的体育比赛，进一步提升自己的运动技能和团队协作能力。课内外一体化教学模式将学生的参与情况与体育成绩直接挂钩，以全民健身月为例，学生的参与情况将直接影响到他们的体育成绩，这无疑鼓励了学生积极参与各种体育活动，也培养了他们的自主学习能力和团队精神。

（三）建立和完善了学生体质监测与评价体系，提高体育教学质量

学生体质监测与评价体系的建立与完善，对于提高体育教学质量，培养学生健康习惯，提升其身体素质都有着深远的影响。在实际操作中，建立学生体质监测与评价体系首先要求明确测评的目标，即在高校体育教学中，应关注学生体质的哪些方面，包括力量、耐力、速度、协调性等，评价体系也应该尽可能多地涵盖各个年龄段、性别、身体条件等学生群体，确保其普遍性和公平性。评价体系的建立需依托科学有效的体质测试方法，这既包括传统的运动项目测试，例如长跑、立定跳远、仰卧起坐等，也包括现代的科技手段，如心率监测、身体成分分析等，这些测试方法能为教师和学生提供客观、实时的数据反馈，有助于更准确地掌握学生的身体状况，也能更有针对性地制定和调整训练计划。为了保证评价体系的科学性，监测与评价的结果不应单纯地依赖数值，而要结合学生的身体实际情况进行综合评价。例如，对于身体素质较弱的学生，可以适当降低评价标准，重点关注他们的进步和改善；对于身体素质较强的学生，可以设定更高的挑战，激发他们的潜力。

三、实施"2+3"一体化教学模式，大力开展阳光体育运动，使体育课堂教学与课外体育活动有机结合

（一）普及选项教学

普及选项教学是一种灵活的教学方式，允许学生在特定的体育项目中进行选择，以便更好地发展自己的运动特长和兴趣爱好。实施普及选项教学的关键是提供多样化的选项，教师可以根据学生的兴趣和特长开设不同的选项，如球类运动、田径、健身操等，教师还应引导学生探索不同选项之间的关联，促进跨项目的学习和发展，例如通过在不同选项中共享技术和战术知识，学生可以更全面地理解运动的本质和原则。普及选项教学的优势在于学

生可以选择自己感兴趣的项目，培养自主学习和自我管理的能力。此外，通过与同学合作和竞争，学生还可以提高团队合作和沟通技巧，教师在实施普及选项教学时应注重个性化指导，鼓励学生根据自身需求和兴趣发展，并及时给予反馈和评价。

（二）推行"2+3"一体化模式

"2+3"一体化教学模式的理念是，每周为学生安排 2 节体育课程，同时鼓励学生自主开展至少 3 次课外体育活动。"2+3"一体化教学模式的实施需要学校与教师的共同努力，学校和教师都需要注重课程设计和执行以确保学生参与度，选择易于激发学生兴趣的运动项目，注重课程的有趣性和互动性，确保每个学生都能参与其中。对于课堂教学，即每周的 2 节体育课，其目标是引导学生掌握基本的运动技能，理解运动的规则，培养团队精神和竞技态度，教师应确保每个学生都能在课堂上获得全面的锻炼，包括力量、耐力、速度、协调性和灵活性等，教师还应教授学生如何安全地进行运动，以降低运动伤害的风险。对于课外活动，即每周至少 3 次的体育活动，学校应为学生提供足够的设施和设备，如运动场地、器材等，学校还可以组织各类体育活动，如比赛、训练营、户外运动等，以进一步鼓励学生参与。"2+3"一体化教学模式是一个循环过程，需要教师持续关注学生的进步，并给予反馈和指导。通过这种方式，学生不仅在体育课上得到锻炼，还可以在课后的活动中将所学的知识运用到实践中去，进一步提升自己的运动技能和身体素质。

（三）课内外一体化俱乐部制体育教学的设计

高校体育俱乐部制教学模式是将体育教学和体育俱乐部活动有机地结合起来，通过各种形式的体育活动，增强学生的身体素质，提高运动技术水平，培养团队协作能力和竞技精神，同时，也富有趣味性和挑战性。

在实施俱乐部制教学模式中，一般可以分为以下几个步骤：

第一，创建俱乐部。学校可以根据学生的兴趣和需求设立各种体育俱乐部，如足球俱乐部、篮球俱乐部、乒乓球俱乐部、跑步俱乐部等，每个俱乐部都可以设立教练和队长，负责组织和指导俱乐部活动。第二，活动策划。俱乐部应定期举办各种体育活动，如训练课程、比赛、挑战赛等，不仅可以提高学生的运动技术水平，也可以提升学生的团队协作能力和竞技精神。第三，评价与反馈。通过对学生的参与度、运动技术水平、团队协作能力等方面进行评价，教练和队长应定期给予学生进行反馈，可以帮助学生了解自己的优点和需要改进的地方，提升运动水平。第四，促进课堂教学俱乐部制教学模式与课堂教学相结合，可以让学生将在课堂上学到的理论知识和技能应用到实际运动中去，从而更好地理解和掌握。在这个过程中，学生可以通过参与俱乐部活动，提高自己的运动技术水平，锻炼团队协作能力，也能充分感受到体育运动的乐趣和挑战性，从而更加积极地参与到体育运动中来，形成健康的生活方式。因此，高校体育俱乐部制教学模式对于提高学生的体质、技能和素质，培养学生的团队协作能力和竞技精神，都具有重要的作用。

（四）建立体育网络教学课堂

随着科技的发展，网络教学已经成为教育的重要组成部分。在体育教学中，建立起网络教学课堂可以有效地拓展传统的教学模式，更好地满足学生的学习需求。

体育网络教学课堂主要可以通过以下方式来实现：一是创建在线课程。通过网络平台，教师可以为学生提供各种体育课程，包括运动技巧的讲解、运动规则的介绍、健康知识的普及等，学生可以根据自己的时间和学习需求，选择合适的课程进行学习。二是制作教学视频。教学视频是网络教学的重要工具，教师可以通过制作教学视频，直观地展示运动技巧和动作要领，帮助学生更好地理解和掌握，教学视频还可以随时回看，方便学生复习和巩固。三是搭建交流平台。网络教学课堂也可以提供一个交流的平台，教师和学生可以通过在线讨论、问答、评价等方式，进行互动交流，不仅可以解答学生的疑问，也可以增进学生之间的交流和合作。四是进行在线评估。通过网络平台，教师可以进行在线评估，了解学生的学习进度和掌握情况。例如，教师可以设立在线测验，检查学生的理论知识；也可以要求学生上传运动视频，评价学生的运动技能。通过建立体育网络教学课堂，可以让学生在任何时间、任何地点都能进行学习，提高了学习的便利性和效率。同时，网络教学课堂也为教师提供了更多的教学工具和资源，可以帮助教师更好地完成教学任务。

第六章 球类运动项目的科学化训练

第一节 足球和篮球运动的科学化训练

一、足球运动的科学化训练

（一）足球传球的科学化训练

1. 脚内侧踢球的科学化训练

在足球运动的科学化训练中，脚内侧踢球是一种基本且至关重要的技术，它是控制球、传递球以及射门的重要基础。脚内侧踢球的科学化训练需要考虑的要素包括：运动员的身体姿态、力量的控制、接触点的选择以及脚的踢球角度等。

在身体姿态方面，运动员需要保持身体稳定且灵活。用于支撑的脚应与球的方向形成约 45°的角度，身体的重心要稍微向前，用于踢球的脚的脚踝要尽量放松，从而保证球的顺利传出。在力量的控制方面，运动员需要学会根据实际的需求调整力量的大小。一般来说，踢球的力量来自腿的挥动，而不是脚的力量。运动员需要保证足够的挥动距离，然后通过脚内侧的力量控制将球踢向目标。在选择接触点方面，为了保证球的传输方向和稳定性，运动员通常需要选择用脚内侧的中部接触球，可以使得传球更稳定，方向更准确。在脚的角度方面，运动员需要保持脚的弯曲角度适中，以便在踢球的瞬间，脚和腿能形成一个好的角度，让球顺利地沿着预定的轨迹飞出。

2. 脚背内侧踢球的科学化训练

脚背内侧踢球是足球传球技术中的一种重要方式，要求球员使用脚背内侧部位与球接触，将球传递给队友或完成射门等动作。科学化训练可以帮助球员更好地掌握和运用脚背内侧踢球技术。

（1）助跑与站位技巧

在进行脚背内侧踢球之前，球员需要通过适当的助跑和站位技巧来准备。助跑方向与出球方向约成 45° 角，这样可以为传球提供更好的动力和方向。球员在助跑时要注意斜线助跑，以提高传球的力量和准确性。同时，站立时要保持身体的平衡和稳定，控制好身体的姿势和重心。

（2）球与脚的接触技巧

脚背内侧踢球的关键在于球与脚的接触技巧，球员应掌握脚部动作和球的接触点的准确控制。支撑脚落地时以脚跟及脚掌的外侧沿先着地，然后过渡到全脚掌。在球与脚背内侧接触的瞬间，球员需要保持适当的力度和稳定性，以确保传球的准确性。

（3）支撑脚的姿势与位置

在进行脚背内侧踢球时，球员需要注意支撑脚的姿势和位置。支撑脚脚尖指向出球方向，膝关节微屈支撑身体重心，上体略向支撑脚一侧倾斜并稍侧转体，以增加传球的力量和方向控制。支撑脚与球的位置也很重要，支撑脚脚尖与球的前沿保持平齐较好，左右距离以支撑脚的右侧沿与球的外侧沿保持适当距离。

（4）踢球动作与力量控制

踢球动作和力量控制是脚背内侧踢球训练的关键要点，支撑脚着地的同时，踢球腿以髋关节为轴，大腿带动小腿由后向前摆动，当踢球腿膝关节摆至球的内侧垂直上方时，小腿做爆发式前摆，并稍向外侧转，脚尖指向斜下方，脚背绷紧固定，球员可以实现传球的准确性和力量的平衡。

（5）身体重心的移动与稳定

脚背内侧踢球时，球员需要注意身体重心的移动和稳定。踢球后身体重心随踢球腿的前摆向前移动，以保持动力的传递和推进，稳定的身体重心和平衡能力，使球员可以更好地控制传球的方向和准确性。

3.脚背正面踢球的科学化训练

脚背正面踢球技术适用于长距离传球和射门，特别是在力量和速度都需要考虑的情况下。科学化训练这一技术，就是将其各个细节与生物力学原理有机地结合，以提高运动效果和效率。运动员在进行直线助跑时，在最后一步，运动员需要跨出一大步，这样有助于维持身体的平衡，为下一步的动作提供支撑。在这一步中，支撑脚应该积极地跨步着地，形成滚动式的支撑，可以减少对地面的冲击力，提高运动员的舒适度，同时，也有利于提高踢球的力量和精准度。

支撑脚的内侧沿与球的外侧沿的距离控制在 10 ~ 15 cm，提供最佳的力量传递和控制精度，前后距离以支撑脚的脚尖与球的前沿保持平齐为好，过前或过后都会影响踢球的效果。在支撑脚稳定落地的同时，踢球腿大腿带动小腿由后向前摆动，当摆到球的垂直上方前的瞬间，大腿需要减速，而小腿则要爆发式的加速前摆，这样踢球的力量就会集中在脚背的正面部位，由此踢出的球会更有力量和速度。踢完球后，运动员需要自然向前跟出，这样可以保持身体重心的平稳，避免因为踢球而造成的身体失衡。

4.脚背外侧踢球的科学化训练

脚背外侧踢球技术在足球比赛中有着重要的应用，这种技术的精准控制可以让运动员在比赛中发挥出色，科学化训练的目标在于提升运动员在实战中运用这一技术的能力和精确度。

科学化训练应该关注运动员的动作序列。助跑是起始阶段，它旨在为即将到来的踢球动作积累动力，运动员需要找到适合自己的步伐和节奏。接下来就是支撑位置与姿势的设定，运动员需要将身体的重心稳定在支撑脚上，身体稍微前倾，以准备接下来的力量发力。踢球腿的摆动是核心动作，涉及膝关节、小腿以及踝关节的协同工作。在摆动到位的过程中，膝关节要在小腿快速前摆的瞬间上锁，此时，小腿应爆发性地向前摆动，同时，踝关节需要向内转并向下指。这样做的目的是确保以脚背外侧部位触击球的正中后部，从而使球获得旋转力和前行动力。踢球后，身体应随球向前自然移动，以保持身体的平衡。这不仅可以减少因为失去平衡带来的误操作，还有助于运动员迅速准备接下来可能的动作，如抢断、防守或者接应队友的传球。

（二）足球接球的科学化训练

1. 判断球路

接球的首要任务是判断来球的速度、方向、旋转情况以及弹跳的高度，这需要运动员具有出色的视觉判断能力和丰富的实战经验。

2. 选择接球部位

根据来球的不同情况，运动员需要在瞬间选择合适的部位接球，常用的接球部位包括脚背、脚内侧、脚外侧、胸部和大腿等，运动员需要根据自己的技术特点和球场上的实际情况，灵活选择接球部位。

3. 接球动作的执行

在正确判断球路并确定接球部位之后，运动员需要迅速调整自身的位置和姿势，执行接球动作。接球的关键在于运用身体的柔韧性和力量，以合适的力度和角度接触到球，使得球的速度减慢，并将球控制在自己希望的范围内。

4. 接球后的处理

接球并非终点，正确处理接到的球更为重要，接球后的处理动作包括转身、护球、传球、带球或射门等，这就要求运动员在接球的瞬间就已经对下一步的动作有所规划。

（三）足球运球的科学化训练

1. 脚内侧运球的科学化训练

脚内侧运球是足球运动中一项基础且重要的技巧。它要求运动员能够用脚的内侧有效地控制并带动足球，在运动中不断调整和改变足球的运动方向和速度。

脚内侧运球技术主要涉及以下几个关键要素：第一，控球距离。在运球过程中，球应保持在与身体接近的距离，以便及时调整运球方向和速度。第二，运动速度。运动员在运球过程中应控制自身的运动速度，根据实际比赛情况做出变速运动。第三，观察和预判。运动员应保持头部抬起，对球场上的形势进行观察和预判，及时作出反应。第四，身体平衡。运动员在运球过程中需要保持良好的身体平衡，以防止被对方运动员抢断，如图 6-1 所示。

图 6-1　足球脚内侧运球

　　脚内侧运球的科学化训练主要可以从基础训练、技术强化、实战模拟、个别指导等几个方面入手。对于初学者而言，需要进行大量的基础训练，提高对球的控制能力和运动协调性，通过在限定的空间内进行运球练习，或者设置障碍物进行变向运球练习。对于已经掌握基本运球技术的运动员，可以通过提高训练难度和强度，强化运球技术。例如，进行高强度的运球训练，或者在进行运球训练的同时进行其他技术动作的训练。通过模拟比赛中的实际情况，提高运动员的运球技术和实战应用能力。例如，进行有防守对抗的运球训练，或者在固定的时间内完成一定的运球任务。对于运动员在运球过程中的问题，教练应进行个别指导，针对运动员的特点和问题，给出具体的指导和建议。脚内侧运球技术和训练是足球运动中不可或缺的一部分，需要通过持续的训练和实战模拟，提高运动员的运球技术和实战应用能力。

　　2. 脚背内侧运球的科学化训练

　　足球脚背内侧运球技术主要涉及对足球的控制，包括在运球过程中保持对球的控制，在不同速度和方向下进行运球，以及在面对对手防守时有效地保持球权。脚背内侧运球主要利用脚背内侧部位触控球面，通过身体与脚部的协调运动，能够提供更精确的控制，使运动员在比赛中更灵活地应对各种可能发生的情况，如图 6-2 所示。科学化训练首先需要明确技术动作的具体内容和要求，对脚背内侧运球技术的训练，需要专注于球员如何利用脚背内侧接触球面，如何通过调整触球力度和接触角度来控制球的运动方向和速度。训练中，运动员需要频繁地进行实战演练，以提高运球技巧和对比赛节奏的把握。同时，针对运球过程中可能出现的问题，比如运球方向的控制、球的控制力度、面对对手防守的应对等进行有针对性的训练。训练还应模拟实际比赛中的环境，设置防守人员或者设计防守区域，使运动员在面对防守压力的情况下进行脚背内侧运球，提高运动员在复杂环境中进行精细操作的能力。

图 6-2　足球脚背内侧运球

3. 脚背正面运球的科学化训练

足球脚背正面运球可以帮助球员在比赛中控制球和向前推进，脚背正面进行运球时，站直身体、保持平衡、双脚分开与肩同宽，将身体略微向前倾斜，保持膝盖微微弯曲，这样可以更好地控制球。用脚背的中间部位来接触球，不要用脚尖或者脚跟，更容易控制球的方向和力量。保持头部抬起，注视着球，并且注意周围的队友和对手，这样可以作出更明智的决策并且适应场上的变化。小步迈向前方，同时用脚背将球向前滚动，保持步伐轻盈和敏捷，以便在需要时改变方向或避开对手。根据想要的运球速度和距离，调整用脚背接触球的力度，较轻地触碰可以使球滚得更慢，而较大的力量可以使球滚得更远，如图 6-3 所示。

图 6-3　足球脚背正面运球

科学化的训练可以帮助你更有效地提高足球脚背正面运球技巧。以下是一些科学化训练的建议。开始时，集中练习基本的脚背正面运球动作，将球放在地上，用脚背轻轻地滚动球，尽量保持控制，逐渐增加难度，加快运球速度和改变方向。练习时，尝试以不同的强度和速度用脚背滚动球，从慢到快，从轻到重，掌握如何根据需要调整运球的力度和速度。练习敏捷性训练可以提高你在运球时的反应速度和灵活性，设置一系列障碍物，并在其中进行运球，快速变换方向和避开障碍物。与队友或对手进行对抗训练，模拟实际比赛情境，在压力下保持控球，并且适应对手的干扰和抢球。足球脚背正面运球需要进行一些视觉训练，如使用周围人群或标志物进行注意力和反应的训练，可以更好地感知场上的情况，并做出正确的决策。足球比赛需要良好的持久力，尤其是在运球时需要保持高强度的动作，可以多进行一些有氧运动，如跑步、跳绳等，来提高你的持久力和耐力。

二、篮球运动的科学化训练

（一）移动

1. 起动

起动是篮球运动员从静止或几乎静止的状态迅速进入移动状态的动作。起动的速度和效率直接影响到运动员在场上的表现。起动不仅包括竖直起跳，还包括水平方向的起动，在竖直起跳中，运动员需要将力量传导到脚底，通过脚底向地面施力，产生反作用力，使身体产生向上的速度。在水平方向的起动中，运动员需要掌握脚步的频率和步幅的平衡，利用身体的重心转移和肌肉的爆发力，产生向前或者向侧的速度。起动的技术教学，需要教练员通过分解动作，让学生掌握起动的关键动作。例如，在竖直起跳中，教练员需要教学生如何正确地弯曲膝盖，如何合理地用脚底施力。在水平方向的起动中，教练员需要教学生如何掌握步幅和步频的关系，如何利用身体的重心转移产生速度。对于起动的科学化训练，可以通过运用力量训练、速度训练和灵敏性训练来提高起动的能力。力量训练可以增强运动员的肌肉力量，提高身体的爆发力。速度训练可以提高运动员的移动速度，提高起动的速度。灵敏性训练可以提高运动员对身体各部位动作的协调性，提高起动的效率。

2. 跑动

跑动包括多种类型，包括变向跑、变速跑、后退跑以及侧身跑，这些不同类型的跑动对应了篮球运动中不同的战术需求。

（1）变向跑

变向跑是指在快速奔跑过程中，迅速改变跑的方向的动作，这就要求运动员具备良好的灵活性和协调性。在变向跑时，运动员需要注意以下几个方面的动作要求：①身体姿势。保持上体直立，重心低下，保持身体平衡，同时保持头部和目光朝前。②步伐和脚步频率。掌握合适的步幅和脚步频率，以便在改变方向时更加灵活和迅速。③脚步控制。利用脚部的内外摆动来帮助改变方向，保持良好的协调性和稳定性。④转身技巧。通过利用髋部和腰部的转动，快速转换方向。

为了训练变向跑的技术，可以通过模拟跑动场景，引导学生掌握正确的身体姿势和步伐控制；进行适当的身体柔韧性训练，如伸展和扭转运动，以增加身体的灵活性；进行平衡器械训练，如单脚站立或平衡板训练，以提高身体的协调性和稳定性；通过使用视觉和听觉刺激，进行快速反应训练，以提高运动员的敏捷性和反应能力。

（2）变速跑

变速跑是指在跑动过程中，根据比赛需要或对手的变化，迅速改变速度的动作，要求运动员具备较高的爆发力和判断力。在变速跑时，需要注意：①身体控制。保持身体稳定，重心平衡，上体稍微前倾，准备迅速起跑或加速。②步频和步幅。根据需要，掌握合适的步频和步幅，以提高加速度和速度变化的灵活性。③腿部力量。通过强化腿部肌肉力量和爆发力，以增加加速和减速的能力。④身体协调。保持上体与下肢的协调，利用臂部摆动来辅助加速和减速。

为了训练变速跑的技术，可以进行爆发力的锻炼，如跳跃、冲刺和快速起跑，以提高肌肉的爆发力和加速度；通过使用视觉和听觉刺激，进行快速反应训练，以提高运动员在速度变化时的判断和反应能力；通过进行逐渐加速的跑步训练，逐渐增加速度和步频，以增强运动员的加速度和速度变化的能力；变速跑要由教练员进行个别指导，帮助运动员改善跑姿和步态，提高变速跑的效果。

（3）后退跑

站立直立，膝盖微屈，保持身体平衡。上半身略微向前倾斜，眼睛注视对手或球的位置。利用脚尖着地，采用小步后退，脚步应该轻快、快速，保持稳定的节奏。从站立位置开始，利用推力从脚尖起步向后退动作。起步时应该迅速并保持平衡。保持与对手的距离，通过灵活地调整后退的速度和幅度来保持对位优势。上半身保持稳定，保持与对手的视线接触。手臂可以用于平衡和控制对手。

从站立位置开始，进行小步后退的练习，注重正确的姿势和平衡感，逐渐增加后退的速度和幅度。可以利用训练带或重力背心等辅助工具进行后退跑训练，增加阻力以提高力量和爆发力。通过教练或队友的指令，模拟比赛中的后退防守情境，要求球员快速反应并做出正确的后退动作。与其他球员进行对抗训练，在实际比赛情境中练习后退跑技巧，提高应对对手的能力。

（4）侧身跑

保持身体正面朝向侧方，双腿微屈，脚距略宽于肩宽。上半身保持直立，目光注视前方。利用小步的方式进行横向移动，脚步间距保持相对稳定。脚部应该保持贴地，避免抬高脚步。保持身体平衡，重心始终位于中心，避免身体摇晃或晃动。根据需要快速改变方向，通过调整侧身的角度和脚步的迈出程度来实现。

在球场上设置一系列的锥桩，通过侧身跑的方式从一个锥桩到另一个锥桩，逐渐加快速度和增加距离，提高灵活性和反应能力。进行爆发力和速度训练，例如侧身跑冲刺练习、跳跃横移等，以提高侧身跑的速度和爆发力。与队友或其他球员进行对抗训练，通过实际比赛情境中的侧身跑技巧应用，提高应对对手的能力和适应能力。利用锥桩或障碍物进行变向训练，模拟比赛中需要频繁变换方向的情况，提高侧身跑的敏捷性和灵活性。

3. 滑步

滑步动作通常在球员持球站立的位置开始，球员应该保持平衡，双脚宽度与肩同宽，膝盖微屈，准备迎接下一步动作。球员使用一个较小的步伐向前移动，这一步称为"接地步"，接地步的目的是迅速移动脚下的位置，为之后的大步做好准备，球员应该将接地步的脚尽可能平行地放在地面上，并保持身体的平衡。在接地步之后，球员会迅速迈出一大步，这一步被称为"滑步"，滑步的关键是将身体的重心转移到滑步的脚上，同时保持稳定。在滑步过程中，球员应该将手臂放在球的侧面或将球放在身体前方的位置，以保护球不被对手抢到。如果球员想要转身，可以利用滑步的动作来快速改变方向，在滑步过程中，球员可以通过旋转上半身和利用手部动作来完成转身，同时保持对球的控制。

4. 急停

（1）跳步急停

①运球或跑动。球员在持球或者无球状态下进行运球或跑动。②弯曲膝盖。当球员决定要急停时，他们会弯曲膝盖，为跳起做准备。③跳起。球员用一个脚跳起来，将另一只脚的脚掌抬起。④停下并换脚着地。球员在空中停下身体的动力，将另一只脚的脚掌着地，完成急停动作。

（2）跨步急停

①运球或跑动。球员在持球或者无球状态下进行运球或跑动。②大步跨出。当球员决定要急停时，他们会迅速进行一个大步，将身体的重心转移到前脚上。③停下并换脚着地。球员在大步跨出后，迅速停下身体的动力，将另一只脚着地，完成急停动作。

5. 转身

（1）步骤

在转身动作之前，球员需要先接收球。接球时，球员应该用双手抓住球，并确保球控制在身体中心位置。在接球之后，球员应该迅速采取正确的脚步移动来进行转身。具体的脚步移动方式根据球员的位置和具体的情况而定，但通常有以下几种常见的转身动作：

①侧步转身。球员可以采用侧步的方式来转身，这需要球员将一只脚迈出一步，并将另一只脚跟迅速转向所需的方向。

②半转身。球员可以通过将一只脚迈出半步并将另一只脚跟转向所需的方向来进行半转身，通常用于快速转向并保持面对篮筐的位置。

③倒退转身。球员可以采用倒退的方式来转身，这需要球员将一只脚迈向后方，并将另一只脚跟转向所需的方向。

（2）技巧和要点

①保持低姿势。在进行转身动作时，球员应该保持低姿势，这样有助于提高身体的平衡性和稳定性，并使球员能够更快地转身和改变方向。

②利用身体。球员可以使用身体来保护球和防守球员，也可以利用身体接触来获得更好的位置优势。

③注意观察。球员在进行转身时应该密切观察场上的情况，特别是防守球员的位置和动作，以便做出正确的决策并避免球被抢断。

（3）应用场景

①传球。转身是进行传球的常用技巧之一。当球员接到球后，如果发现有队友处于更好的位置，他们可以通过转身来改变视野，并选择最佳的传球目标。

②投篮。转身也可以用于投篮时的动作。当球员在投篮过程中面对强烈的防守压力时，他们可以利用转身来摆脱防守球员，获得更好的出手位置。

③突破防守。在面对防守球员时，球员可以使用转身来迅速改变方向，突破防守并朝着篮筐进攻。

（二）传（接）球

在篮球运动项目中，比较重要的基本进攻技术之一就是传（接）球技术。通常经过多次及时、准确地传（接）球才能够实现一次成功的进攻，如图6-4所示。

传球　　　　　　　　接球

图6-4　篮球传（接）球

1.双手胸前传球

双手胸前传球用于将篮球从一个球员传递到另一个球员的胸前位置，可以快速、准确地将球传递给队友，以促进球队的进攻。进行双手胸前传时，双脚分开与肩同宽，膝盖微微弯曲，重心放在中间，提供稳定性和灵活性，以便更好地传球。传球者手掌应位于篮球两侧，手指自然分开，拇指和其他四个手指应该均匀地分布在篮球表面上，手臂应该保持放松但要有一定的张力，以便将力量传递到球上。在传球的过程中，传球者应注视着接球者的位置，准确判断传球方向和力量。传球者推球的力量应适中，既要确保传球准确，又要避免传球过于用力而无法控制，手臂应保持伸直，并伴随着手腕的轻微弯曲。传球的角度应该是平直的，传球的高度应该是足够高，在传球过程中，传球者应保持臂部的水平运动，保持传球的直线性，以避免被防守球员拦截，传球者在完成传球后手臂应继续向前伸展，直到传球完成。

2. 单手肩上传球

在准备进行单手肩上传球时，球员应该保持站立姿势，双脚分开与肩同宽，膝盖微微弯曲，身体重心略微向前倾斜，保持平衡，非传球手应该放在背后或侧面，以稳定身体。传球手的手指应该伸直并分开，掌心应该放在篮球的底部，与篮球紧密接触，但不要过度用力，以免过度压迫篮球。球员应该抬起传球手的肩膀，并将球从胸前向上抬起，使球与头部齐平。然后，球员应该用传球手的肩膀向一侧移动，将球传递到另一侧。在传球时，球员应该保持注意力的集中，并尽量避免受到对手的干扰。要提高单手肩上传球的技术，球员需要进行反复练习。可以通过模拟比赛场景，与队友进行配合训练，或进行个人训练来提高传球的准确性和速度。此外，观察和学习专业球员的传球技巧也是提高自身技能的有效方法。

（三）投篮

1. 原地单手肩上投篮

原地单手肩上投篮是在原地进行的，球员使用一只手将球放在肩膀上，然后使用单手将球投向篮筐，常常用于练习准确性和手感。

2. 行进间单手肩上投篮

行进间单手肩上投篮这一动作是在行进中完成的，球员在运动中使用一只手将球放在肩膀上，然后用单手将球投向篮筐，这种投篮方式要求球员在运动中保持平衡和稳定，并在合适的时机完成投篮。

3. 行进间单手低手投篮

行进间单手低手投篮是在行进中进行的，球员使用一只手低伸并放置在身体的一侧，然后用单手将球投向篮筐，常用于应对防守球员，通过将球放得较低来减少被封盖住的风险。

4. 急停跳起单手肩上投篮

急停跳起单手肩上投篮是在急停并跳起的过程中完成的，球员在高速行进中突然停下来，然后迅速跳起并使用一只手将球投向篮筐，用于制造出距离防守球员较远的投篮机会，需要球员具备较好的爆发力和身体控制能力。

篮球投篮的动作要领包括：①站直身体，双脚与肩同宽，膝盖微屈，保持平衡。②用主手的手掌和指尖握住篮球，手指间自然间隔，拇指放在球的一侧，其他手指均放在球的底部。非主手可用来稳定球的位置。③将球提起到投篮位置，手臂伸直并与地面平行，肘关节微屈，球略微放在头顶上方。同时，眼睛注视着篮筐，以保持准确的目标。④通过利用手腕、手臂和上身的力量，以一种流畅而有力的方式推球，手臂的伸展和释放应该是平滑的，不要突然停顿或用力过猛。⑤对于跳投或更高的投篮，可以加入跳跃动作。弯曲膝盖，然后迅速向上跳起，同时将球释放。⑥在球释放的瞬间，手指应自然地弯曲向下，手掌略微向前推，以产生旋转和更好地控制球的轨迹。⑦投篮后，保持手臂延伸，并使手指指向篮筐，以确保投篮姿势的完整性。继续保持平衡和注视篮筐，以便调整和准备接下来的动作，如图6-5所示。

图6-5　篮球投篮

（四）运球

站立直立，双脚分开与肩同宽，膝盖微曲，上身略微向前倾斜，保持头部和眼睛抬起，注视前方，将一个手掌放在球的下方，另一只手放在球的侧面，手指自然张开，保持轻松的握球姿势。运球时，用手掌的中间部分控制球的滚动，手指用来稳定球的方向。通常情况下，运球时球应该保持在腰部附近的高度，这样可以更好地控制球的位置和避免球被对手抢断。根据比赛的需要，运球速度可以有所变化，快速运球可以用来突破防守，而缓慢的运球可以用来组织进攻或者等待队友的空位，如图6-6所示。

图6-6 篮球运球

常见的运球训练练习方法如下：

单手运球——使用一只手进行运球，交替使用左右手进行练习，逐渐增加运球速度和难度。

交叉运球——左右手交替进行运球，手臂交叉在身体前方，练习过程中逐渐增加速度和难度。

运球变向——练习在运球过程中快速变换方向，模拟比赛中突破防守的情况。

两手同时运球——练习使用双手同时进行运球，这对于提高协调性和球感非常有帮助。

（五）防守技术

在篮球运动中，防守技术对于一个球队的成功非常重要。下面是一些常见的篮球防守技术和相应的训练方法。

1.紧逼防守。紧逼防守是指在进攻方控球员面前施加紧密的防守压力，试图剥夺他们的传球和射门机会。训练方法包括快速脚步和灵活性的训练，以便快速移动并阻挡对手的进攻路线。此外，反应速度和手部协调性的训练也是极为必要的，以便可以干扰对手的传球和射门。

2. 区域防守。区域防守是指球队按照区域分配防守责任，着重保护篮筐和限制对手的得分机会。训练方法包括团队协作的训练，学习如何在不同的防守区域内进行有效的位置调整和传球截断。

3. 个人防守。个人防守是指一个球员对抗对方球员的进攻，试图限制他们的得分。训练方法包括脚步和侧移的训练，以便跟随对手的动作，并保持合适的防守姿势。此外，强调防守者的注意力和专注力也是十分重要的，以便在对手的进攻中保持警觉。

4. 帮防和双人包夹。帮防和双人包夹是在防守时多个球员一起对抗对方球员，试图迫使他们失误或传球错误。训练方法包括团队的协作和沟通训练，以便球员们能够快速地在合适的时机提供帮助和转换防守位置。

5. 快速转换防守。快速转换防守是指在球队从进攻转为防守时迅速调整位置，尽快回到自己的防守位置，防止对手快速得分。训练方法包括反应速度和爆发力的训练，以及对不同进攻局面的战术认识，以便快速做出相应反应。

除了以上提到的技术和训练方法，篮球防守还需要注重身体素质的训练，如爆发力、耐力和灵活性等。另外，观察和研究对手的比赛录像也是提高防守技巧的有效方法，以便了解对手的习惯和弱点，从而更好地应对他们的进攻。

（六）抢篮板球

抢篮板球是篮球比赛中至关重要的技术之一，球员需要学会判断篮板球的落点，并迅速调整位置以获得最佳篮板位置。通过跳跃训练、腿部力量训练等提高爆发力和弹跳能力，以更好地争夺篮板球。培养球员的竞争意识和决心，通过模拟比赛情境的对抗训练提高应对能力。学会利用身体接触与对手争夺位置，保持平衡和稳定。使用双手稳固地抓住篮板球，进行反应训练和双手接球练习。利用身体阻挡对手，观察篮板球的弹跳轨迹，避免对手抓住篮板球。锻炼良好的预判能力，及时判断球的弹跳轨迹。

第二节　乒乓球运动的科学化训练

一、乒乓球训练原则

（一）系统性原则

系统性原则突出了乒乓球训练的全面性、连续性和长期性。乒乓球训练不仅包括技术、战术训练，还包括身体素质、心理素质等方面的训练，这些训练内容不仅各自独立，而且还相互关联，共同构成了乒乓球训练的系统。技术训练包括发球、接发球、拉球、推球等基本技术的训练，战术训练包括个人战术和双打战术等。身体素质训练主要包括速度、力量、耐力、灵敏性等方面，而心理素质训练则包括心理调适、心理控制、情绪管理等方面。无论是技术训练、战术训练，还是身体素质训练、心理素质训练，都需要有长时间的积累和持续的训练。乒乓球运动员在训练中，要根据训练周期、训练阶段和训练目标，确定相应的训练内容和训练方法，使各方面的训练连贯起来，形成一个完整的训练系统。乒乓球运动员的成长是一个漫长的过程，需要长期的系统训练，在这个过程中，运动员要根据自己的身体条件、技术特点和心理特性，选择合适的训练方法，持续进行训练。

（二）从难、从严、从实战出发，合理安排运动负荷的原则

1. 从难

"从难"指的是随着训练水平的提高，训练的难度也应随之提升，以达到提高技术、提升战术认识、增强身体素质等多方面的目标。在乒乓球训练中，"从难"是一个重要原则，可以通过增加训练难度，提高运动员的技术水平，激发其潜能，促使其持续向前发展。例如，可以通过改变球速、球路和球旋等因素，来增加打球的难度，提高运动员的反应速度和协调能力。再如，可

以通过增加训练的量、提高训练的密度，来提高运动员的身体素质和耐力。

2. 从严

"从严"主要指严格要求，严格训练。在乒乓球训练中，严格是提高训练质量、保证训练效果的基础，无论是技术训练，还是战术训练，身体训练或心理训练，都要求运动员对自己要有严格的要求，同时教练员也要对运动员有严格的要求。例如，技术训练中，要求运动员按照规定的动作来执行，不能有任何偏差；战术训练中，要求运动员严格按照战术要求来进行，不能有任何错误。

3. 从实战出发

"从实战出发"强调的是训练要贴近实战，乒乓球运动员的训练，特别是战术训练，必须紧密结合实际比赛，训练内容要模拟比赛情境，让运动员在训练中体验和解决实战中可能遇到的各种问题，提高运动员的应变能力和比赛能力。

4. 合理安排运动负荷

"合理安排运动负荷"是科学训练的重要原则。乒乓球运动员在训练中，应根据自己的身体状态、训练阶段和比赛任务，合理安排运动负荷。运动负荷过大，可能导致运动员身体过度疲劳，影响训练效果，甚至引发运动损伤；运动负荷过小，又无法达到提高技术和体能的目的。因此，运动员和教练员在安排训练时，都应合理掌握运动负荷。

（三）统一安排与区别对待相结合原则

统一安排与区别对待相结合原则在于寻求在整体的训练计划和对个体运动员的特殊训练需求之间的平衡。乒乓球是一项需要团队协作和个人技艺的运动，教练需要对所有运动员进行统一的训练安排，以保持整体的技术水平和战术理解。然而，每个运动员都有自己的优点和弱点，可能需要特别的训练以提高特定的技术或战术，或者改善身体素质或心理状态。例如，一个运动员可能在近台快攻方面很有天赋，但是在远台的防守方面可能就不那么擅长。对于这种情况，教练在进行全体训练的同时，也需要对这个运动员进行特殊的防守技术训练，帮助他提高这方面的技能。另外，每个运动员的身体状况和心理状态也是各不相同的，一些运动员可能需要更多的体能训练，而一些运动员可能需要更多的心理训练。因此，教练也需要对这些运动员进行针对性的训练，以满足他们的特殊需求。

当然，统一安排和区别对待是相辅相成的，教练需要在这两者之间找到一个恰当的平衡点。如果过于强调统一安排，可能会忽视运动员的个性差异，导致训练效果不佳；而如果过于强调区别对待，可能会打破团队的整体性，影响团队的整体表现。因此，教练在实施训练计划时，必须根据运动员的具体情况，适时调整训练内容和训练方法，既保证团队的整体训练效果，又能满足个体运动员的特殊需求。

（四）全面技术训练与特长技术训练相结合的原则

乒乓球运动员在实际比赛中，需要应对各种不同的比赛情况和对手策略。全面技术训练可以帮助运动员提升全面的技术能力，提高应对比赛变化的灵活性。例如，全面技术训练会涵盖基本的发球、接发球、正手、反手、长短台、快慢球等各种打法，以及到移动能力、协调性、反应速度等身体素质的训练。

然而，只有全面的技术并不能决定比赛的胜负，每个运动员都需要有自己的特长技术，这是他们在激烈的比赛中取胜的关键。特长技术训练就是为了发掘和培养运动员的这些特长，可以是一个特别强的发球，一个独特的打法，或者一个特别高的移动速度，通过对这些特长技术的深度训练，运动员可以在比赛中发挥自己的优势，给对手制造更大的压力。因此，全面技术训练和特长技术训练都是必不可少的，二者需要有机地结合，才能最大化运动员的比赛能力。

二、基本功训练

（一）乒乓球运动基本功的概念与内容

基本功是乒乓球运动员所有技术动作的基础，涵盖运动员在乒乓球比赛中需要掌握的所有基本技能，包括正确的握拍方式、稳健的站位、灵活的移动以及各种发球、接发球、攻击和防守的技术。

1.握拍方式。乒乓球有两种主要的握拍方式，分别是横拍握和直拍握。运动员需要选择适合自己的握拍方式，并通过训练掌握稳健的握拍技术。

2.站位。站位是乒乓球技术的基础。正确的站位能让运动员在接球和击球时更加稳健，同时也能更好地调整身体，以应对接下来的比赛动作。

3.移动。乒乓球是一项需要高度灵活性和移动能力的运动。运动员需要通过训练，提高自己的移动速度和灵活性，以便在比赛中快速地到达球的落点，制定出最优的击球策略。

4.发球。发球是比赛的开端，也是获取比赛优势的重要方式。运动员需要掌握各种发球技术，包括直线发球、侧旋发球、下旋发球等，以便在比赛中产生变化，迷惑对手。

5.接发球。接发球是比赛的关键环节。运动员需要通过训练，提高自己对球旋转和速度的判断能力，以及稳健的接发球技术。

6.攻防技术。攻防技术是比赛的主要内容。运动员需要掌握各种攻防技术，包括正手、反手、近台、远台、快攻、防守等，以便在比赛中根据情况灵活运用。

这些基本功是乒乓球运动员的"基础"，只有掌握了这些基本功，运动员才能在比赛中灵活运用各种技术，适应比赛的变化，提高比赛的胜率。

（二）各种类型打法基本功训练的内容和要求

1.快攻型

（1）强化发球技巧。发球是每轮比赛的启动环节，对快攻型运动员都极为关键。运动员应专注于学习和实践能够造成对手接球困难的发球技术，比如低旋的侧旋球或者不规律的上旋球，要求运动员对乒乓球的旋转原理有深入理解，同时能灵活应用于比赛之中。

（2）短接和推挡能力。运动员应能快速判断对手的发球路线和旋转，以最快的速度做出相应的反应，用短接或推挡迫使对手犯错或制造出主动攻击的机会，这方面的训练需要强化运动员的反应速度和临场判断力。

（3）快速攻击执行。一旦有机会出现，运动员应能迅速并准确地执行攻击，是直接的快速直线球，也可能是旋转攻击。训练中，运动员应该学习和熟练掌握各种快攻打法，包括旋转、直线球和跳球等。

（4）脚步移动和身体协调。快攻型打法要求运动员有超快的移动速度和卓越的身体协调能力。运动员应该掌握并熟练应用各种脚步移动技术，如交叉步、侧跳、直线快步等。同时，还需要练习在快速移动中完成精准击球的能力。

（5）心理和战术训练。快攻型运动员需要能够迅速做出决策并承受压力。需要培养强大的心理素质，以便在关键时刻保持冷静，并且在比赛中灵活地应用各种战术。

2. 弧圈球型

（1）握拍方式与击球技术。弧圈球打法要求运动员能够精确地控制拍面的角度和力度，以打出带有强烈旋转的球。因此，掌握正确的握拍方式，以及精确调整拍面角度的击球技术是非常重要的。

（2）旋转球的控制能力。打出弧圈球需要对球的旋转有准确的判断和控制。运动员需要通过训练提高对旋转球的感知和控制能力，学会如何根据球的旋转状态调整自己的击球方式。

（3）脚步移动与调整能力。由于弧圈球的弹跳性和变化性，要求运动员能快速移动到球的落点，同时调整身体姿态，以便打出优质的弧圈球。因此，训练中应重点强化运动员的移动速度和调整能力。

3. 削攻型

（1）握拍与挥拍技术。削攻型打法强调运用大的旋转来干扰对手，因此运动员需要深入理解和熟练掌握通过握拍和挥拍来生成强烈旋转的技术。

（2）站位与移动。削攻型运动员需要预判球路，以合理站位和有效移动保证在正确的位置进行削球或进攻。

（3）削球与攻击技术。削攻和攻击是削攻型打法的两大核心。运动员需能适时转换防守为攻击，或在防守中寻找反攻机会。

（三）基本功训练应在全面安排的基础上有所侧重

乒乓球运动中的基本功训练需要遵循一个重要的原则，即在全面的训练安排下，要根据运动员的特点和需要进行侧重训练。全面的基本功训练是训练计划的基础，包括握拍、站位、移动、击球、发球、接发球等各方面的技术。这些技术都是每个乒乓球运动员必须掌握的，缺一不可。然而，每个运动员都有其独特的技术特点和竞技状态，可能在某些技术方面有天赋，而在其他方面则需要更多的努力。因此，教练在训练过程中应认识到这些差异，以便在全面训练的基础上进行有所侧重的训练。例如，一名运动员如果在攻击技术上有优势，比如快攻或削攻，教练就可以更多地引导运动员加强这方面的训练，进一步提升其优势；而如果运动员在防守技术或者应对高压比赛场面上存在短板，教练则应特别指导运动员加强这方面的训练，改善其弱点。

三、各种类型打法的训练

（一）近台快攻型打法的训练

近台快攻型打法以速度和反应能力为主，强调运动员在接触到球的最早时间进行反击，目的是迅速获取积分或打乱对手的节奏。

1.要点提示

训练开始之前，需要对运动员进行详细的技术指导。首先，运动员需要熟练掌握近台快攻的基本技术动作，包括正确的握拍方式、身体的站位以及挥拍技术。其次，运动员要充分理解近台快攻的战术意图，即以最小的动作和最快的速度进攻，尽可能在对手未能做出充分准备的情况下结束回合。

2.训练方法

训练方法应包含实践和理论两个方面。实践训练主要包括技术动作训练和对抗训练，理论训练主要包括战术分析和视频回放。实践训练中教练需要重点指导运动员如何进行快速、准确的进攻，包括正确地站位、及时地移动以及精准地击球。理论训练中教练需要通过战术分析和视频回放帮助运动员了解和掌握近台快攻的战术意图和实战应用。

3. 提高左右摆速的能力

近台快攻需要运动员能快速地在左右两侧进行击球，因此提高左右摆速的能力是非常重要的。在训练中教练可以设置特定的训练项目，如左右挥拍训练、侧身移动训练等，来帮助运动员提高左右摆速的能力。

4. 提高前三板球的攻击能力

台快攻强调运动员在前三板球的攻击，这就要求运动员能快速、准确地攻击前三板球。训练中教练应指导运动员如何在不同的球路和速度下进行前三板球的快攻。

5. 提高还击下旋球的能力

近近台快攻中，运动员经常需要面对对手的下旋球，因此提高还击下旋球的能力是非常重要的。教练可以通过模拟对抗，训练运动员面对下旋球的还击技术。

（二）削攻结合的打法训练

削攻结合的打法是一种以控制为主，攻防结合为辅的打法。运用这种打法的运动员通常会通过大旋转、大弧度的削球来控制球局，同时，在对方破绽出现时使迅速转变为攻击。

1. 要点提示

（1）运动员需要能够熟练掌握各种削球技术，包括正削、反削、侧削等，以产生不同的旋转效果，从而迫使对方无法准确判断球路，提升自身的主动权。

（2）运动员需要通过大量的训练，掌握稳定和准确的削球技术，尤其是控制球的落点，使其尽可能低于网，这样可以有效地限制对手的攻击机会，同时增加其失误的概率。

（3）训练中，运动员需要熟练掌握发球抢攻和削中反攻的技术和战术，这两种方式都是削球运动员获取分数的主要手段。教练需要指导运动员，如何在实战中准确地判断时机，迅速转换为攻击状态。

（4）削接突击球是一种高难度的技术，需要运动员有极高的反应速度和技术掌握程度。运动员需要能够迅速判断对方的扣杀方向和力度，然后做出快速且准确的回应。同样，削追身球和削弧圈球也是必备的技术，训练时，教练应着重指导这些技术的实践。

2. 训练方法

（1）单线拉对削练习。这项训练帮助运动员熟练掌握在一条线路上进行拉击和削球的技术。运动员需要进行半台拉对削的训练，这包括两条斜线和两条直线。该训练能够提高运动员在有限空间内的精确打球能力。

（2）一点削两点练习。在这项训练中，运动员要从一个点进行削击，然后打向场地的两个不同位置。这项训练需要运动员具有良好的观察力和判断力，并能快速地调整自己的位置和挥拍角度。

（3）两点削一点练习。这项训练的目标是让运动员能够从两个不同的位置进行削击，打向对方场地的同一个位置。此训练可以有规律或无规律地进行。

（4）逢直线削斜线，逢斜线削直线练习。这是一种提高削球变化能力的训练，运动员需要学会根据球路的变化灵活地调整自己的削球方向。

（5）削接突击球练习。运动员需要掌握在削球后立即发动突击的技巧，这种快速的变换能够打乱对手的节奏，制造得分机会。

（6）削中路追身球练习。运动员需要学会如何在削球后，迅速移动位置，击打对方的中路追身球，需要运动员具有高度的敏捷性和反应速度。

（7）削接长短球伺机反攻练习。要求运动员能够在削球后，根据对手的球路长度，作出相应的反击。

（8）从中突击或拉弧圈球练习是让运动员在削球后，根据对手的返回球，选择发动中线突击或者拉出弧圈球。

（9）提高攻球能力练习。旨在提升运动员的攻球能力，提高打球的力度和速度，使其更好地发动攻击。

（10）适应弧圈球练习。让运动员熟悉如何处理弧圈球，通过反复训练，提高处理弧圈球的能力，同时，也增强了自身的弧圈球打法。

以上的削攻结合打法的训练方法，不仅可以提升运动员的削攻能力，还可以提升运动员的战术应变能力。

（三）专项身体训练

专项身体训练在高校体育教学中占有非常重要的地位，其目标是提高运动员在特定运动项目中的专项身体素质，提升运动表现。以下是乒乓球专项身体训练的主要内容：

（1）敏捷性训练。乒乓球运动员在打球时需要进行快速的短距离移动和转换，以适应球的不断变化的方向和速度。敏捷性训练可以提高运动员的动作反应速度和身体协调性，如梯形训练、灵敏箱训练、阻力跑训练等。

（2）灵活性训练。乒乓球运动员在打球时，需要频繁地进行大幅度的关节活动。因此，灵活性训练对增强关节活动范围和避免运动损伤具有重要意义，如拉伸和扭转等。

（3）肌肉力量训练。乒乓球运动员需要使用手腕、前臂、肩膀等上肢肌肉产生打球的力量。针对这些部位进行肌肉力量训练可以提高运动员的击球力量和持久性，如哑铃训练、弹力带训练等。

（4）心肺耐力训练。乒乓球比赛往往需要运动员进行持久的运动。心肺耐力训练可以提高运动员的有氧能力，使他们能在比赛中保持高水平的表现，如有氧运动、间歇训练等。

（5）平衡性训练。乒乓球运动员在接触球的同时需要保持身体平衡。因此，平衡性训练有助于提高运动员的平衡能力，如瑜伽、单脚站立等。

为了最大化训练效果并避免运动伤害，本研究的一些建议可能对乒乓球专项身体训练有所帮助。一是根据运动员的身体条件和技术特点，设计个性化的训练方案；二是通过定期的身体素质测评，评估训练效果，发现弱点，适时调整训练计划；三是避免过度训练导致运动伤害，保证运动员在强度较大的训练后有足够的恢复时间；四是将身体训练与技术训练相结合，提高训练效率；五是关注运动员身体素质的长期发展，不仅仅追求短期的训练成果。

第三节　网球运动的科学化训练

一、场外提高技术的科学化训练方法

（一）对着镜子来检查挥拍动作

检查挥拍动作是通过对着镜子来检查挥拍动作，运动员能够直观地了解自己的挥拍姿态和动作流畅性，并进行即时自我修正。运动员可以以低、中、高三个挥拍的高度来进行检查，低位挥拍主要涉及下旋球，中位挥拍一般处理平击球，高位挥拍则处理高位球。对于提高挥拍技术，运动员需要对挥拍动作的整体性、连贯性有深入的理解，同时重视挥拍动作的各个环节，如挥拍的预备、击球、过顶和收拍等阶段。对着镜子检查挥拍动作还可以帮助运动员纠正一些常见的动作错误，如拍面角度不当、身体重心偏移、挥拍轨迹偏离等，这种训练方式的科学性在于通过视觉反馈，运动员能直观地看到自己的动作问题，并进行及时调整和改正。

（二）练习抛球的稳定性

抛球稳定性的训练首先需要运动员掌握正确的抛球姿势，运动员需要将身体重心放在两脚之间，身体保持直立，球拍与球的位置处于一条直线，两眼平视球。在抛球的过程中，上臂保持水平，下臂垂直，手腕尽可能保持直，利用手腕和手指的力量将球向上推，而非用力抛出。对于初学者，可以从比较简单的练习开始。例如，先在静止的状态下进行抛球练习，控制球的抛出高度，让球抛至比身高稍高的位置，然后运动员站立在底线，做出准备发球的姿势，将球抛出并接住，不进行发球动作。随着技术的提高，可以增加练习的难度，例如，尝试在抛球过程中，让球的高点与发球点保持一致。除了实际操作外，学习抛球的原理，理解抛球过程中力的作用和传递，能够帮助运动员更深入地理解和把握抛球的技巧，例如，抛球的高度应当适中，太高会造成时间过长，影响发球的连贯性；太低则会限制击球的空间，不利于发球的质量。同时，抛球的方向也应控制得当，最好是略偏向打击侧，以便于运动员能够更好地进行下一步的击球动作。

（三）练习拍球来提高控制能力

在通过练习拍球来提高控制能力时，一种联系方式是运动员可以选定场地上的一个目标区域，尝试将球打入该区域内，起初目标区域可以设置得比较大，随着精度的提高，逐渐缩小目标区域的范围。另一种练习方式是巧力练习。运动员可以挑选一个较低的网，然后尝试在不超过网高的情况下，让球穿过网打入对方场地。在训练中，运动员可以尝试各种不同类型的球，如平直球、切割球、上旋球等，通过打不同类型的球，运动员可以逐渐掌握各种球的打法，并提高在实战中应对不同球的应变能力。

（四）用影子练习来加快技术水平的提高

在进行影子练习时，运动员需要选择一个合适的空地，按照实战中的动作，进行挥拍、接球、移动等所有的动作模拟。例如，当模拟发球动作时，运动员应该模拟真实的抛球、击球、脚步移动等一系列动作。开始时可以从单一动作的模拟开始，如单独模拟挥拍动作，或者单独模拟移动脚步，确保每一个动作都能做到位，形成正确的肌肉记忆。随着训练的进行，运动员可以逐渐增加训练的难度，如模拟连续的挥拍动作，或者模拟比赛中的复杂情况，如快速移动、突然变向等。在进行影子练习时，运动员应该注意保持正常的呼吸，以免因为长时间的高强度训练而导致呼吸困难。同时，运动员应注意保持正常的身体姿势，以免因为错误的姿势而导致运动伤害。

（五）对墙练习，使击球动作定型

在开始训练之前，运动员需要寻找一面适合的墙面，墙面应尽量平整，墙的高度最好能达到网球场网的高度。选择一个适合自己的距离站位，一般而言，距离墙面4～5米的地方是一个较为合适的距离。训练的初始阶段，可以先进行正手和反手的基础击球动作的训练，将球投向墙，待球反弹回来后，用拍击打，然后再接住反弹回来的球，如此反复，在这个过程中，运动员需要注意控制自己的发力和角度，以保证球能够准确地打向墙，并且能够从墙上反弹回来。随着技术水平的提升可以将训练的内容逐渐增加，例如增加上旋球和下旋球的击球训练，或者尝试进行不同角度的击球训练，也可以尝试提高训练的难度，如加快球的速度，或者增加连续击球的次数。

二、提高技术训练的科学化方法

（一）要与同伴配合练习

运动员与同伴可以分别站在球场的两侧，起始可以选择一个方向，例如正手方向，一个人首先发球，对方接球后回击，两人尽量保持连续打回球。在打球过程中，重点是练习正确的击球动作和对球的精准控制，而不是追求速度。运动员需要随时调整自己的位置和站位，以保证能够准确接到并击回对方的球。随着熟练度的提升可以逐渐增加训练的难度，例如，可以改变球的方向，从正手变为反手，或者交替进行正手和反手的打击；也可以尝试打击不同高度和速度的球，以此来提高自己的适应性和反应速度。

（二）用计数来提高击球的稳定性

计数是一个可以提高击球稳定性的训练方法，在实际训练中运动员可以设定一个目标，例如连续击打20个球，在每次击球后进行一次计数，当达到目标数字后，再设定一个更高的目标，这种方法可以帮助运动员专注于每一次的击球，从而提高击球的稳定性。如果发现连续击球的次数没有明显的提高，或者难以达到设定的目标，那么运动员就应该思考问题出在哪里，是不是在某个环节存在了问题，然后寻找合适的方法进行改进。

（三）练习自己的薄弱技术

每个运动员都可能在某些技术环节上存在薄弱点，正反手击球的稳定性、旋转球的控制、足步的移动速度等，要提高整体的技术水平，就需要针对这些薄弱点进行有针对性的训练。练习薄弱技术时，运动员需要在训练中专门预留出一部分时间，进行有针对性的练习。例如，如果反手击球是薄弱点，那么运动员可以让同伴或教练专门向自己的反手方向发球，开始时，可以让同伴或教练从正面给球，以较慢的速度和较大的角度进行发球，让运动员有足够的时间进行反手击球。在熟悉反手击球的感觉后，可以逐渐增加球速和调整发球角度，模拟比赛中可能遇到的各种情况。

（四）在半个场地上练习，提高准确性

在半个网球场地上进行对角线训练是一种常见的练习方法，运动员和同伴分别站在半个场地的两个对角线上，如左下角和右上角。每次击球时，球员的目标是将球准确地打到对方的半场内。对于初级球员，可以先从打到对方半场任何位置开始，随着技术的不断提升，可以设定更小的目标区域，如对角线 30 厘米以内，从而提高落点的精确性。在击球后，球员需要快速调整自己的位置，以便能迅速接到对方的还球。在进行一段时间的训练后，球员应该反馈自己的感觉，看看自己的落点控制是否有提高，击球是否更精确了。

（五）"周游世界"练习法

"周游世界"练习法是一种团队式的练习方法，适用于多人一同进行，在该训练法中，所有练习者被分为两组，站在底线的两侧，即 A 组和 B 组。在开始阶段，A 组的第一名运动员将球发给 B 组的第一名运动员，接到球的 B 组运动员在接到球之后，要快速将球还击回 A 组，并立即跑到 A 组队伍的末尾，进入 A 组队伍。然后轮到 A 组的第一名运动员，他需要迅速将接到的球还击回 B 组，并且在还击完毕之后立即跑到 B 组队伍的末尾，加入 B 组队伍。此时，B 组的第二名运动员接到球，重复前面的动作，将球还击回 A 组，并跑到 A 组队伍的末尾。以此类推，运动员在击打完球后就跑到对面的队伍末尾，然后等待再次接到球的机会，这种训练形式充满活力，也提升了比赛的紧张感，从而给运动员带来接近真实比赛的体验。

三、网球运动员的身体训练

（一）灵敏性的训练

1. 猜拳追逃

两名运动员相对站立，进行猜拳。输的一方立即转身逃跑，赢的一方则立刻追赶。追逃过程要求运动员快速反应、灵活转身和短距离冲刺，从而锻炼其反应速度和移动灵敏性。

2. 踢木块球

运动员们围绕一个中心木块进行，每个人都有一个自己的木块。运动员的目标是保护自己的木块，同时试图用球去踢别人的木块。运动员需要时刻关注球的运动，预判并迅速移动到正确的位置，以达到击球或防守的目的。

3. 扔乒乓球

每人手持一个乒乓球，与队友互相投掷，目标是尽可能快速准确地接住并返回投来的乒乓球，通过不断加大投掷和接球的速度来提升手眼协调和反应速度。

4. 钻越人障

运动员们形成一条线，第一个人跑到队伍的另一端，然后下一个人跑过来，依此类推，运动员需要灵活地穿越过他人，以最快的速度到达队伍的另一端，这样可以锻炼其判断、反应和身体协调能力。

5. 跳绳练习

运动员持绳进行各种复杂的跳绳动作，如交叉跳、双脚跳、单脚跳等，以提高反应速度、协调性以及对身体各部位的控制能力。跳绳时，应保持绳与地面接触的声音清脆，绳子旋转的速度均匀，身体轻松自然，配合呼吸进行。

（二）速度的训练

1. 曲径移动练习

曲径移动训练是一种经典的用于提升运动员多方向速度、敏捷性以及转向技能的训练方式。在网球场或其他平坦的运动场地上设置一系列标志物，这些标志物可以是塑料锥、便携式标记等，根据预定的训练强度和难度，设计一条曲折的路径，路径中包含多次需要变换移动方向的点。在实际训练中，运动员需要沿着这条路径尽可能快速地移动，当遇到路径转弯的点时，要及时改变移动方向，保持移动的连贯性。在跑动过程中，尽可能地提高速度，但要保证其方向的准确性。此时，运动员需要用到网球中的侧滑步、跨步等移动技术，同时配合上半身的转动，以更有效地改变移动方向。练习者可以根据自己的体能和技术状况，调整路径的长度和复杂度，也可以对训练的持续时间和运动强度进行适度调整。

2. 碰线移动练习

碰线移动练习是一种有序且高强度的运动训练，主要锻炼运动员的爆发力、速度和体能。运动员位于场地的一端（如场地的底线处），教练或训练伙伴则站在场地的另一端（与运动员对立）。教练或训练伙伴会给出一个明确的信号，比如一个口令或手势，作为运动员起跑的信号，在听到起跑信号后，运动员需要以最快的速度冲刺至场地的另一端，同时，必须触碰到该线才算完成冲刺任务。触碰完线后，运动员需要立即改变方向，尽快回到起点。这样的过程需要连续进行数次，以实现对爆发力和瞬间速度的训练。为了保证训练效果，运动员在冲刺过程中应保持合理的身体姿态，不仅要尽量增加前进的速度，也需要在改变方向时保持身体的平衡，避免因动作过大而导致的损伤。

3. 四球移动练习

在四球移动练习中，训练的目标是提高运动员的移动速度和协调性，同时锻炼运动员的决策能力和判断力。首先，需要在网球场的四个角落各放置一个网球，这四个网球将作为运动员进行训练的目标。运动员站在场地中央，听从教练的指令，根据教练的指令快速跑向指定的角落，拿起网球，并返回到场地中央。在返回过程中，运动员需要将拾起的球带回到场地中央，然后根据教练的下一次指令，再次迅速跑向另一个角落，重复上述过程。在整个训练过程中，运动员的目标是尽快完成指令，以最短的时间拿起所有的球。在进行四球移动训练时，运动员需要在速度和准确性之间找到平衡。运动员需要快速决策和行动，以最短的时间完成任务。同时，训练过程中也要注意自身的移动技巧，如正确的起跑方式，快速而准确的转向技巧等，以提高训练效率。此训练方法还有一点比较关键，就是运动员需要灵活应变，迅速做出决策。在教练发出指令后，运动员需要迅速判断跑向哪个角落，并及时作出反应。这也是四球移动训练的重要部分，通过此训练可以提升运动员在比赛中的实时决策能力和反应速度。

4.四角移动练习

四角移动练习是一种针对运动员灵活性、速度和变向能力的训练方法。开始时，需要在场地上设置四个标志物，最常见的形状是正方形或矩形。这些标志物可以用网球、圆锥标，甚至使用场地线条自身来标定。一般来说，这四个标志物的距离应该依据运动员的能力和训练目标来设定，距离越长，对运动员的耐力和速度的要求就越高。开始训练时，运动员站在其中一个标志物处。教练发出指令后，运动员立即向下一个标志物冲刺。在冲刺过程中，运动员应保持稳定的呼吸，并尽可能快速地移动。到达标志物后，运动员需要做出快速的转身动作，然后立即向下一个标志物冲刺。这一步是四角移动练习中非常关键的部分，因为转身动作的快慢直接影响到运动员的移动速度。转身时，运动员应尽量保持低姿态，利用内侧脚的抓地力实现快速转向。运动员绕过四个标志物一圈儿后，便完成了一次练习。一般来说，运动员需要连续进行多轮，以此来提高其耐力和速度。每轮练习间可以适当休息，让运动员恢复体力。

第七章 有氧体育运动项目的科学化训练

第一节 有氧健身走运动的科学化训练

一、健身走的锻炼价值

持续的有氧运动，如长时间均匀的步行，能够促进血液循环，增加心脏的收缩力和血管的弹性，心脏可以更有效地将氧气输送到身体各个部位，排除二氧化碳和废物，增强心肺系统对身体供氧和排泄代谢废物的能力。通过长时间的步行锻炼，腿部肌肉群，如股四头肌、股二头肌、腓肠肌和胫骨前肌等，会不断地收缩和放松，从而提升它们的力量和耐力水平。正确的步行姿势要求身体保持直立，脊柱保持自然曲线，肩部放松下沉，腹部微收，有助于改善不良的姿势习惯，也能够锻炼腹部和背部肌肉的稳定性，提高身体的平衡能力。相对于高强度的运动形式，如跑步或高强度训练，健身走对关节的冲击较小，适合长期坚持的运动形式，无论是年轻人还是年长者都可以从中受益。此外，由于健身走是一种有氧运动，它能够帮助燃烧卡路里，减轻体重，调节人体脂肪含量，改变身体形态。

二、健身走的基本技术

正确的站立姿势——身体直立，肩部放松，腰部微微前倾，双臂自然下垂。

稳定的步伐和步行姿势——步伐稳定、均匀，脚跟先着地，然后脚掌完全着地，保持自然舒适的步行姿势。

呼吸控制——采用深呼吸，吸气时通过鼻子吸气，呼气时通过嘴巴呼气，保持有节奏的呼吸。

适当的步行节奏——选择适合自己的步行速度，根据个人体力和目标进行调整。

控制步幅和步行距离——步幅适中，不过大也不过小，步行距离根据个人目标逐渐增加。

手臂的协调摆动——保持双臂自然下垂，与步伐协调地摆动，帮助身体保持平衡和稳定。

三、健身走的方式

（一）自然步法

自然步法是最基本的健身走方式，可以根据步行速度的不同分为缓慢走、普通走和快速走。缓慢走是一种放松舒缓的步行方式，适合初学者或需要进行轻度运动的人群。步行的速度较慢，保持舒适的步伐和节奏。可以选择早晨或傍晚的时间进行缓慢走，每次持续 15 ～ 30 分钟，根据个人情况逐渐增加步行时间和距离。普通走是一种中等速度的步行方式，比缓慢走稍快一些。步行时保持均匀的速度和舒适的步伐。普通走可以作为日常的有氧运动，可以选择 30 分钟到 1 个小时的时间进行，根据个人情况逐渐增加步行的时间和距离。快速走是一种较快的步行方式，要求步行速度更快，但仍保持舒适和稳定。快速走可以更好地提高心肺功能和消耗热量，适合那些希望增强耐力和减轻体重的人群。可以选择 20 ～ 30 分钟的时间进行快速走，也可以将其作为日常步行的一部分，如上下班、购物等。

（二）摩腹散步法

摩腹散步法是一种注重腹部运动的健身走方式，在实施摩腹散步法时，首先要保持良好的站立姿势，腹部微收，肩部放松，步伐要保持舒适的速度，呼吸要自然顺畅，重点放在腹部肌肉上，通过腹部的主动收缩和放松，来加强对腹部肌肉的训练。在步行时，每次迈步时，腹部肌肉要主动地向内收缩，将腹部往脊柱方向收紧，保持一定的持续时间，在下一步时，腹部肌肉要放松，回到自然状态。摩腹散步法适合于希望塑造腹部线条、减肥和塑身的人群，通过加强对腹部肌肉的训练，可以促进脂肪的燃烧，收紧腹部肌肉，改善腰腹部的线条。

（三）倒行法

倒行法的预备姿势是立正、挺胸、抬头、平视、双手叉腰，拇指向后按在腰部的"肾俞"穴位，其余四指向前。在进行倒行法时，首先用左脚开始，以相同的步伐进行反向行走，步伐要稳定、均匀，保持舒适的速度，注意保持良好的姿势，脊柱保持自然曲线，肩部放松，腹部微收，双臂可以自然地摆动，配合步伐的节奏。

（四）摆臂步行法

在摆臂步行时，手臂应自然下垂，肘关节保持略微弯曲，不要僵硬或紧绷。在摆臂步行时，手臂与相对的腿部配合运动，当左腿向前迈出时，右臂应向前摆动，并与腿部形成对称的动作，当右腿向前迈出时，左臂应向前摆动。摆臂步行法的步伐速度通常在每分钟 60 ～ 90 步，这个速度是适合大多数人的，既能够保持良好的姿势和协调，又能够提供适当的有氧运动效果。摆臂步行法适合于日常健身走训练中的一部分，尤其适合那些希望增强上肢力量和改善整体协调性的人群。

（五）竞走法

竞走法是一种较快的步行方式，适用于中青年人，可增强人的耐力和关节灵活性。在竞走法中，躯干保持直立或稍向前倾，两臂弯曲约90°，配合两腿前后摆动。步行时先脚跟着地，然后滚动全脚掌落地，膝关节要伸直。脚落地后，身体顺惯性前移，当支撑腿垂直地面时，摆动腿的大腿向前摆，小腿随大腿向前摆出，同时摆动腿带动同侧髋关节向前送出。竞走法可以作为一种有氧运动形式，用于增强耐力和提高关节的灵活性。它可以帮助身体适应更快的步行节奏，挑战心肺功能和肌肉耐力的极限。

（六）爬楼健身法

爬楼健身法是一种简单而有效的有氧运动方式，可以在楼梯上进行。对于初练者来说，进行 20 分钟的爬楼健身训练，可以选择适量的楼层进行爬楼，然后逐渐增加楼层数和时间。在进行爬楼健身时，需选择合适的楼梯，确保其安全；进行热身活动，包括关节的活动和拉伸，以准备身体进行运动。在爬楼过程中，保持直立的姿势，收腹挺胸，避免弯腰驼背。呼吸要平稳，保持良好的节奏。爬楼梯需要大量用力，主要依靠下肢肌肉群的收缩和放松，持续的训练可以增强腿部肌肉的力量和耐力，改善身体的形态和线条。

四、健身走的要求

（一）应精神放松

在进行健身走的过程中，应保持精神放松，排除杂念和负面情绪，专注于步行和呼吸的控制，使身心得到放松和舒缓。

（二）注意选择适当的时间和地点

选择适当的时间和地点进行健身走是非常重要的，可以选择早晨或傍晚气温适宜、空气清新的时段进行。地点方面，选择平坦、安全的区域进行步行，如公园、人少的小道等，避免在交通繁忙或不安全的地方进行健身走。

（三）要持之以恒

坚持是健身走的关键，要制定合理的计划，并坚持执行，将健身走纳入日常生活中的固定时间段，养成良好的运动习惯，即使时间紧张，也要寻找机会进行短时间的步行。

（四）速度要适中

健身走的速度应适中，既不能过快也不能过慢。步行时要保持平稳的步伐，不要急躁或慢吞吞。在保持自身舒适感的前提下，逐渐提高步行速度，使心率适度提升，增加身体的锻炼强度。

（五）控制好距离

根据个人的身体状况和时间安排，合理控制好步行的距离。初学者可以从较短的距离开始，逐渐增加步行的距离。通过逐步增加距离，提高耐力，使步行训练更具有挑战性。

（六）注意衣着

穿着舒适合适的运动服装和鞋子对于健身走很重要。选择透气、吸湿排汗的衣物，避免穿着过于紧身或过厚的衣物。鞋子要选择合适的运动鞋，以提供良好的支撑和缓震效果，减少脚部不适和受伤的风险。

（七）运动量要适宜

初学者可以从较短的时间和轻度的强度开始，逐渐增加训练时间和强度。在进行健身走时，要倾听身体的需求和信号，避免过度训练引起的疲劳和伤害。

第二节　有氧健身跑运动的科学化训练

一、健身跑的锻炼价值

（一）保护心脏

在具体的科学训练过程中，心脏输出量会随着运动强度的增加而增加，这对心脏的收缩力和心室舒张能力都有积极的影响，可以使心脏在运动过程中更加强健，更具有抗击心血管疾病的能力。通过长期的有氧运动，如健身跑，能够改善人体的血液流动状态，使血液中的有氧成分增多，有助于提高心脏的耐受力，减少心脏疾病的发生。同时，通过运动帮助身体消耗多余的脂肪，降低血脂，对于防止冠状动脉疾病有着明显的效果。

（二）加速血液循环，调整血液分布，消除瘀血现象，提高呼吸系统功能

运动时，心率的增加会使心脏每分钟的排血量增加，这在很大程度上加速了血液的循环速度。通过健身跑能有效地调整血液分布，使得大脑、心脏等重要器官获得更多的血液供应，而肠胃等在运动中相对不活跃的器官则会暂时性地减少血液供应。健身跑也能消除瘀血现象，瘀血是指血液在体内部分区域的滞留，这种现象可能导致组织缺氧，进而影响其功能，有氧运动如健身跑能使血管扩张，改善微循环，从而帮助消除瘀血，改善体内的血液供应状况。长期的有氧运动能使肺活量增加，使得每次呼吸都能吸入更多的氧气，呼出更多的二氧化碳，运动时呼吸肌的活动也会增强，有利于提高呼吸系统的整体功能。总而言之，通过健身跑加速血液循环，对于维持身体各组织和器官的正常功能，提高人体的健康水平具有非常重要的作用。

（三）增强神经系统的功能，消除脑力劳动者的疲劳，预防神经衰弱

运动能激活大脑，增加神经元之间的连接，这对于提升认知能力，增强记忆力，提高注意力集中度等有显著的效果。在健身跑过程中，人体会产生一种叫做内啡肽的物质，这种物质有"快乐激素"的称谓，它能帮助身体缓解压力、改善情绪、消除脑力劳动者的疲劳。长期的脑力劳动和生活压力可能会导致神经衰弱，而有规律的健身跑运动能够调整神经系统的活动，提升神经系统对压力的适应性，从而在一定程度上预防和缓解神经衰弱的发生。

（四）促进人体新陈代谢，控制体重，预防肥胖症

在运动过程中，机体能量的需求增大，以满足肌肉活动所需，这无疑会刺激身体新陈代谢的加快，特别是在运动结束后的几个小时内，人体的基础代谢率依然保持在较高水平，这种效应被称为"运动后氧耗"。由于运动过程中的能量消耗，以及运动后加速的新陈代谢，提高肌肉质量，改变体形，即使体重数值没有显著下降，也会有明显的体形改变和身体比例的调整。通过对身体的运动训练，可以增加能量的消耗，减少脂肪的积累，从而达到控

制体重、预防肥胖症的目的。与此同时，运动也能改善脂质代谢、降低血脂水平，有助于防止因肥胖引发的一系列慢性疾病，如高血压、心脏病、糖尿病等。

二、健身跑的基本技术

（一）跑步的姿势

在科学化的健身跑训练中，掌握正确的跑步姿势是极为关键的一环。头部应保持直视前方，保持脖子的自然延伸，避免下颚紧张，保持面部的放松，肩部应当放松下沉，避免耸肩，保持肩部与身体的自然距离。躯干应保持直立并微前倾，倾斜角度源于脚踝，并与地面保持大约几度的角度，使身体重心前移，有利于维持前进的动力，手臂保持自然弯曲，大约90°，与身体一同前后摆动。膝盖保持轻微弯曲，可以帮助吸收跑步过程中的冲击力，也能提供稳定的支撑，足部的着地应尽可能自然，以中脚掌着地最为理想，然后转移到脚掌，最后以脚掌提起。

（二）跑步的呼吸

在跑步过程中，通过鼻腔进行深长的吸气，使空气能更充分地通过鼻毛、鼻窦等进行过滤、加热和湿化，防止冷空气直接刺激肺部，而且能让氧气在体内停留的时间更长，利于氧气与血液的充分交换，口腔呼气可以使废气快速排出，防止因二氧化碳积聚引起的呼吸困难。跑步呼吸的节奏需要与步伐保持一致，如此可以使身体各系统的工作更协调，防止呼吸紊乱，运动者可以根据个人的实际情况，选择不同的呼吸节奏，例如"两步一吸，两步一呼"，或"三步一吸，两步一呼"等。

（三）健身跑的方式

1. 慢速放松跑

慢速放松跑是最适合初学者的跑步方式。其核心原则是保持心率在最大心率的60% ～ 70%，以达到有效燃烧脂肪、提升心肺功能和促进身体健康的目的。慢速放松跑的主要优点在于其对身体的压力相对较小，因此运动者在跑步过程中可以更好地控制呼吸，有效防止运动过程中的窒息和心跳过速。长期的慢速放松跑训练可以增强心脏泵血能力，提高肺部吸氧能力，从而提高身体的耐力。慢速放松跑还可以有效燃烧体内脂肪，对于需要控制体重和防止肥胖的人群具有积极的作用。

2. 变速跑

变速跑，顾名思义，就是在跑步过程中改变速度。在实际训练中，变速跑可以采用很多不同的训练方法，如间歇训练、梯度训练等。例如，运动员可以设定一个基准速度，然后在训练中定期提升速度到一个更高的水平，持续一段时间后再降回基准速度。因为在实际比赛中，运动员往往需要应对各种不确定的因素，包括赛道、天气、对手等，而通过变速跑的训练，运动员可以在不断调整跑步速度的过程中，提高自己的适应性和抗压能力。值得注意的是，变速跑虽然对身体的锻炼效果显著，但也相应增加了运动损伤的风险。因此，在进行变速跑训练时，必须充分热身，并根据自身的身体状况调整训练强度，以避免过度运动造成损伤。

3. 跑走交替

跑走交替是一种特别适合初学者或是体能水平较低者的健身跑方式。对于初学者或体能较差的人来说，连续的跑步可能会给其带来过大的身体压力，从而引发过度疲劳甚至伤病。具体实施时，运动者可以开始设定一个比较短的跑步时间，比如1分钟，然后休息或慢走1～2分钟，以这样的方式循环进行，随着体能的提高，可以逐步延长跑步时间，减短行走或休息时间，从而达到逐渐提升运动强度的目的。跑走交替的方式可以帮助运动者更好地找到自己的节奏，并逐渐适应长时间运动带来的压力。同时，通过适时的行走，可以让肌肉有足够的恢复时间，减少因疲劳过度而导致的运动伤害。

4. 定时跑

定时跑的方式独特而有效，可以分为两种形式。首先是以时间为主导，跑步速度不限的形式。在这种训练模式中，重要的是保持跑步的持续性，而不是追求速度。例如，初级阶段，可以持续 10 ～ 20 周，每周跑 3 次，每次持续跑步 15 分钟。接下来，中级阶段，也就是适应期，维持 6 ～ 8 周，每周仍保持跑 3 次，但每次跑步的时间提升至 30 分钟。然后，是巩固期，持续 4 周，每周跑步的次数增加到 3 ～ 5 次，每次仍保持 30 分钟。对于年轻人，若身体条件允许，可以尝试每周跑 3 次，每次 45 分钟，最长甚至可以达到 60 分钟。另一种是以距离为主导，在规定时间内完成特定距离的方式。开始阶段，可以设定在较长时间内完成较短距离，比如 5 分钟内跑完 500 米。随着体质水平的不断提高，可以缩短完成距离的时间或者延长跑步距离，通过调整速度和耐力，以提高身体素质。

5. 越野跑

越野跑是一种特殊的跑步方式，其在大自然中的不同地形和环境中进行，如山地、森林、田野等。越野跑最大的特点是其环境多变性，无论是地形还是天气，都可能给运动带来不同程度的挑战，这种挑战性使得越野跑能够更好地锻炼跑者的适应能力，包括身体的协调性、平衡性以及心理的应变能力。在精神层面，越野跑还能够给跑者带来与众不同的体验，与大自然的亲密接触，既能够让跑者在运动中获得放松和愉悦的体验，也能够使他们在面对困难和挑战时保持积极和坚韧的心态。

（四）健身跑的要求

1. 少年儿童

对于少年儿童来说，参与健身跑的目的主要是增强体质，促进生长发育，并养成良好的运动习惯。因此，训练应以轻松愉快为主，避免高强度、长时间的运动。跑步速度应控制在能流畅交谈的程度，每次运动时间以 15 ～ 30 分钟为宜。训练应融入多样化的游戏和竞赛，增加其趣味性和参与性。

2. 中老年

对于中老年人群，健身跑的目标主要是提高心肺功能，延缓衰老，防治慢性病。中老年人在进行健身跑时，应注意运动强度不宜过大，以免引起心脏等器官的过度负荷。跑步速度以能进行轻松对话为宜，每次运动时间可以在 20 ～ 40 分钟。如果出现胸闷、气短、心悸等症状，应立即停止运动，并及时就医。

3. 肥胖人士

对于肥胖人士来说，健身跑是一种有效的减肥和改善健康状况的方法。肥胖人士在健身跑训练时，应以稳定的慢跑和跑走交替为主，避免剧烈运动，防止对关节等身体其他部位的损伤。在跑步过程中，如果感到气喘或心动过速，应减慢跑步速度或转为走路。训练时间可根据体能情况逐步延长，但每次不宜超过 60 分钟。

第三节　体育舞蹈的科学化训练

自 20 世纪 80 年代以来，体育舞蹈在我国的发展速度十分迅猛。然而，从整体角度观察，我国的体育舞蹈水平与国际之间仍存在着明显的差异。为了在世界体育舞蹈的舞台上取得一流的成绩，除了要研究和借鉴国外优秀的体育舞蹈选手的动作技术和背后的文化知识，更为关键的是，要深入理解其先进的训练方式与手段，并从中吸取科学的训练内容。同时，还需要充分了解我国体育舞蹈选手自身的特点和文化基础，以此构建出符合我国体育舞蹈选手发展的训练内容体系。根据体育舞蹈的特性和训练学的原则，我对体育舞蹈训练内容和训练方法进行了初步的研究，期望能够有效地推动我国体育舞蹈水平的提升。无论是何种类型的舞蹈，如芭蕾舞、现代舞或者体育舞蹈，都存在着一些共同且必要的元素。在体育舞蹈的训练过程中，许多学习者仅将注意力集中在特定的舞蹈动作上，不断重复单个动作或组合动作的训练，却忽视了对舞蹈整体演绎的把握。实际上，体育舞蹈和许多民间舞蹈一样，都是经过人们规范和强化后的产物，每种舞蹈都有其特有的情感思维和表现技巧。

一、身体能力和姿态训练

在舞蹈的世界里，良好的基本形态或身体姿态至关重要，而这正是通过长期对人体形态的训练和塑造得来的。身体形态和身体机能构成了塑造体育舞蹈者专业技能的基础条件。为了满足高强度、大负荷的体育训练需求，我们必须通过系统的长期训练，提升身体形态和身体机能，增强各器官系统的功能，进而提高健康水平。在体育舞蹈中，一些关键的身体姿态包括：平衡、外开、柔韧、力量和重心。其中，身体平衡的控制被视为最为重要。舞蹈者在执行任何动作，保持任何姿态时，无论是单腿还是双腿支撑重心，都必须保持躯体在髋部的平衡，并承载着身体的重量。这正是许多老师为何会推荐学生学习芭蕾舞，以及为何会从"扶把动作"这一专门的平衡训练开始的原因所在。

在体育与艺术完美结合的舞蹈形式上，比如拉丁舞和摩登舞中，舞蹈者的形体挺拔、修长是至关重要的。这些优美的形态，往往是通过一系列专项技能训练和形体训练得来的，其中就包括了芭蕾形体训练内容和徒手姿态训练。因为芭蕾有着世界顶级的高雅艺术的地位和悠久的历史，其要求的四个基本要素"开""绷""直""立"，对于肢体动作有着直接的约束。"开"指的是舞蹈者在腿部不动的情况下，全身从肩、胸、胯、膝、踝五大关节部位向外的打开。此时，特别需要注意的是两脚应当向外打开180°，以达到最大的活动自由。当舞者做出这种向反方向扭转的姿势时，他们的腿部将会展现出无比的力量感和优美姿态。例如，拉丁舞者的腿部都非常修长、漂亮，充满力量感，每一次的腿部动作都非常吸引人，这也是他们良好姿态的体现。"绷"则是指在做任何一个脚部动作时，不论动作的幅度大小和力量如何运用，只要应该绷起脚背的时候，就必须绷起。在拉丁舞中，这种"绷"的概念往往并不仅仅局限于脚背，它还扩展到了局部肌肉的紧张度。"直"是要求舞蹈者在腿脚完成充分伸展的时候，必须把膝盖伸直，这种线条的美感，会让舞蹈者的腿部看起来更加修长、漂亮。"立"则要求舞蹈者无论是蹲还是立，都需要使得自己的头颈、躯干和四肢形成一个整体，与地面保持垂直状态，不仅可以使舞者的身体看起来更加挺拔，而且还可以给人带来美的享受。在这些训练过程中，无论是基本的手位与脚位训练，还是把杆训练、芭蕾中间训练等，舞者都需要始终保持良好的姿态，挺胸、立腰、沉肩、拔颈等都要求保持舒展挺拔、刚健优美、端庄和典雅的体态。这样，不仅可以使人精神饱满、身姿挺拔，而且还能给人以美的享受。这也就是为什么拉丁舞和摩登舞在训练专项技能的初期，都会选择芭蕾形体训练内容和徒手姿态训练作为体育舞蹈形体的训练内容。

芭蕾舞蹈中的手臂姿态是一种复杂而独特的艺术形式，它借助于四个不同的"阿拉贝斯克"姿态，以渐进的方式进行训练，这些姿态被有序地连接起来，形成了连贯的动态展示，长期的训练使舞者得以用自己的手臂传达出深深的感情和寓意，这也正是这些精心设计的姿态的独特魅力。它们不只是简单的动作组合，更是一种强烈的表达方式。每一个动作，每一个细微的摆动，都犹如精心绘制的画卷中的一笔一画，独立看来可能没有特别之处，但当它们和其他的动作组合在一起，却能塑造出美丽的画面。在体育舞蹈的训练中，姿态是最重要的一部分，它是构建完整舞蹈的基础元素。无论是手臂、脚部还是髋部的练习，都像是一块块拼板游戏中的板块，当这些板块协调地组合在一起，就能构建出一幅美丽的画面。然而，这并不是一项简单的任务。它需要经过长时间的练习，训练出舞者精确的技术和敏锐的艺术感觉。通过这样的训练，舞者能够创造出富有感情和意义的姿态，而这些姿态在观众眼中构建出一幅动态而又吸引人的画面。

二、协调能力训练

在舞蹈中，身体的协调能力起到了决定性的作用。不论多么完美的姿态，若没有娴熟的协调能力将其有机地组合起来，其表现出的技术动作质量都会大打折扣。具备良好的身体协调能力，对于学习和精通舞蹈技巧、形成优雅的姿态，甚至创建出协调而和谐的舞蹈节奏来说，都具有无可比拟的重要性。在某种意义上，协调是在动作与动作、步伐与步伐、人与人之间连接和配合的过程中，获得的一种良好的体验和感觉。

以世界舞蹈强国俄罗斯为例，许多优秀的体育舞蹈选手并非自小就开始接受体育舞蹈的训练，相反，他们中的很多人最初的专业学习是芭蕾舞。值得一提的是，俄罗斯的舞蹈专业教育并无像我国那样的专科、本科、硕士等文凭的等级划分。在莫斯科舞蹈学院这样的机构里，学生在完成 8 年的学习后，一旦合格，就会被授予"艺术家文凭"。

然而，由于各种原因，如就业压力、经济状况等，许多原本专攻芭蕾舞的学生在经过 4～5 年的学习后，选择转向体育舞蹈领域。由于他们已经通过长时间的芭蕾舞训练，身体姿态和控制能力非常出色，因此他们往往只需 2～3 年的时间，就能将体育舞蹈技艺提升到较高水平。这些选手身材优美、身体线条流畅，身体协调能力出众，尤其在拉丁舞中，他们的优美身姿和细腻舞态往往会让人误以为他们自幼就开始学习体育舞蹈。这一切都说明扎实的芭蕾舞基础可以显著提升舞者的身体控制能力，使他们能够灵活地掌控身体的各个部位，并能与音乐产生共振。对于任何一名拉丁舞者来说，这种协调和控制能力是必不可少的。

协调能力是人体各部位在完成动作时的协同配合能力，训练方法有很多，例如进行对称性的变换练习（包括左右动作变换、身体方向变换、动作配合变换、动作速率变换、动作力量大小变换等）和难度变化的练习。具体来说，我们可以通过以下几种手段来锻炼协调能力：（1）进行反向完成动作的练习。（2）改变常规动作的速度和节奏进行练习。（3）进行不习惯组合动作的练习。（4）掌握更复杂的动作进行练习。这些方法都是非常有效地提升身体协调能力的手段，对于每一个希望提升舞蹈技艺的人来说，都是非常值得尝试的。

三、韵律和艺术感觉训练

舞蹈的精髓在于韵律，它是舞蹈风格和个性的诸多体现之一。形与神，以及舞蹈动作的表达，都离不开韵律的支持与塑造。通过熟练的舞蹈协调性和柔韧性，再注入特定的风格和节奏，就能创造出独一无二的舞蹈表现形式。要对舞蹈进行深入地剖析，我们可以从以下几个维度进行考虑：姿态、协调性、韵律和艺术感觉。然而，相比于姿态这种可以直接对应到身体特定部位的元素，韵律和艺术感觉的表达则更为复杂。它们需要结合音乐和身体节奏的双重表达，由此产生的韵律集合，才能完整地展现一个舞蹈的特质，进一步塑造舞蹈的风格。在技术层面相差无几的情况下，一个舞者要想在众多舞者中脱颖而出，就需要依靠他们对韵律和艺术感觉的精准把握。在这个方面，天赋和遗传因素起着重要的作用，如同我们常说的那些"有音乐细胞"的人。但无论如何，后天的训练都是对音乐天赋的提升和磨炼的必要手段。在舞蹈训练中，模仿和实践固然重要，但对于舞蹈风格特点的理解，对老师的讲解和示范的深入领悟，也十分关键。一方面，只有在了解其原因和结果的基础上，模仿才能起到良好的效果，使身体对动作有下意识的记忆。在对形状的模仿达到相似的基础上，进一步追求神韵的相似。另一方面，观察和学习也是提升舞蹈能力的关键。通过观看比赛录像和舞蹈艺术片等相关资源，使自己有一种身临其境的感觉，对自己在音乐旋律中的表现进行想象，并将这种诠释与他人的诠释进行对比，会带来许多新的启示。提升对韵律理解能力的过程可能会很慢。在这个过程中，音乐只是众多因素中的一部分，更重要的是如何用自己的肢体去表达舞蹈的内在含义。

第八章　传统体育运动项目的科学化训练

第一节　武术运动的科学化训练

一、武术运动基本动作科学化训练

（一）手型的训练方法

1. 拳

拳的构造可分为五个部分：拳面、拳背、拳眼、拳心和拳轮，如图 8-1 所示。拳面和拳背涉及击打力量的传递，而拳心则是力量的发源地，拳眼和拳轮是力量的输出处，了解这些部分有助于我们理解拳击的力学原理。常见的有平拳、立拳，以及封眼拳、方拳和顶心拳等。平拳的特点是拳心朝上或朝下，用于正面攻击；立拳则是拳眼朝上或朝下，适用于侧面攻击。封眼拳、方拳和顶心拳等拳型更多的是体现了武术中的意境和内在精神，其每一种拳型的训练都需要深入理解其意义和用途。

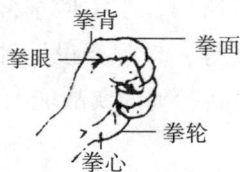

图 8-1　拳的构造

2. 掌

在武术中，"掌"是另一个核心的部分，与"拳"同样重要。柳叶掌、八字掌、直立掌等都是常见的掌型，柳叶掌主要强调拇指的紧扣和四指的伸展，力量主要集中在掌心，而八字掌则强调拇指的外展，力量集中在掌背和掌外缘，如图 8-2 所示。在实际训练中，教师应通过示范、指导和反馈，让学生掌握正确的掌型，理解其应用的原理和技巧。对于不同的掌型，应有针对性地进行训练，例如强调手部力量的分配，强调手腕的灵活度，以及强调手指的协调性。

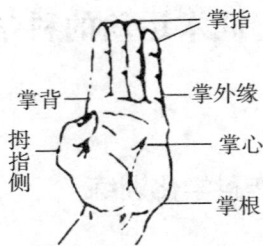

图 8-2 掌的构造

3. 勾手

勾手的基本要点是五指撮在一起，形成弯曲的形状，腕关节自然弯曲，如图 8-3 所示。通过这种手形，可以实现力的集中和传导，以达到冲击和抓取的效果。根据勾尖的方向，勾手可以分为反勾手和下勾手，各有其特定的应用场景和训练要求。

对于初学者来说，理解和掌握正确的勾手形态是最基础的训练任务，这就需要教师采用生动形象的语言和进行清晰的示范，引导学生去感知和模拟这一动作，在实践操作中，学生需要注意力的集中，以及身心的协调，才能完成正确的勾手动作。在提升阶段，学生应掌握勾手的应用技巧，如力的释放、节奏的掌控、方向的切换等，教师要设计针对性的训练内容和方法，如模拟对抗、反复练习等，来提高学生的实战能力。

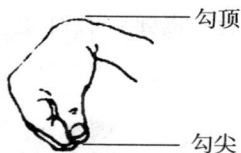

图 8-3　勾的形态

4.爪

爪型训练的核心在于提升五指的力量和敏捷性，以实现手部的快速收放和力度的精准控制。训练时，要重视五指间的协调性，保证五指能够同时收紧，形成爪状，同时要训练五指的松开速度，保证在需要时能够迅速松开，提高攻防转换的速度。在具体的训练方式上，可以通过一些针对性的练习来提升五指的力量和灵活性。例如，可以用爪型握住小物件进行举重训练，以增强五指的力量和耐力；也可以进行五指独立运动的练习，如独立弯曲和伸展每个手指，提高五指的灵活性和独立控制能力。在科学化训练中，爪型训练的难点在于如何控制力度和速度的平衡。过分追求力量可能会影响速度，过分追求速度可能会影响力度。因此，教师需要引导学生正确理解力量和速度的关系，通过适当的训练方法，平衡力度和速度，实现最佳的动作效果。在训练过程中，教师应当针对学生的具体情况进行个别指导，因为每个人的手部条件、力量和灵活性都会有所不同，因此，训练方法和进度应当因人而异。

（二）手法的训练方法

1.冲拳

在武术科学化训练中，冲拳是一种核心手法，其训练方法应聚焦于动作精度和身体协调性上。双脚分开与肩同宽，确保稳定性；双拳抱于腰间，准备动作。右拳猛力冲出，腰部转动和肩部配合，实现力量传递。肘过腰后前臂内旋，力量达拳面。此时臂应伸直，与肩平行。左肘向后牵拉，保持身体平衡，增强冲拳力道；目视前方，集中精力，如图 8-4 所示。在训练过程中，应着重练习力量的控制与爆发，以及身体各部位的协调连贯。初始阶段可缓慢进行，随训练深入，逐渐提升速度和力度。教师的示范、指导及反馈对学生掌握动作、提升动作质量至关重要，教师也应鼓励学生自我检查和修正，提升自我学习能力。

图 8-4 冲拳

2. 架拳

站立直立，双脚平行分开与肩同宽，身体保持挺直，然后将双臂自然下垂，手掌向内，手指并拢。学生慢慢将双臂向上伸直，同时将手掌翻转，手指指向上方，手臂尽量保持伸直，但不要过度用力，以免产生肌肉紧张和手臂颤抖，在手臂完全伸直后，保持姿势片刻如图 8-5 所示。在训练过程中，教师可以使用视觉示范、语言指导和实际演示等方法，帮助学生理解和掌握正确的动作要领。教师还可以结合其他训练方法，如对称动作训练、节奏训练等，以进一步提高学生的动作协调性和美感。架拳的训练还可以与其他武术动作结合起来，形成连贯的动作串联。例如，将架拳与踢腿动作相结合，进行整体的身体协调训练，增加训练的趣味性和挑战性，提高学生的学习积极性和动作表现能力。

图 8-5 架拳

3. 推掌

推掌的动作要求学生保持良好的站立姿势，手心朝内，手指自然弯曲，力量的传递主要通过掌部的推动来实现，保持手腕的稳定性以确保力量的传递和准确性，如图 8-6 所示。教师应根据学生的实际情况制定出个性化的训练计划，注重动作的正确性和基本功的打磨。对初学者来说，重点是掌握基本推掌动作和技术要领。对进阶学生，可以增加训练难度和复杂度，强化力量、速度和灵活性的训练。在训练中，教师应注意动作的规范性和安全性，引导学生避免不正确的手势和姿势，保护学生的手部安全。

图 8-6　推掌

4. 亮掌

站立稳定，双脚分开与肩同宽，双臂自然下垂，手掌贴近大腿外侧，指尖微弯。缓慢抬起手掌，掌心向上，手指伸展并稍微弯曲。手掌向前伸展，手指分开并稍微张开，掌心朝上。保持手掌张开状态的一段时间，保持平衡和身体的协调。手掌缓慢回归至初始位置，通过大腿外侧缓慢下降，如图 8-7 所示。需要注意的是，在训练中要逐渐增加动作的速度和幅度，并保护手部关节和肌肉，避免过度用力导致伤害。通过系统的训练和实践，学习者能够提高亮掌动作的准确性和应用效果。

图 8-7　亮掌

（三）步型的训练方法

1. 弓步

站立直立，双脚并拢或稍微分开，身体保持平衡，上体略微前倾。向前迈出一大步，前脚脚尖朝向前方，后脚跟离地，保持身体的平衡。在弓步稳定后，双手自然下垂，手臂与身体保持舒展，手掌稍微张开。在弓步的基础上，前脚方向的手掌开始慢慢抬起，掌心向上，手指分开并稍微张开。手掌抬起至适当高度后，保持一定时间的稳定姿势，手掌呈现平直的形态，指尖微微张开。手掌缓慢回归至初始位置，下降至与大腿外侧相近的位置。

2. 马步

站立平稳，双脚分开略宽于肩宽，脚尖稍微外展，膝盖微屈，保持身体放松但有力。双臂自然下垂，放松于身体两侧。保持上半身的直立和平衡，开始将腿部屈膝并向外侧弯曲，脚尖与膝盖保持一致的方向，脚掌贴地，使双脚与地面形成一个稳定的三角形支撑。根据个人的身体柔韧性和平衡感，适当调整双腿的弯曲程度和步幅大小，马步的标准要求是膝盖弯曲角度约为 90°，两腿之间的距离与肩宽相当，以保持稳定和均衡。在马步的姿势中，学习者需要保持平衡和身体的稳定。重心集中于下腹部，保持腰背挺直，注意脊椎的放松和身体的重心控制。在实际训练中，需要通过不断的练习和调整，逐渐提高对马步的掌握和稳定性。需要注意的是，马步的训练应根据个人的身体条件和潜力来安排训练强度和难度，避免过度用力造成身体的不适或损伤。

3. 虚步

站立稳定，双脚分开与肩同宽，膝盖微屈，保持身体放松但有力。双臂自然下垂，手掌贴近大腿外侧，指尖微弯。将身体的重心略微向后转移，然后将先行脚（通常是前脚）抬起，以脚尖着地的方式向前移动一小步。随着先行脚的移动，后继脚（通常是后脚）随即离地。在先行脚着地之后，后继脚迅速调整位置，以确保身体的平衡和稳定。后继脚可以向前方移动，与先行脚的位置保持适当的距离。在虚步的过程中，身体的重心要随着步伐的变化进行转移。当先行脚着地时，身体的重心应向前方移动，以保持平衡和稳定，如图 8-8 所示。虚步通常是在武术技术的应用中进行的，因此在训练中要注重连续的虚步移动，虚步的训练要注重平衡和身体的协调，同时要注意保护膝盖和脚踝等关节，避免受伤。

图 8-8　虚步

4. 仆步

站立，双脚并拢，膝盖微屈，身体保持稳定但放松，从原地出发，以一只脚为主导，先向前迈出一步，同时脚跟着地，脚尖抬起，将前脚平稳地着地，脚掌先着地，然后脚跟着地，保持身体的平衡，随着前脚的着地，后脚的膝盖开始弯曲，将身体的重心转移到前脚上。前脚着地后，将身体的重心逐渐向前脚转移，使身体保持平衡和稳定，后脚跟着地，脚掌着地，保持稳定的姿势，根据需要，可以继续前进或进行下一步的动作，如图 8-9 所示。

在实际训练中，需要注意以下几点：身体姿势要保持稳定和平衡，注意身体的重心转移；步伐要适中，步幅不宜过大或过小，以保持动作的稳定性；脚部的着地要平稳，避免踢踏地面或摇摆不稳；膝盖的弯曲要适度，不要过度或不足，以保持稳定性和舒适感。

图 8-9　仆步

5. 歇步

站立稳定，双脚分开与肩同宽，膝盖微屈，保持身体放松但一定要有力，双臂自然下垂，手掌放在身体两侧或自然摆动，将一只脚抬起，脚尖轻轻着地，同时将另一只脚的脚跟抬起，保持身体的平衡。将身体的重心转移到抬起的那只脚上，通过收腹、稳定呼吸等方式来保持身体的平衡。将抬起的那只脚放下，同时将另一只脚抬起，完成步伐的交替。在每次脚步交替的瞬间，保持身体的平衡和稳定。可以根据需要调整歇步的步幅，如逐渐增加步子的长度或缩小步子的长度，以适应不同的武术动作和应用场景，如图8-10所示。

图 8-10　歇步

（四）步法的训练方法

1. 击步

以站立姿势开始，双脚分开与肩同宽，身体保持稳定且放松，双臂自然下垂，手掌贴近身体两侧，先抬起一只脚，以膝盖为轴点向前抬高，大腿与地面大约成90°，保持脚腕放松，脚尖稍微朝下，将抬起的脚快速向前方落地，以脚跟着地为起始点，迅速传递身体重量到落地脚上，在脚落地瞬间，利用脚趾部分发力，将身体推进向前方。在推进之后，将另一只脚向前迈出，与落地脚一起保持稳定的站立姿势，双腿稍微弯曲，身体保持平衡，准备进行下一次的击步动作。

2. 垫步

站立稳定，双脚分开与肩同宽，身体平衡，双臂自然下垂，手掌贴近身体两侧，一只脚抬起，脚尖稍微朝上，膝盖略微弯曲，利用腿部力量，缓慢向前移动抬起的腿，脚尖轻轻着地，然后将整个脚掌平稳放下，脚掌完全着地后，身体重心向前移动，同时另一只腿抬起，准备进行下一次垫步。

3. 弧形步

站立稳定，双脚并拢，身体保持放松但有力。双臂自然下垂，注意保持身体的平衡。从准备姿势开始，先将一只脚轻轻抬起，以脚掌为支点，向一侧方向迈出一小步。在脚掌触地的瞬间，脚尖在地面上滑动，将脚掌所在的位置与原始位置之间形成一条弧形轨迹，随着脚步的迈出，身体的重心逐渐向前移动到新的支撑脚上。将另一只脚自然跟随，通过相同的方式迈出一小步，形成另一条弧形轨迹。通过交替迈出步伐和绘制弧形轨迹的方式，使得身体保持在一条曲线上前进，根据需要，可以逐渐增加步伐的速度和幅度，使弧形步的动作更加迅速和灵活。

（五）腿部动作的训练方法

1. 踢腿

站立稳定，双脚分开与肩同宽，身体放松但有力，上半身挺直，双臂自然下垂。选择目标或指定位置，将其中一条腿快速抬起，抬腿时，膝盖微屈，足部伸展。从起腿的姿势开始，迅速伸展腿部，使腿完全伸直，并踢出所需的力量和速度。将踢腿的力量准确地应用到目标上，可以是虚拟目标（如悬挂靶标）或实际目标（如沙袋），踢击完成后，缓慢收回腿部，回到起腿的位置，如图 8-11 所示。

图 8-11　踢腿

2. 劈腿

（1）竖叉

站立稳定，双脚分开与肩同宽，上半身保持挺直，双臂自然下垂。将一条腿抬起，膝盖弯曲并向外侧侧身，同时抬高脚部。腿抬高至与地面垂直，并保持两腿间夹角。保持劈腿姿势一段时间，稳定身体并锻炼肌肉的灵活性。缓慢放下抬起的腿，回到起始位置，保持动作平滑流畅，如图 8-12 所示。

图 8-12　竖叉

（2）横叉

腿抬高并向侧方伸展，尽量使腿与地面平行，如图 8-13 所示。逐渐增加腿部伸展力度，但要注意适度和舒适。

图 8-13　横叉

（3）后扫腿

站立稳定，双脚与肩同宽，膝盖微屈，双臂自然下垂。抬起一条腿，向后伸展，脚尖向下。以臀部为轴心，快速摆动腿部。腿部以弧形轨迹向后方摆动，脚尖指向后方。根据个人的灵活性和训练水平，控制腿部的摆动幅度。在开始阶段，适度控制幅度，以避免过度伸展造成伤害。腿部摆动达到最大幅度后，迅速收回到起始位置，使动作自然流畅。完成后扫动作后，缓慢放下腿部，保持身体的平衡，准备进行下一次动作或回到原始姿势，如图 8-14 所示。

图 8-14　后扫腿

二、武术运动基本功科学训练

（一）肩功的训练

1. 压肩

（1）自己压肩

站立稳定，双脚分开与肩同宽，膝盖微屈，双臂自然下垂，手掌贴近大腿外侧，指尖微弯。同时提起双肩，使其上升，将肩膀向耳朵方向移动。缓慢下压肩膀，努力将肩膀推向下方，感受肩膀的肌肉紧张和用力。在压肩的最低点保持一段时间，使肩膀得到充分的锻炼。缓慢地放松肩膀，使肩膀回到自然放松的状态。

（2）他人协助扳压

协助者站在学习者的侧面，双手分别放在学习者的肩膀上，协助者轻轻用手掌施加压力，向下扳压学习者的肩膀，但压力一定要适度，以避免造成过度压迫或不适感。学习者保持身体放松，配合协助者的动作，感受肩膀被压迫的感觉。在保持一段时间后，协助者缓慢减轻压力，让学习者的肩膀回到放松状态。学习者逐渐恢复到起始的准备姿势，进行下一次训练或切换至其他动作，如图 8-15 所示。

图 8-15　压肩

2. 转肩

开步站立，双脚与肩同宽，身体保持平衡稳定，握住棍子或器械，双手间距与肩同宽，棍子或器械保持水平放置于体前。开始动作，双手用力上举，将棍子或器械绕过头顶向后方移动，继续动作，将棍子或器械从体后向上方绕至体前，反复进行上举绕至体后和从体后向上绕至体前的动作，完成一周的循环，如图 8-16 所示。

图 8-16　转肩

3. 臂绕环

（1）单臂绕环

左弓步站立，保持身体的平衡和稳定，左手按于左大腿上（或者左手叉腰），右臂自然下垂。右臂由上向后延伸，绕过身体的后方，然后向下、向前绕环一周。右臂由上向前延伸，绕过身体的前方，然后向下、向后绕环一周。连续进行后绕环和前绕环动作，往复练习多次，如图 8-17 所示。

图 8-17 单臂绕环

（2）双臂前后绕环

站立稳定，两脚与肩同宽，双臂自然下垂于体侧。从起始位置开始，先左臂再右臂，由下向前绕环。前臂从身体侧面沿着一条弧线向前方绕动，手掌保持自然张开，掌心朝下。前臂绕环到达前方时，开始进行手臂的绕环动作。手臂从肩部开始绕动，以掌心朝下的方式，沿着一个大的圆形轨迹向下运动。前臂绕环至下方时，继续进行后臂的绕环动作。后臂从身体后方开始向上绕动，沿着一个与前臂绕环相反的弧线运动。完成一定次数的前后绕环后，开始进行反方向的绕环。即右臂先绕后臂，再由上向前绕动，左臂紧随其后完成相同的动作，如图 8-18 所示。

图 8-18 双臂前后绕环

（二）腰功的训练

1. 俯腰

（1）前俯腰

站立，双脚与肩同宽，然后慢慢地将身体向前倾斜，努力让前额接触膝盖，甚至可以努力让手触地，这个动作要保持一段时间，然后慢慢恢复。

（2）侧俯腰

同样站立，双脚与肩同宽。然后将一个手慢慢向侧面和下方伸展，尽量让手触到同侧的脚，也需要保持一段时间，然后切换到另一侧，侧俯腰可以锻炼腰部的侧面肌肉，提高身体的侧向灵活性。

2. 甩腰

站立，双脚与肩同宽，双手自然下垂。然后以腰为轴，将身体向左、右大幅度地甩动。

3. 下腰

站立，双脚分开大于肩宽，双手放在腰部。然后慢慢下蹲，直到大腿与地面平行后，然后再慢慢站直。

（三）桩功的训练

1. 步桩

双脚与肩同宽，双手自然下垂，保持身体直立。慢慢地向前移动一只脚，同时保持身体的稳定。前脚脚尖落地，然后后脚跟上。注意前后脚的距离约为一步的长度。在身体移动的同时，要保持身体重心的稳定，腿部力量要分配均匀，保证身体平衡。反复进行以上步骤，注意节奏要均匀，动作要流畅。

2. 马步桩

两脚打开，距离约与肩同宽，脚尖略向外翻，缓慢蹲下，仿佛是坐在一匹马的背上，膝盖和脚尖同向。你的腿大约处于90°，保持挺直，不要弯曲。胸部微微挺出，眼睛平视前方，双臂自然下垂，或可以模拟持枪或者握拳的姿势，保持在腰部两侧，保持深长而平稳的呼吸，保持这个姿势，开始可以尝试 1～2 分钟，随着时间的推移，逐步增加时间。

3. 浑元桩

站立时，两脚分开与肩同宽，两手呈环状放在胸前，如同拥抱一个大球。脚跟稳踏地面，膝盖微弯，背部保持挺直，眼睛平视前方。

（1）升降桩

在浑元桩的基础上，进行身体的升降运动。吸气时，身体微微升起，呼气时，身体慢慢下蹲。动作要细腻而有力，保持呼吸和动作的协调，注意身体其他部位如手臂和头部的稳定。

（2）开合桩

同样在浑元桩的基础上，做手臂的开合运动。吸气时，两臂向两侧慢慢展开，呼气时，手臂回到胸前的原位，保持手臂运动的流畅，身体的其他部分保持稳定，同样要注意呼吸和动作的协调。

第二节　高脚竞速运动科学化训练

一、高脚竞速运动介绍

高脚竞速运动，被称为"高脚马""踩高跷""吉么列""骑竹马"，在中国南方的各个省份和少数民族中受到了广泛的喜爱，这项独特的运动形式源自我国远古的生活实践。人们在原始社会时期，为了采摘高处的野果，会在腿上绑上木棍，这种生活智慧逐渐发展演变，最终在闲暇时成为一种娱乐活动。高脚竞速运动的主要装备是由竹子、木条或其他硬质材料制作的高脚马，当运动员进行高脚竞速运动时，他们会蹬在踏镫上，运用协调性出色的手脚配合，左右脚交替向前、后、左、右方向行进，对身体各个部位运动能力的全面调用，使得高脚竞速运动在锻炼身体灵活性、平衡性、力量和耐力方面具有显著效果，同时，也对运动员的心理素质和团队协作精神提出了挑战。

在现代高脚竞速运动的发展过程中，出现了固定型和手握型两种主要运动方式。固定型高脚马是将两根竹子或木棍固定在运动员的两脚上，运动员通过控制身体的平衡和力量分配，以达到行进的目的。与之不同的是，手握型高脚马则赋予了运动员更多的自由度。运动员通过手握高脚马，同时利用脚步的力量推动身体前进，不仅对运动员的全身协调性要求更高，还需要他们具备更强的力量和敏捷性。在文化传承与运动发展中，高脚竞速运动不仅仅是一项单纯的体育运动，更承载了深厚的中国历史文化和民族风俗。对于现代社会来说，高脚竞速运动不仅可以锻炼身体，培养团队精神，而且在其中蕴含的文化魅力，也使其在教育、旅游、文化交流等多个领域得到了广泛应用。

二、高脚竞速运动的特征

（一）灵活性

在高脚竞速运动中，身体灵活度对于运动员在运动过程中保持平衡、适应不同的路况以及执行各种技巧都起着至关重要的作用。运动员需要在高脚上保持平衡并进行快速的进行，这就要求他们有高度的身体控制能力，以便在不断变化的运动状态下使身体保持稳定。运动员需要有足够的身体灵活性来应对各种复杂的运动环境，比如急转弯、突然停下、加速等，这都对他们的身体灵活性有着极高的要求。但在高脚竞速运动中，灵活性并非只局限于身体层面。运动员还需要具备对比赛变化的高度敏感性和应变能力。这种灵活性要求运动员在比赛中能够根据对手的状态、环境的变化、自己的体能等各种因素，做出及时且准确的判断，并据此调整自己的竞赛策略。这种宏观角度的策略灵活性，对运动员的比赛成绩影响深远。

（二）协调性

在高脚竞速运动中，运动员需要在高空中保持平衡并行进，这就要求他们的四肢、头部、躯干等身体各部分需要高度协调。例如，双脚的步伐要稳定且一致，不能出现差错，否则可能导致失衡甚至摔倒，上肢的摆动也要与下肢步伐保持协调，以维持身体的动态平衡。高脚竞速运动员的视觉、听觉和触觉也需要高度协调。视觉是运动员判断前方路况、观察对手情况的主要感官，运动员需要根据视觉信息调整自己的行动策略。听觉则是感知比赛环境和接收教练指示的重要感官，运动员需要通过听觉信息，了解比赛进程和自己的位置。触觉则直接影响到运动员在高脚上的平衡感和步伐控制，运动员需要通过触觉反馈调整自己的步伐和身体姿态。

（三）技艺性

在技术层面，高脚竞速运动要求运动员掌握并熟练执行一系列的技术动作，如上马、下马、走马和交接马等。每一种动作都有其独特的执行方法和要求，需要运动员通过大量的训练来掌握并提升。例如，上马技术要求运动员能够快速稳定地登上高脚，这需要极强的身体协调性和爆发力；而在走马技术中，运动员需要在高脚上行走，保持平衡的同时还要保持速度，这对运动员的平衡感和身体控制能力都要求很高。在艺术性方面，高脚竞速运动也具有独特的表现。运动员在执行技术动作时，不仅需要关注动作的准确性和效果，还需要注重动作的美感和流畅性。良好的动作表现，不仅可以提高比赛的观赏性，也有助于提高运动员的心理状态和比赛成绩。此外，艺术性也体现在运动员的个人风格上。每个运动员都会根据自己的身体条件和技术特点，发展出自己独特的行走技巧和策略，形成个人的风格特征，这也是体育竞技的一种魅力。

三、高脚竞速运动技术与训练

（一）上马技术与训练

1. 动作要领

动作要领的关键在于速度和准确性，从地面到踏镫的瞬间，运动员需要以最快的速度、最准确的位置完成上马动作。如果动作缓慢或位置不准，将可能导致身体不稳,甚至摔倒。因此,运动员在上马时,需要快速提起一只脚踏入踏镫,同时,另一只脚也要迅速离地,踏入另一个踏镫。完成这一动作后,运动员需要调整身体姿态,稍向前倾,以保持身体与高脚马的平衡。

2. 训练方法

在训练方法上,初学者可以借助他人或工具进行辅助训练。一种常见的方法是,由他人握持高脚杆,或者扶住训练者的髋部,辅助训练者完成上马动作。这种方法可以保证训练者在完成动作的同时,保持身体稳定,避免摔倒。另一种方法是,训练者靠墙站立,借助墙壁的支撑,完成上马动作。此外,也可以使用与踏镫同高的台阶或凳子作为辅助工具,让训练者站在上面,更容易完成上马动作。

(二)下马技术与训练

在高脚竞速运动的下马技术中,动作要领的关键在于顺序和稳定性。运动员需要先用一只手紧紧握住高脚杆的上端,保持高脚马的稳定。接着,先将一只脚从踏镫上扯下来,接触地面。这个动作必须迅速而稳健,以确保运动员在下马的过程中保持平衡。然后,再迅速将另一只脚从踏镫上撤下,与地面接触。在两脚都落地后,运动员要迅速调整身体姿态,站稳身体,保持平衡。

在训练下马技术的过程中,可以借鉴上马技术的训练方法。例如,可以通过他人的辅助,或利用工具进行训练。关键在于让运动员熟练掌握下马的动作顺序,并通过反复训练,增强运动员在下马过程中的稳定性。同时,训练也应着重提高运动员的反应速度和身体的协调能力,使运动员能够在短时间内迅速完成下马动作,确保在比赛结束时可以平稳地停下来。

(三)走马技术

1. 动作要领

在动作要领方面,走马技术的关键在于协调性和平衡性。运动员需要双手紧握高脚杆上端,保持身体平衡直立或稍向前倾,以保证高脚杆不会出现晃动或旋转。同时,眼睛需要平视前方,保持目光坚定。这是因为视线的稳定能帮助运动员更好地保持身体的稳定，而且能使运动员更准确地感知前方的路况。走马时，运动员需要先抬起一只腿向前迈，另一只腿支撑，再抬起另一只腿前迈并换支撑腿。这一动作要求运动员有良好的节奏感和身体协调性，左右两条胳膊配合同侧腿的上提、下放，以保持动作的协调一致。

2.训练方法

在训练方法方面，走马技术的训练方法有多种多样，包括无器械的模仿训练，原地模仿走马动作训练，以及依托墙壁进行原地踏步训练等，帮助运动员熟悉并掌握走马动作的节奏和协调性。训练的进阶阶段，可能会涉及具体的走马动作，比如小步走马训练，大步走马训练，后退走马训练，交叉步走马训练等，这些训练方法要求运动员在维持基本走马动作的基础上，尝试更复杂、更富有挑战性的动作。训练的最高阶段，可能会涉及特殊环境和条件下的走马训练，比如上下坡、上下台阶以及过障碍训练，马上踢足球训练，以及负重走马训练等，不仅能进一步提高运动员的技术水平，也能提升运动员在不同环境和条件下的应变能力。

（四）交接马技术

1.动作要领

在交接马技术中，接马运动员需要保持手臂与躯干之间的角度在40°～45°，保持掌心向后，虎口朝下。这一姿态可以保证运动员在接收高脚马时能够迅速、稳定地把握马杆。同时，交马运动员需要在接力区内准确地使用下马技术，然后从下向前上方将高脚马交到接马运动员的手里，完成交接马的动作。这一过程中，双方的配合、时间的掌握以及动作的准确性至关重要。

2.训练方法

（1）原地交接训练

训练过程开始于运动员处于静止状态，接马运动员握持高脚马站立在原地，双手打开等待接受交马运动员传递的高脚马，交马运动员则模拟赛场动作，向接马运动员传递高脚马，重复此过程，以熟悉并掌握交接的基本动作和节奏。

（2）跑动中交接训练

在这种训练中，接马运动员和交马运动员同时进行跑步，接马运动员在接力区内持续跑步，双手打开准备接受高脚马，而交马运动员则需在跑步中将高脚马平稳地传递给接马运动员，训练的关键在于掌握在跑步过程中完成交接的精确动作和节奏。

（3）高脚马慢跑中交接训练

训练过程开始于运动员在慢跑中完成交接，接马运动员慢跑在设定的轨道内，双手打开等待接受高脚马，交马运动员则需在慢跑中，对接马运动员的位置和速度进行精确的判断，将高脚马顺利传递给接马运动员，训练重点在于提高运动员在较慢速度下的交接准确度。

（4）高脚马快速跑中交接训练

这是难度最大的训练方法，要求运动员在快速跑动中完成交接，接马运动员在接力区内高速跑动，双手打开准备接受高脚马，交马运动员则需在快速跑动中将高脚马平稳地传递给接马运动员，此训练的关键在于提高运动员在快速跑动中完成交接的动作准确性和反应速度，以及在此过程中的配合与沟通的能力。

第九章 高校体育教学模式的改革创新

第一节 新媒体时代背景下高校体育教学模式的改革创新

一、新媒体对高校体育教学的影响

（一）丰富了体育学习的途径

在 21 世纪，科技的快速发展使得新媒体无所不在，从社交媒体、在线视频平台，到各类专业 APP，新媒体的出现极大地丰富了高校体育教学的可能性。不同于传统的体育教学模式中仅依赖老师的一手教学，新媒体为学生提供了大量的体育教学视频、文字教程以及交流平台，海量的信息资源使学生可以在课堂之外，通过自学的方式获取知识，提高技能，比如，在网上，学生可以找到各种专业的体育教学视频，包括瑜伽、跑步、力量训练等。借助智能设备和物联网技术，学生可以在练习时获取实时反馈，及时调整自己的动作，提高训练的效率。例如，一些智能健身设备可以根据学生的身体状况，提供个性化的训练计划，同时监控学生的动作，提供反馈和建议。在新媒体的帮助下，学生不仅可以获取信息，还可以分享自己的经验，交流体育知识，既提高了学生的学习积极性，也使得学生在学习过程更为生动有趣。

（二）强化对体育运动的认知

在传统的教学方式中，教师是学生获取知识的主要途径。然而，在新媒体的背景下，学生可以通过互联网、社交媒体等方式接触到更多的体育知识，甚至是最前沿的研究成果。比如，学生可以通过网络查阅各种专业的体育论文，了解当前体育科学的研究进展；也可以通过在线课程，系统地学习某项运动的理论知识和实践技巧。新媒体也能让学生更直观地理解体育运动的运动规律和技巧。例如，一些高清的运动视频和三维模型可以让学生清晰地看到运动员的每一个动作，理解动作的运动轨迹，从而掌握正确的运动技巧。新媒体还可以提供一个平台，让学生分享自己的体育运动经验，发表自己的见解，与他人进行讨论，这种交流互动的过程，也是学生认知体育运动的重要方式。

（三）增强师生间的互动

通过新媒体平台，教师可以在教学过程中提出问题，引导学生进行思考，并及时获得学生的回答和反馈。学生也可以通过在线平台向教师提问，解决疑惑，分享观点，这种实时互动和反馈机制促进了教师与学生之间的紧密联系，使教学变得更加灵活和个性化。新媒体技术为教师和学生提供了共享和合作的平台，教师可以通过在线平台分享教学资源、教学设计和教学经验，为其他教师提供参考和借鉴，学生也可以通过在线平台分享自己的学习成果、经验和观点，与同学进行互动和合作。新媒体技术提供了创造性评估和反馈的机制，教师可以利用多媒体技术对学生作品进行展示和评估，鼓励学生运用多种表达方式展示自己的学习成果。学生可以通过在线平台获得教师的评价和反馈，了解自己的优势和不足，并不断改进和提升。

二、新媒体背景下高校体育教学的几种主要模式

（一）媒体化教学模式

在媒体化教学模式中，体育教学的具体内容和方式可以有多种形式。比如，教师可以利用网络平台，发布教学视频，让学生在家中自行学习。或者，教师可以用虚拟现实技术，制作出仿真的运动场景，让学生在虚拟环境中进行模拟训练。又或者，教师可以利用数据分析工具，对学生的运动

表现进行跟踪和分析，从而提出个性化的训练建议。媒体化教学模式的优点在于它能够突破地点和时间的限制，让学生在任何地点、任何时间都能进行学习。同时，它也能提供丰富的教学资源，满足学生个性化学习的需求。比如，教师可以根据每个学生的实际水平和学习进度，提供适合他们的教学资源，从而实现了个性化教学。但是，媒体化教学模式也面临一些挑战，如何保证教学质量，如何激发和保持学生的学习兴趣，如何评价和反馈学生的学习效果等。因此，教师在运用媒体化教学模式时，需要充分考虑这些问题，并寻找适合的解决策略。

（二）集体化教学模式

集体化教学模式强调的是集体的力量和团队的协作，它对于增进学生之间的友谊，提升团队协作能力和培养团队精神具有重要的作用。首先，通过线上社交网络和论坛，教师能够有效地组织学生进行团队活动，增强团队的凝聚力，教师可以通过社交媒体创建一个体育课程的专门群组，鼓励学生在这个群组中分享自己的学习心得、讨论课程内容、解答彼此的问题，以此来增进彼此的理解和友谊。其次，利用互动游戏和竞赛，教师可以激发学生的学习兴趣和动力，提高他们的团队协作能力，教师可以设计一些团队竞赛，让学生以团队的形式参加，通过竞赛来学习和掌握体育技能。然后，利用线上评价和反馈系统，教师能够及时地跟踪和评价学生的学习进度和表现，给他们提供个性化的反馈和建议。例如，教师可以用在线问卷调查的形式，收集学生的学习反馈，了解他们在学习中遇到的各种问题和困难，然后根据这些反馈来调整教学内容和方法。

（三）相互协作的教学模式

相互协作的教学模式是新媒体背景下高校体育教学的另一种主要模式。这种模式强调的是师生、生生之间的相互协作与互动，鼓励学生在教师的引导下，主动参与到教学活动中来，提高他们的主动学习能力和协作能力。首先，教师需要根据教学内容和目标，设计出一套完整的教学方案。这包括确定教学主题，确定学习任务，制定教学计划和教学进度，为每个学习任务设定明确的学习目标和完成标准等。接下来，教师会将学生分成小组，每个小组都会有一份学习任务。学生需要在小组内部进行讨论，共同完成学习任务。教师会在这个过程中扮演引导者的角色，给学生提供学习资源，解答学生的疑问，引导学生进行深度讨论，激发学生的学习兴趣。在学生小组完成学习任务之后，教师会组织全班学生进行汇报展示。每个小组都有机会向全班展示他们的学习成果，分享他们的学习经验，教师会进行适时的点评，对学生的学习成果进行评价，对学生的学习过程进行反馈。最后，教师会对整个教学过程进行总结，包括总结学生的学习成果、反思教学过程、思考如何改进教学方法等，教师还会对学生的学习表现进行评价，给出合理的成绩，激励学生持续提高。

三、新媒体下高校体育教学创新策略

（一）提高对新媒体技术的重视程度

新媒体技术不仅提供了更丰富多元的教学手段，还能提升学生的学习体验，优化教学效果，因此提高对新媒体技术的重视程度成为高校体育教学创新的重要策略。为达到这一目标，需要理解新媒体技术的多元性和互动性，了解其在教学过程中所能发挥的积极作用。无论是图像、声音、视频，还是动画、模拟、虚拟现实等多种形式的媒体资源，都可以作为教学内容的扩展，帮助学生更深入、全面地理解和掌握体育技能和理论知识。还需要充分利用新媒体技术的互动特性，加强教师与学生之间的交流与互动。例如，利用在线教学平台，教师可以发布课程资料、组织在线讨论，学生可以随时随地获取学习资源、参与课堂活动，从而提高学习效率和效果。同样，教师也可以利用新媒体技术对学生的学习进行跟踪和反馈，以帮助学生更好地调整学习策略和方法。还应该不断提升新媒体技术的应用水平，以保持教学的领先性和前瞻性，如定期参加新媒体技术的培训和研讨，了解最新的技术动态和应用情况；实践探索新媒体技术在体育教学中的最佳应用方法，优化教学策略和过程；同时，鼓励和支持教师、学生创新使用新媒体技术，实现个性化、差异化的教学。持续关注新媒体技术的发展趋势和未来可能对新媒体技术的学术研究，也包括对新媒体技术在教育实践中的应用研究，以期发现和解决教学中可能出现的问题，实现教学的持续改进和提升。

（二）营造良好的校园体育文化氛围

新媒体的介入使得校园体育文化建设有了更多元化的渠道和方式，这不仅需要学生的积极参与，也需要教师和学校管理层的推动。要营造一种鼓励全体学生参与体育活动的环境，体育活动应该被视为学校日常生活的一部分，而不是孤立的、额外的课程。例如，学校可以通过设置多样化的体育课程，鼓励学生找到他们感兴趣的运动，并为他们提供所需的资源和设施。同时，开设各种校园体育活动，如体育节、运动会等，不仅增加学生的运动机会，也可以进一步培养他们的团队精神和竞争意识。校园官方社交媒体账号可以定期发布健身技巧、运动员的励志故事以及体育知识，从而增强学生对体育的兴趣和理解。另外，可以通过分享学生和教师的体育活动照片和视频，使更多人看到校园体育的魅力和乐趣。借助新媒体平台开展在线体育活动，如线上运动挑战赛、网络体育竞猜等，增加学生的参与度和互动性，可以有效吸引学生的关注，使他们在享受乐趣的同时，也更深入地参与到体育活动中来。教师应积极利用新媒体工具，以创新的教学方式引导学生参与体育活动，为学生树立良好的体育生活样本，通过教师的引领，学生将能更好地理解体育的价值，从而愿意主动地参与到校园体育文化的建设中来。新媒体为营造良好的校园体育文化氛围提供了新的可能性，但真正的转变需要学校、教师和学生的共同努力，才能营造出健康、活跃的校园体育氛围。

（三）提高教师应用新媒体技术能力

在新媒体时代，教师不再仅仅是知识的传播者，更是学生学习的引导者和学习资源的整合者。新媒体技术为体育教学提供了丰富的教学资源和多元化的教学方式，因此，教师必须具备熟练应用新媒体技术的能力，以便于更好地完成教学任务。第一，提升教师对新媒体的认识和理解是提高教师应用新媒体技术能力的基础。教师需要深入了解新媒体的特性，以及它如何改变了学习者的学习方式和教师的教学方式。只有充分理解新媒体，才能更好地利用新媒体进行教学。第二，教师需要掌握各种新媒体工具和平台的使用。新媒体工具和平台如网络课程平台、网络研讨工具、社交媒体平台等，都是有效的教学工具。通过这些工具和平台，教师可以实现异步教学，为学生提供更多的学习资源，增加学生的学习时间和空间，这些工具和平台也有利于实现教学的个性化和差异化。第三，教师需要学习和掌握新媒体环境下的教学方法。在新媒体环境下，教学方法有了很大的改变，例如"翻转课堂""项目式学习"等新的教学模式，在提高学生主动学习的动力和提升学生学习效果方面都取得了显著的成效。教师需要不断学习和尝试这些新的教学模式，并结合自己的教学实践，找到最适合自己和学生的教学方法。第四，教师也需要培养良好的新媒体素养，包括信息素养、媒体素养和技术素养等。信息素养是指教师能有效地获取、评估和使用信息的能力；媒体素养是指教师能批判性地理解和分析媒体信息，以及有效地使用媒体进行教学的能力；技术素养是指教师能熟练地使用各种新媒体技术的能力。

第二节　"工匠精神"背景下高校体育教学模式的改革创新

一、工匠精神的内涵

工匠精神是一种专注于工作的态度和追求卓越的精神状态，源自对工作的热爱和追求，体现了精益求精、精心打磨、专注细节的工作态度。在高校体育教学中，工匠精神的内涵体现在以下几个方面：

（一）追求卓越

工匠精神中的追求卓越意味着教师在高校体育教学中立志成为卓越的教师，以教学的卓越和学生的优秀为目标，通过精心设计教学方案、提供高质量的教学体验来实现这一追求。在教学模式的改革创新中，工匠精神促使教师不断探索和应用创新的教学方法和策略，关注教学方法和内容的更新与发展，积极学习并应用新的教学技术和工具，更好地满足学生的学习需求，提升教学效果。教师通过参加教师培训、研究学科的最新发展、与同行交流等方式不断提升自己的专业素养，以便调整教学策略并进一步提高教学质量。

（二）注重细节

教师应该根据学生的实际需求和学科要求，精心选择和设计教学内容，以确保教学内容的科学性、连贯性和针对性。教师可以通过深入研究学科的核心概念和重要知识点，结合学生的背景和兴趣，设计富有启发性和趣味性的教学活动和案例，以激发学生的学习兴趣，促使学生主动参与。教师应该为学生创造积极的学习氛围，为学生提供良好的教学环境。这包括准备整洁、舒适的教室，提供适当的教学工具和设备，营造和谐、互动的学习氛围。教师还应该关注学生的个体差异，提供个性化的指导和支持，关注每个学生的学习进展和困难，及时给予帮助和反馈。教师应该在每个教学环节中精心安排，确保教学的连贯性和流畅性。他们需要关注教学的细微变化，如语言表达、示范动作、教学方法的运用等，并不断改进和优化，以提高教学水平。此外，教师还应该细致观察学生的学习情况，了解学生的学习需求和问题，及时调整教学策略和内容，确保学生能够充分理解和掌握所学的知识。

（三）追求技能和知识的深度与广度

在高校体育教学模式的改革创新中，践行工匠精神，要求教师追求技能和知识的深度与广度，以提供更加优质和综合的教学体验。践行工匠精神，要求教师在高校体育教学中持续深化专业技能。教师应该不断学习、研究和探索学科的最新发展，掌握先进的教学方法和技巧。通过参加专业培训、学术研讨和教学观摩，教师可以不断提高自身的专业素养，丰富教学内容和方法。除了专业技能，工匠精神也鼓励教师拓宽知识的广度，教师应该积极了解相关学科的前沿知识、相关领域的交叉知识，丰富自己的学科知识体系。拓宽知识广度可以帮助教师更好地理解和应用学科知识，提供更全面的教学指导，使学生获得更深入的学习体验。践行工匠精神，要求教师不断创新教学方法，将技能和知识应用到教学实践中去。教师应该根据学生的需求和特点，灵活运用各种教学策略，如案例教学、问题解决教学、合作学习等，以提高教学的有效性和吸引力，通过不断尝试和改进教学方法，推动高校体育教学模式的创新，提供更具挑战性和激励性的学习环境。工匠精神鼓励教师整合各种教学资源，丰富学生的学习体验。教师可以利用新媒体技术，收集和整合优质的教学资源，如教学视频、教学应用软件、学习资料等，帮助学生更好地理解和应用知识，提升学习效果。

（四）持之以恒的努力

持之以恒的努力对于高校体育教学模式的改革创新至关重要。具体来说，持之以恒的努力体现在以下几个方面：

一是教师应该始终保持学习的态度，不断提升自己的教学水平和专业素养，积极参与教育研究、学术交流和教学培训，关注学科的最新发展和教育理论的前沿，通过不断学习和专业发展，教师可以不断改进自己的教学方法和策略，提高教学水平。二是教师应该对自己的教学实践进行持续反思和评估。积极寻求学生和同行的反馈，关注教学过程中的问题和挑战，通过反思和改进，教师可以不断优化教学模式，提供更有效的教学方法和策略。三是勇于尝试新的教学方法和策略，不断探索创新的教学模式。教师应该关注学生的学习需求和兴趣，通过灵活的教学设计和个性化的指导，激发学生的学习兴趣和潜能，例如，教师应该积极应用新的教育技术和教学工具，借助现代化技术手段提升教学效果。四是教师应该与学生建立良好的师生关系，关注学生的个体差异和特点，通过个别指导和支持，教师可以帮助学生克服困难，提高学习成果。

二、高校体育教学与工匠精神的契合性

我国的工匠精神具有悠久的历史和传承，在现代社会中，工匠精神所带来的激励价值可以为精神文明建设、科学技术发展、产业政策的贯彻实施以及综合国力的提升做出积极贡献。而高校体育教学作为高校教育的重要组成部分，工匠精神在培养学生方面具有天然的契合度和潜力。

首先，高校体育课程是高校课程体系中不可或缺的组成部分，它为培养学生的工匠精神提供了有效途径。体育课程注重学生的动手实践能力、技能训练和团队合作，这与工匠精神所强调的实践能力、技艺性和团队协作紧密契合。通过体育课程的开展，学生可以参与体育运动和锻炼，培养自律、坚

韧、合作等品质和价值观，从而激发工匠精神的培养和发展。其次，高校体育教学注重个体的差异和发展，这与工匠精神追求技艺和细节的要求相吻合。高校体育教学致力于帮助学生发展和展现个人潜能，注重培养学生的技能和专业素养。通过精心设计的教学活动和训练项目，学生可以不断提升自己体育运动的技艺和能力，培养细致入微的观察力和技术掌握能力，以此培养工匠精神中对于细节和技能的追求。此外，高校体育教学还强调学生的创新能力和问题的解决能力，与工匠精神中的精益求精和持之以恒的努力相一致。在体育教学中，学生面临各种问题和挑战，需要通过创新思维和解决问题的能力来克服困难，要求学生不断思考和改进，持之以恒地努力，与工匠精神所追求的持续提升和不断改进的精神相契合。

三、培养工匠精神助推高校体育教学模式创新

（一）固本、强基，培养教师的意识和学生的能力

工匠精神源于传统文化，强调精益求精、注重细节和追求极致，其主要特征可以概括为"专注、专业、专心"。在高校体育教学领域，倡导工匠精神并将其落实到教学实践中，不仅需要对体育教学进行科学化的训练研究，也需要在教师和学生之间培养出这样的精神和意识。对于教师而言，强基固本的首要任务是提高自身的专业素养，然后才能为学生提供科学、全面的指导。具备了专业素养的教师，不仅可以准确地把握学生的学习情况，还能因材施教，满足学生不同的学习需求，教师需要具备的专业素养不仅包括对体育知识的全面掌握，同时还需要熟悉线上教学的各种技术和工具，这样才能在传统教学和在线教学之间灵活切换，为学生提供更为便捷和高效的学习环境。除了提高专业素养外，教师还需要拥有一种积极的教学态度和热情，这种态度和热情可以激发学生的学习兴趣，使他们更愿意参与到体育活动中去。对于学生而言，固本强基的主要任务是提升自身的学习能力。工匠精神所倡导的专注、专业和专心，对于学生的学习也有着积极的引导作用，学生需要明白，无论是体育技能的学习，还是科学化训练的掌握，都需要有充分的耐心和专注力，学生还需要具备独立思考和

创新的能力，以便在学习过程中发现和解决问题。

此外，在线教学使得教师和学生无须受地理限制，可以随时随地进行学习和交流，大量的在线教学资源也使得教师和学生可以更加灵活地安排学习进度和方法。但线上教学也对教师和学生的自律性提出了更高的要求，因为在线教学很大程度上依赖于教师和学生自己的主动性。

（二）塑魂、相通，突出精神品质，强调生命价值

工匠精神代表的是专注、专业、专心、细致入微的精神状态，这些都是塑造学生全面发展的重要因素。"塑魂"指的是通过教育和引导，使学生在体育活动中形成良好的精神品质。在体育教学中，学生不仅要掌握技能，更要在锻炼中提升个人素质，形成积极、乐观、坚韧不拔的优良品质。这种精神品质不仅在体育中有所体现，也会影响到学生在其他方面的发展。例如，体育教学的公平竞争原则可以帮助学生形成公正、公平的社会道德观；团队运动中的合作精神则可以培养学生的团队协作能力。"相通"则更侧重于教育教学的通透性和透明性，强调与学生的沟通交流，以及理解学生的个体差异和需求。这种相通意识能够帮助教师更好地理解学生，从而提供更符合学生需求的教学内容和方法。在线教学环境下，这种沟通交流的重要性更加突出。通过网络教学平台，教师可以及时了解学生的学习情况，收集反馈，然后有针对性地进行教学调整。强调精神品质和生命价值，是体育教学的核心，学生通过体育锻炼，不仅可以提高身体素质，还可以培养各种精神品质，如坚韧、毅力、合作和公平，这些精神品质将陪伴他们走过人生的每一个阶段，对他们的成长和发展具有深远影响。这里需要明确的是，生命价值并不仅仅指生命的生理层面，更包括精神层面和社会层面的价值。在体育教学中，我们强调的是全人教育，旨在培养学生健康、全面的人格特质，使他们在未来的人生道路上能够更好地实现自我价值。

第三节　校企合作背景下高校体育教学模式的改革创新

一、认识校企合作

校企合作是一种由教育机构和企业共同参与的模式，旨在通过共享资源和专业知识，提高教育质量，更好地适应社会和市场的需求。校企合作可以带来很多优势：对于学生，它可以提供现实的工作环境，使他们能够在实践中学习和成长；对于高校，它可以提供更多的实践机会和就业渠道，可以通过企业反馈调整和优化教学内容和方法；对于企业，它可以得到专业化的人才，同时，可以通过参与教育过程，为企业的长期发展培养合适的人才。校企合作的模式多种多样，主要包括学校引进企业模式、劳动和教学相结合、工学交替、校企互动式模式以及订单式合作。在学校引进企业模式中，企业被引入高校，参与课程的设计和教学，是一种直接、有效的方式，使教学内容和方法更贴近企业需求，更贴近实际生产过程，企业参与教学也使企业更深入地了解学生，提供定制化的培训和实习机会，从而提高学生的实践能力和就业竞争力。企业可以在这种合作模式中发现并培养合适的人才，为企业长期发展奠定基础。劳动和教学相结合模式是以学生为中心，将学习和实习相结合，形成理论学习和实践操作的完美融合。在这种模式下，学生可以在实际工作环境中应用他们在课堂上学到的知识和技能，提高他们的实践技能和解决实际问题的能力，不仅帮助学生建立起扎实的理论基础，还有助于他们对所学知识有深入的理解和掌握。工学交替模式是指学生在校期间，按一定的时间周期，在校学习和企业实习交替进行，结合了理论教学和实践教学，让学生在理论和实践中不断切换，加深理解，提高实践能力。校企互动式模式强调校企间的深度合作，通常包括共同设立实验室或研究中心，开展共享资源，共同培养人才。在此模式下，高校和企业能实现资源、信息、人才等方面的深度整合，共同面对市场挑战，共同推动研究发展。

对于学校，一方面，校企合作提供了丰富、实时的行业信息和反馈，使学校能够及时调整教育方案，提升教育质量。通过接触企业的实际工作环境和需求，学校可以更准确地判断和预见行业发展趋势，从而更好地调整和优化教学内容和教学方式，使课程设置更具有针对性和实效性。另一方面，校企合作也为学校创造了更多的实践机会和就业渠道，这对于提升学校的就业率和社会声誉有着重要作用。对于企业，企业可以得到熟练、专业的人才，为企业的发展注入新动力。在这种合作模式下，企业不仅可以影响课程内容和教学方式，培养出符合自身需求的人才，也可以通过实习等方式，提前了解和选拔人才，从而降低招聘成本。对于学生，校企合作可以为他们提供实践机会，提升他们的职业技能和就业竞争力。学生可以在实际的工作环境中应用所学的理论知识，进一步提升自身的实践能力和解决问题的能力，为将来的就业做好准备。

二、校企合作背景下高校体育教学模式的改革创新体现

（一）教学内容实践化

实践化教学内容的核心在于通过对体育技能和知识的应用，引导学生了解其在实际工作中的运用，并为之后的职业生涯做好准备。在校企合作模式下，企业可以提供真实的工作环境，让学生在实践中体验和理解所学知识的实际应用。例如，在篮球教学中，可以邀请企业来讲解篮球运动的商业运作，比如赞助、运动员经纪、比赛组织等内容，使得学生在掌握篮球的运动技巧的同时，也理解篮球产业的运作模式。同时，实践化教学内容的推动，也要求教师们具备更广泛的知识和技能。除了专业的体育知识，教师还需要对行业有深入的理解，以便把最新的行业动态、经验和案例引入到教学中来，不仅能增加教学的趣味性，还能提高学生的学习效率和动机，帮助他们更好地理解和掌握知识。此外，传统的授课方式可能需要改变，以适应实践化教学内容的需求。例如，可以通过案例分析、角色扮演、模拟实战等方式，让学生亲身参与到教学中来，感受和理解知识的应用。同时，教学评价方式也需要改变，不仅要考核学生的理论知识，更要注重学生的实践能力和创新能力。

（二）教学方法多元化

在传统的体育教学模式中，教学方法通常是单一的，主要以教师讲解和示范为主，学生跟随教师的指导进行实践，这种教学方法强调技术动作的准确性和标准性，但忽视了学生的主体性和创新性，在这种情况下，学生的学习兴趣和学习效果往往会受到限制。校企合作背景下，企业提供的实践平台为学生提供了真实的学习环境，使学生有机会将在课堂上学习的理论知识和技能应用于实践中，也为学生提供了探索和创新的机会。

具体来说，这种多元化的教学方法主要体现在以下几个方面：

一是案例教学。通过分析和讨论真实的体育案例，学生可以理解和掌握体育理论和技能，同时，也可以培养他们的批判性思维和问题解决能力。

二是项目教学。通过参与真实的体育项目，学生可以在实践中学习和成长，同时，也可以培养他们的团队合作能力和领导能力。

三是模拟教学。通过模拟真实的体育环境和场景，学生可以在安全的环境中尝试和练习体育技能，同时，也可以培养他们的决策能力和应变能力。

四是在线教学。通过网络平台，学生可以自我学习，按照自己的节奏和进度进行学习，同时，也可以通过网络交流和讨论，与其他学生和教师进行交流和互动。

（三）教学评价客观性

一个客观、公正的教学评价体系，可以更准确地反映学生的学习状况，提升教学质量。在传统的教学评价中，教师通常是唯一的评价者，他们依据自己的判断和理解对学生的表现进行评价。然而，在校企合作背景下的教学模式中，评价者的范围扩大到了企业导师和同学，形成了多元评价的格局。具体来说，企业导师可以从实际操作和工作能力的角度对学生进行评价，他们对行业的深入理解和对工作的实际需求，使他们的评价更接近职场的真实情况，有助于学生更好地理解和改进自身的技能。同学的评价，则可以反映出学生在团队合作、沟通交流等方面的表现，有助于发现和改进学生的个人素质。

开放反馈是另一个重要的方面，在校企合作模式中，学生不仅可以接收到教师、企业导师和同学的反馈，同时也可以对自己的学习过程进行反思和自我评价。在总结中，校企合作模式通过引入多元化的评价和开放反馈，这种模式使学生有机会从多角度了解自己的表现，从而更好地促进自身的学习和发展。同时，它也提供了教师和企业对学生表现的全面了解，有助于他们更准确地评估教学效果和人才培养效果，从而进一步改进教学和人才培养策略。

（四）教学资源共享化

教学资源共享化涉及了教学内容、教学设备、人力资源、教学环境等多个方面。教学内容共享主要包括课程大纲、课程内容、教学案例、教学评价标准等。在具体实施过程中，高校可以邀请企业专家参与课程设置与设计，确保课程内容的前瞻性和实用性，满足行业发展趋势和企业需求。例如，在体育课程设计中，一方面，可以增加一些企业实际操作技能的训练内容，使课程内容更贴近实际，增强学生的实践操作能力。另一方面，企业也可以为高校提供一些实际的案例或问题，将这些内容融入教学过程中，使得教学内容更具实践性和生动性。同时，企业还可以根据自身需求，为学校提供相关的评价标准和考核方式，使得学生的学习效果更符合企业的实际需求。教学设备共享涵盖了各类体育器材、体育场所，以及相关的训练设备和技术设施。对于体育教学来说，具备先进的教学设备对于教学质量和效果有着决定性的影响。体育器材和设施的种类、质量和数量直接决定了体育教学的可行性、范围和深度，然而，由于经费和空间的限制，高校往往难以拥有所有的体育教学设备。校企合作模式为解决这一问题提供了可能，企业作为实践场所，通常拥有一些高校所缺乏的先进设备和设施。通过共享这些资源，学校可以丰富体育教学的内容，提高教学质量，企业也能从中受益，因为他们可以通过与学校的合作，利用学校的专业知识和人才来提升自身的运营效率。教学设备共享模式的实现，校企双方需要在协议中明确设备的使用权、管理权和维护责任等问题，也需要建立起高效的信息交流机制，以便双方能及时掌握设备使用情况，解决可能出现的问题。教学环境共享主要指的是学校和企业共同使用并管理的教学设施和场所，如实训基地、实验室、体育场所等。具体来看，教学环境共享可以为学生提供更加丰富的实践平台，这不仅限于传统的体育训练场所,还包括企业提供的实践场地,如企业自有的健身房、运动场、运动俱乐部,学生能够在真实的运动环境中进行学习和训练,这对于他们将理论知识转化为实践技能,以及了解和适应职业环境具有重要的作用。

同时,教学环境共享也有助于高校和企业之间的互动交流。例如,学校可以利用企业的场地开展教学活动,企业则可以借此机会了解高校的教学理念和方法,以便于更好地指导实践活动。

参考文献

[1] 马超. 高校体育教学与训练研究 [M]. 长春：吉林出版集团股份有限公司，2021.

[2] 李响. 高校体育教学训练水平提升策略与实证 [M]. 北京：北京燕山出版社，2022.

[3] 谢宾，王新光，时春梅. 高校体育教学与运动训练研究 [M]. 长春：吉林人民出版社，2021.

[4] 李慧. 高校体育教学改革与科学化训练研究 [M]. 沈阳：辽宁大学出版社，2021.

[5] 马鹏涛. 高校体育教学改革创新与科学化训练研究 [M]. 北京：新华出版社，2018.

[6] 朱靓. 训练教学模式在高校体育乒乓球教学中的应用研究 [J]. 科学咨询（教育科研），2021（2）：108–109.

[7] 薛忻彦霓. 阳光体育视域下高校体育训练模式创新策略 [J]. 文体用品与科技，2021（1）：182–183.

[8] 代滨. 高校体育中长跑训练中教学模式研究 [J]. 当代体育科技，2020（18）：71–72.

[9] 董宁. 拓展训练教学模式在高校体育教学中的应用 [J]. 佳木斯职业学院学报，2020（3）：250–251.

[10] 杨琦. 高校体育教学引入拓展训练模式的分析与研究 [J]. 当代体育科技，2020（2）：165+167.

[11] 张爱臣. 高校轮滑教学的局限性与对策 [J]. 黑河学院学报，2019（11）：

134–136.

[12] 刘海博 . 创新创业背景下高校体育课结合素质拓展训练的教学模式研究 [J]. 西部皮革，2019（16）：154.

[13] 王磊 . 浅析功能性训练在高校体育中的开展 [J]. 科技风，2019（18）：63.

[14] 王伟 . 拓展训练在高校体育教学中的应用研究 [J]. 黑河学院学报，2018（8）：109–111.

[15] 王震，王一博，张萌萌 . 拓展训练理念下普通高校体育教学模式改革的探索 [J]. 农家参谋，2018（16）：164.

[16] 孙哲 . 素质拓展训练在高校体育教学中的应用研究 [J]. 才智，2018（22）：17.

[17] 王月成 . 拓展训练视角下高校体育教学模式改革策略 [J]. 当代体育科技，2018（19）：96+98.

[18] 高龙 . 高校开展体育拓展训练课程的可行性及实施策略 [J]. 当代体育科技，2017（35）：105–107.

[19] 郭西魁 . 试论拓展训练理念下高校体育教学模式的发展与创新 [J]. 陕西教育（高教），2017（10）：41–42.

[20] 冯强 . 拓展训练理念下普通高校体育教学模式改革的研究 [J]. 当代体育科技，2017（26）：26–27.

[21] 王鲁江 . 浅析引入课外资源构建高校体育训练一体化教学模式的实践思路 [J]. 当代体育科技，2017（15）：29–30.

[22] 吕成龙，张忠子 . 拓展训练理念下普通高校体育教学模式改革的探索 [J]. 民营科技，2017（5）：246.

[23] 高琦 . 基于拓展训练理念的高校体育教学模式改革 [J]. 当代体育科技，2017（8）：79+81.

[24] 路伟 . 拓展训练理念下普通高校体育教学模式改革的探讨 [J]. 当代体育科技，2017（7）：4+6.

[25] 高艳华，曲淑群，周雁林 . 吉林省高校体育拓展训练开展现状及对策研究 [J]. 吉林工商学院学报，2017（1）：124–125.

[26] 罗刚 . 高校体育教学中拓展训练的应用探讨 [J]. 教育现代化，2017（5）：79–81.

[27] 刘强，汪作朋．高校体育教育中大学生体育训练营的应用 [J]．体育世界（学术版），2016（12）：112.

[28] 李嘉麟．拓展训练理念下普通高校体育教学模式改革的研究 [J]．佳木斯职业学院学报，2016（11）：381.

[29] 冯海洲．拓展训练理念下普通高校体育教学模式改革的研究 [J]．运动，2016（19）：88-89.

[30] 王乐．关于我国高校体育俱乐部教学模式分析 [J]．现代职业教育，2016（22）：88.

[31] 刘强，邹延宁，杨欢．高校体育教育中大学生体育训练营的应用 [J]．体育世界（学术版），2016（8）：156+158.

[32] 顾志芹．构建科学的高校体育中长跑训练及教学模式 [J]．科教导刊（中旬刊），2016（17）：86-87+122.

[33] 刘杰．拓展训练理念下普通高校体育教学模式改革的研究 [J]．文体用品与科技，2016（8）：89-90.

[34] 李霞．素质拓展训练在高校体育教学中的开展与研究 [J]．潍坊学院学报，2016（2）：73-74+89.

[35] 刘伟．拓展训练模式在高校体育教学中的应用分析 [J]．当代体育科技，2015（35）：27-28.

[36] 张维殷．高校体育课之情景教学模式探析 [J]．青少年体育，2016（2）：71-72.

[37] 刘二侠．我国普通高校体育训练现状分析与对策研究 [J]．赤峰学院学报（自然科学版），2016（3）：207-208.

[38] 魏国宏．拓展训练理念下普通高校体育教学模式改革的应用 [J]．当代体育科技，2015（30）：148-149.

[39] 蓝瑞高．拓展训练视角下高校体育教学模式改革策略 [J]．吉林省教育学院学报（上旬），2015（9）：58-59.

[40] 关伟东．拓展训练理念下普通高校体育教学模式改革的研究 [J]．运动，2015（14）：83-84.

[41] 李野．基于拓展训练理念的高校体育教学模式改革研究 [J]．体育世界（学术版），2015（6）：128-129.

[42] 李帅许. 户外拓展训练理念下高校体育教学模式改革分析 [J]. 运动，2015（12）：105-106.

[43] 李鸿飞，董旭华. 高校体育专业田径课的教学思考 [J]. 文体用品与科技，2014（4）：82.

[44] 雷瑛，张禾. 构建以拓展素质训练为主线、三大拓展素质训练平台为基础的现代高校体育教学模式的理论研究 [J]. 浙江体育科学，2013（6）：55-57.

[45] 李林林. 解析高校体育教学与课外训练模式的构建与开展 [J]. 当代体育科技，2013（25）：89+91.

[46] 孟凡会，张伟东. 高校开展拓展训练的制约因素及对策分析 [J]. 黑龙江高教研究，2013（7）：189-191.

[47] 张斌. 论拓展训练教学模式在高校体育教学中的推广及应用 [J]. 当代体育科技，2013（15）：76+78.

[48] 曲腾飞. 河南高校体育教学开展素质拓展训练的实践研究 [J]. 当代体育科技，2013（15）：145-146.

[49] 高琦. 高校体育开展拓展训练的教学模式探讨 [J]. 当代体育科技，2013（13）：87+89.

[50] 白海军. 拓展训练理念下普通高校体育教学模式改革研究 [J]. 赤峰学院学报（自然科学版），2013（7）：116-117.

[51] 陈占通. 拓展训练理念视阈下的高校体育教学模式改革 [J]. 郑州航空工业管理学院学报（社会科学版），2012（6）：200-202.

[52] 李友山，孔清华. 高校体育中长跑训练中教学模式探析 [J]. 体育世界（学术版），2012（1）：92-93.

[53] 江红轲. 基于拓展训练理念，探讨高校体育教学模式改革 [J]. 当代体育科技，2012（3）：4-5.

[54]《体育科技文献通报》2011年论文总目 [J]. 体育科技文献通报，2011（12）：153-167.

[55] 沈逸萍. 新课标后高校体育课程优化探讨 [J]. 福建体育科技，2010（4）：50-52.

[56] 郝晗龙. 循环训练法在高校体育教育专业羽毛球教学中的应用研究 [D]. 大连：辽宁师范大学，2020.

[57] 刘震 . 功能性训练在高校体育系篮球专项训练中的实验研究 [D]. 烟台：鲁东大学，2019.

[58] 孙正钦 . 核心力量训练对高校体育系网球初学者移动能力的影响研究 [D]. 武汉：武汉体育学院，2019.

[59] 赵孟洋 . 虚拟现实技术在高校体育舞蹈教学中的应用研究 [D]. 广州：广州体育学院，2019.

[60] 尤陶陶 . 表象训练在高校体育专业排球普修课中的再研究 [D]. 呼和浩特：内蒙古师范大学，2019.